全国高等职业院校临床医学专业第二轮教材

急诊医学

第2版

（供临床医学及相关专业用）

主　编　韩扣兰　王建国
副主编　尹江宁　谭　鹏　普丽芬
编　者　（以姓氏笔画为序）

王建国（漯河医学高等专科学校）

尹江宁（南京市江宁医院）

刘　雯（江苏医药职业学院）

李　玲（遵义医药高等专科学校）

李全业（盐城市第三人民医院）

吴　铃（四川中医药高等专科学校）

顾国晓（邢台医学高等专科学校）

梁利英（漯河医学高等专科学校）

韩扣兰（江苏医药职业学院）

粟伟栋（长沙卫生职业学院）

普丽芬（昆明卫生职业学院）

谭　鹏（山东医学高等专科学校）

中国健康传媒集团
中国医药科技出版社

内 容 提 要

本教材为"全国高等职业院校临床医学专业第二轮教材"之一，系根据高职高专院校临床医学专业培养目标和主要就业方向及基层医疗岗位职业能力要求，以及结合本课程的课程标准编写而成，内容以"必需、够用"为度，全书共十章，主要包括绪论、院前急救、严重心律失常和心肺脑复苏、休克、常见急危重症的急救处理、急性中毒及环境与理化因素损伤、创伤急救、常用急救技术、重症监护病房与监测技术、突发事件等，每章均设有情境导入模块，引入相关的临床案例，使学生理论联系实际，培养学生分析和解决实际问题的能力，还设有学习目标、素质提升、本章小结、目标检测等模块，可强化学习内容，增强教材的趣味性和可读性。本教材为书网融合教材，即纸质教材有机融合电子教材，教学配套资源（PPT、微课、视频等），题库系统，数字化教学服务（在线教学、在线作业、在线考试），使教学资源多样化、立体化。

本教材主要供全国高职高专院校临床医学、预防医学、口腔医学专业学生使用，也可供护理以及基层、社区和农村助理医师学习参考。

图书在版编目（CIP）数据

急诊医学/韩扣兰，王建国主编 . —2 版 . —北京：中国医药科技出版社，2022.12

全国高等职业院校临床医学专业第二轮教材

ISBN 978 – 7 –5214 –3538 –2

Ⅰ.①急…　Ⅱ.①韩…②王…　Ⅲ.①急诊 - 临床医学 - 高等职业教育 - 教材　Ⅳ.①R459.7

中国版本图书馆 CIP 数据核字（2022）第 230328 号

美术编辑　陈君杞

版式设计　友全图文

出版　**中国健康传媒集团** | 中国医药科技出版社

地址　北京市海淀区文慧园北路甲 22 号

邮编　100082

电话　发行：010 – 62227427　邮购：010 – 62236938

网址　www. cmstp. com

规格　889 × 1194mm $^1/_{16}$

印张　15

字数　443 千字

初版　2018 年 8 月第 1 版

版次　2022 年 12 月第 2 版

印次　2023 年 12 月第 2 次印刷

印刷　三河市万龙印装有限公司

经销　全国各地新华书店

书号　ISBN 978 – 7 – 5214 – 3538 – 2

定价　49.00 元

获取新书信息、投稿、
为图书纠错，请扫码
联系我们。

为贯彻落实《国家职业教育改革实施方案》《职业教育提质培优行动计划（2020—2023年）》《关于推动现代职业教育高质量发展的意见》等有关文件精神，不断推动职业教育教学改革，对标国家健康战略、对接医药市场需求、服务健康产业转型升级，支撑高质量现代职业教育体系发展的需要，中国医药科技出版社在教育部、国家药品监督管理局的领导下，在本套教材建设指导委员会主任委员厦门医学院王斌教授，以及长春医学高等专科学校、江苏医药职业学院、江苏护理职业学院、益阳医学高等专科学校、山东医学高等专科学校、遵义医学高等专科学校、长沙卫生职业学院、重庆医药高等专科学校、重庆三峡医药高等专科学校、漯河医学高等专科学校、辽宁医药职业学院、承德护理职业学院、楚雄医药高等专科学校等副主任委员单位的指导和顶层设计下，通过走访主要院校对2018年出版的"全国高职高专院校临床医学专业'十三五'规划教材"进行了广泛征求意见，有针对性地制定了第二版教材的出版方案，旨在赋予再版教材以下特点。

1. 强化课程思政，体现立德树人

坚决把立德树人贯穿、落实到教材建设全过程的各方面、各环节。教材编写应将价值塑造、知识传授和能力培养三者融为一体，在教材专业内容中渗透我国医疗卫生事业人才培养需要的有温度、有情怀的职业素养要求，着重体现加强救死扶伤的道术、心中有爱的仁术、知识扎实的学术、本领过硬的技术、方法科学的艺术的教育，为人民培养医德高尚、医术精湛的健康守护者。

2. 体现职教精神，突出必需够用

教材编写坚持现代职教改革方向，体现高职教育特点，根据《高等职业学校专业教学标准》《职业教育专业目录（2021）》要求，以人才培养目标为依据，以岗位需求为导向，进一步优化精简内容，落实必需够用原则，以培养满足岗位需求、教学需求和社会需求的高素质技能型人才准确定位教材。

3. 坚持工学结合，注重德技并修

本套教材融入行业人员参与编写，强化以岗位需求为导向的理实教学，注重理论知识与岗位需求相结合，对接职业标准和岗位要求。在教材正文适当插入临床案例，起到边读边想、边读边悟、边读边练，做到理论与临床相关岗位相结合，强化培养学生临床思维能力和操作能力。

4. 体现行业发展，更新教材内容

教材建设要根据行业发展要求调整结构、更新内容。构建教材内容应紧密结合当前临床实际要求，注重吸收临床新技术、新方法、新材料，体现教材的先进性。体现临床程序贯穿于教学的全过程，培养学生的整体临床意识；体现国家相关执业资格考试的有关新精神、新动向和新要求；满足以学生为中心而开展的各种教学方法的需要，充分发挥学生的主观能动性。

5. 建设立体教材，丰富教学资源

依托"医药大学堂"在线学习平台搭建与教材配套的数字化资源（数字教材、教学课件、图片、视频、动画及练习题等），丰富多样化、立体化教学资源，并提升教学手段，促进师生互动，满足教学管理需要，为提高教育教学水平和质量提供支撑。

本套教材凝聚了全国高等职业院校教育工作者的集体智慧，体现了凝心聚力、精益求精的工作作风，谨此向有关单位和个人致以衷心的感谢！

尽管所有参与者尽心竭力、字斟句酌，教材仍然有进一步提升的空间，敬请广大师生提出宝贵意见，以便不断修订完善！

数字化教材编委会

主　编　韩扣兰　王建国
副主编　尹江宁　谭　鹏　普丽芬
编　者　（以姓氏笔画为序）

　　　　　王建国（漯河医学高等专科学校）
　　　　　尹江宁（南京市江宁医院）
　　　　　刘　雯（江苏医药职业学院）
　　　　　李　玲（遵义医药高等专科学校）
　　　　　李全业（盐城市第三人民医院）
　　　　　吴　铃（四川中医药高等专科学校）
　　　　　顾国晓（邢台医学高等专科学校）
　　　　　梁利英（漯河医学高等专科学校）
　　　　　韩扣兰（江苏医药职业学院）
　　　　　粟伟栋（长沙卫生职业学院）
　　　　　普丽芬（昆明卫生职业学院）
　　　　　谭　鹏（山东医学高等专科学校）

前言 PREFACE

急诊医学是临床医学专业必修的专业核心课程。为了贯彻落实《中华人民共和国职业教育法》，坚持现代职教改革方向，以人才培养目标为依据，以岗位需求为导向，突出"必需、够用"的特色；以培养满足基层医疗卫生事业岗位需求、教学需求和社会需求的高素质技术技能型人才培养的目标要求，依照《高等职业学校临床医学专业教学标准》的要求，我们在第一版教材基础上进行了修订，本教材以培养应用能力为主导，较为全面系统地介绍了本课程的基本理论及临床常见急症的病因、诊断、院前急救和院内急诊治疗，使其在知识结构和能力结构方面更加适合培养基层医生的需要。

本教材内容上从常见的急诊症状入手，注重对急症患者的紧急处理知识、技能的传授，增加了课程思政元素、情境导入、目标测试、增加急救操作技能的视频和配套的数字资源，体现立德树人，强化实践，构建"双技能"并重的专业教材内容体系。内容力求既体现急诊医学本身的特色，又避免与其他专业交叉重复，编写中始终坚持"三基、五性、三特性"，教材内容简明扼要，可读性强，理论联系实际，凸显实用性。本教材为书网融合教材，即纸质教材有机融合电子教材、教学配套资源（PPT、微课、视频、图片等）、题库系统、数字化教学服务（在线教学、在线作业、在线考试），是教材内容立体化和生动化，易教易学。

本教材编写的具体分工如下：韩扣兰负责第一章，尹江宁负责第二、九章，李全业负责第三章，王建国负责第四章，谭鹏负责第五章的第一、三、十一节，吴铃负责第五章的第二节和第七章，粟伟栋负责第五章的第四、五节，李玲负责第五章的第六、七节，顾国晓负责第五章的第八至十节，梁利英负责第六章，刘雯负责第八章，普丽芬负责第十章。

本版教材在编写过程中，得到了全国高等医药教材建设研究会领导的关心指导，并得到各编委学校和医教联盟单位临床专家的大力支持，在此我们表示衷心感谢！但受编者水平所限，书中存在不足之处在所难免，请广大读者不吝指正，以便我们不断修订完善。

编　者
2022 年 9 月

CONTENTS **目录**

第一章 绪 论

PPT

◎ 学习目标

    1. 通过本章的学习，重点掌握急诊医学服务体系的组成及急诊医学的临床诊疗思维；熟悉急诊医学的概念和范畴。

    2. 学会运用急救技术初步抢救危重患者以挽救生命。

    3. 具有救死扶伤、敬佑生命的职业素质以及处理急诊疾病的意识。

>> 情境导入

    情境描述 某年冬天，高速公路路面很滑，有一大型货车突然完全失控，在撞倒中心隔离带后驶入对向车道，与满载乘客的中巴车迎面相撞，并双双坠入路基下 3 米的水塘，部分乘客被抛出车窗外而落水。

    讨论 1. 医疗救援人员赶赴事故现场后应立即进行哪些方面的评估？

          2. 伤员从水中救起后不省人事，检查无呼吸、颈动脉搏动消失，应如何施救？如何快速判断危重伤病员的情况？

第一节 概 述

一、急诊医学的概念

    急诊医学（emergency medicine）是一门研究与处理危、急重症患者及伤员现场急救、途中监护救治、医院内救治及其组织管理的医学学科。以现代医学科学的发展为基础，以临床医学的救治措施为手段，在机体整体的角度上研究和从事急性病、危重病的及时、快速、有效救治及其科学管理体系，急诊医学已成为一门独立的新型医学学科。

    急诊医学是一个由多种医学专业知识为基础、具有自身鲜明专业特点的医疗体系。从构成上看，急诊医学包括院前现场急救、院内急诊以及危重患者重症监护治疗、急诊医疗体系管理学等部分；急诊医学主要是对临床各科急症的诊断、鉴别诊断和紧急处置，但与临床各专科不同的是，急诊医学不再满足于局部的处理，而是更多地从急症患者全身情况的把握上，以挽救生命和最大限度地减少各种致命性并发症为目标，实施及时、快速、有效的诊治。

二、急诊医学与急诊、急症、急救、危重病的关系

    急诊医学与急诊、急症、急救、危重病的关系虽然已有共识，但容易混淆，造成了一些思想和概念上的混乱。急症是急性病症的简称，指急性发病、慢性病急性发作、急性中毒或急性意外损伤等需要立即就医进行紧急处理的病症；急诊是指急速地对急症患者进行检查和诊断所采取的行动；急救是指为抢救生命，挽救肢体、脏器功能，改善危重病况时所采取的紧急医疗救护措施；危重病是指某些直接威胁

患者生命的严重病症，包括急性病症、慢性病症以及复杂大手术后处于调理时期的重症患者等生命器官或多器官功能严重损害病情，如休克、严重复合伤、急性心肌梗死、各种脏器衰竭等。

三、急诊医学发展史

（一）国际急诊医学发展简史

急、危、重症自古以来就是威胁人类生命安全的严重问题。弗洛伦斯·南丁格尔是第一个从事现场急救的医护人员，1854 年，克里米亚战争爆发，她接受政府的邀请和任命，带领 38 名妇女，担任战地救护工作。1924 年，意大利的佛罗伦萨建立了世界上第一个急救医疗服务组织来进行伤员的救护和转运。法国在 20 世纪 50 年代，最早建立了急救系统。在 20 世纪 60 年代的美国，初步成立美国急诊医师学院。1970 年美国部分城市成立了地区性的急诊医疗体系，通过通信指挥中心统一的急救呼叫，协调院前的现场急救；1972 年美国医学会正式承认急诊医学是医学领域中的一门新学科。1979 年美国医学会和美国医学专业委员会批准急诊医学为第 23 个医学专科，同年美国国会颁布《急救法》，世界卫生组织（WHO）规定每年 9 月的第二个周六为世界急救日，呼吁世界各国重视急救知识的普及，让更多的人士掌握急救技能技巧。

（二）我国古代急救史论

现存最早的药物学专著《神农本草经》集中了汉代之前所积累的药物学知识，奠定了毒物学的基础。汉代张仲景的《伤寒杂病论》使中医对急症的治疗向前推进了一大步，创立了清热、攻下法治疗高热、昏迷、谵妄；发汗定喘法治疗重症哮喘；利尿、攻下、逐淤法治疗急性黄疸等。晋代葛洪所著《肘后备急方》对内、外、妇、儿、五官等急症一方一论，对多种急症的病因诊断、临床表现和治疗方法都有详尽的记录。宋朝宋慈所著的《洗冤集录》是世界最早的法医学巨著，其中系统地记述了各类中毒的毒理、检测以及救治方法。我国伟大的医学家、药物学家李时珍编写的巨著《本草纲目》，从急诊医学角度看，是一部对了解有毒动植物、毒物的毒理和救治极有价值的参考书。两千年前的中医经典著作《黄帝内经》早已准确详细地描述了现代常见急症，如心绞痛、晕厥、猝死的临床表现，分别称之为"卒心痛，暴厥，卒死"；隋代巢元方的传世巨著《诸病源候论》则对多种急症有详尽叙述，对其胸痹之描述，囊括了现代急性冠脉综合征的各种临床表现；魏晋时代用针刺人中穴位的方法对昏迷患者进行急救。中国古代急症治疗学的这些方法，至今仍在发挥积极的作用。

（三）我国近代急诊医学发展史

急救医疗服务体系的起源是抗日战争和解放战争时对伤员的战地初级救护和快速转运。20 世纪 50 年代，我国部分大、中城市成立了院前急救的专业机构，即"救护站"。其功能只是简单的初级救护和单纯转运患者。20 世纪 80 年代后，我国的急救医疗服务进入快速发展阶段，1980 年原国家卫生部颁发了《关于加强城市急救急诊工作的意见》，1982 年 3 月原卫生部召开了"建立城市急诊工作的咨询会"；于 1983 年确立了急诊科医疗工作方向与任务，1986 年通过了《中华人民共和国急救医疗法（草案）》，实行三级急救医疗体制，各地区成立了急救中心，各级医院建立了急诊科，并配备了专业的医护人员和各种急诊急救设备，有力地促进了我国急诊医学的发展。1987 年 5 月经中华医学会批准正式成立了"中华医学会急诊分会"。到 20 世纪 90 年代末期，全国县及县以上医院基本建立了急诊科，大中城市建立了独立或附属于医院的急救中心，至此，急诊医学学科体系初见雏形，急诊医学除了需要专业人员和设备，它还需要社会保障体系的支持和广大人民群众的参与。如交通事故、地震灾害。因此必须在统一组织指挥下，密切配合，按照医疗原则有序、高效地实施紧急救治，形成完善的急诊医疗服务体系。

第二节　急诊医学的范畴

一、院前急救

院前急救（prehospital emergency）也称初步急救（first aid），是指患者在发病时由医护人员或目击者在现场进行的紧急抢救，包括现场急救和途中急救。现场的最初目击者首先给患者进行必要的初步急救，如徒手心肺复苏、清除呼吸道异物等，然后通过急救电话向急救中心（站）呼救，在进行不间断现场急救的同时等待急救医护人员到达。院前医疗急救包括急救医疗专业人员所进行的现场急救和途中救护，是由经过专业训练的人员进行的医疗活动，其目的是维持患者的主要生命体征，并尽可能快速平稳地将患者送往医院急诊室。

二、复苏学

复苏学（resuscitation medicine）是针对心搏、呼吸骤停的抢救。现代复苏学可大致分为四个阶段：①基础生命支持（BLS），发病现场的早期识别、激活应急反应系统、高质量心肺复苏（胸外按压、人工通气、早期除颤）；②高级生命支持（ALS），其目的是恢复自主循环，包括复苏药物与液体使用（D）、高级气道管理、eCPR 等；③复苏后救治（post‑cardiac arrest care），包括复苏后的病因治疗、ICU 内的器官功能支持以及脑复苏；④存活者康复，包括复苏存活患者的长期生理、认知、情感、家庭及社会需求等方面的康复。

三、危重病医学

危重病医学（critical care medicine）作为急诊医学的重要组成部分，其定义是受过专门培训的医护人员，在配备有先进监护设备和急救设备的重症监护病房（ICU）中对多种严重疾病或创伤的引起的复杂并发症（如急性器官损害）进行全面监护及治疗。

四、灾害医学

灾害医学（disaster medicine）即研究人群受灾后的医疗急救以及灾害预防等有关的医学，是针对各种自然灾害（如洪水、地震、台风、泥石流和虫害等）和人为灾害（如交通事故、流行病、化学中毒和武装冲突）所造成的后果，有效地、迅速地组织抢救，减少人员伤亡，防止急性传染病的发生和流行。灾害医学涉及所有临床医学及预防医学。

五、创伤学

创伤学（traumatology）是研究除了对创伤本身如何治疗和康复外，越来越多地关注如何预防创伤的发生。严重创伤救治的原则是早期处理，先"救"后"查"。

六、毒理学和急性中毒

如何诊断、治疗和预防急性中毒（acute poisoning）是这门学科的重要内容，它往往涉及职业病学、毒理学、法医学等多学科内容，是一门新兴的发展迅速的临床学科。

七、急诊医疗服务体系

急诊医疗服务体系（emergency medical service system，EMSS），即及时到达事故现场，对患者进行现场的初步急救，然后安全护送到就近的医院急诊室做进一步诊治，必要时送入监护室或专科病室，在整个过程中，涉及如何组织急救网络，建立有效的现代化的急救呼救和通信系统，研究和配备各种救护伤病员的抢救设备和交通工具，规范化培训急诊急救专业人员等内容。

第三节　急诊医疗服务体系

急诊医疗服务体系（emergency medical service system，EMSS）是一个包括院前急救、医院急诊科和急诊重症监护病房（EICU）或专科病房三个基本机构在内的有机联系起来的完整的现代化医疗系统，这三部分既各具独立职责和任务，又相互紧密联系，构成一个科学、高效、严密的组织和统一指挥的急救网络。其包括完善的通信指挥系统、现场急救组织、有监护和急救装置的运输工具、高水平的医院内急诊服务机构、重症监护病房。急救医疗服务体系的管理要求：完善的通信指挥系统、现场救护、监测和急救装置的运输工具、高水平的医院急诊服务、强化治疗。

一、院前急救

可以是独立的一个机构，也可以依托在一个综合医院内，但它的任务是院前急救，安全输送患者和组建急救医疗网。组建这样一个机构应具备下列诸要素。

（一）院前急救的主要任务

院前急救的主要任务现场生命支持，快速稳定病情和安全转运，突发公共卫生事件或灾难事故紧急医疗救援，重大集会和活动中承担预防意外救护，联络急救中心、医院和行政部门的信息枢纽，参与非专业人员急救知识的普及和培训。

（二）人员

参与院前急救人员主要有指挥调度人员和院前医疗急救人员，专业人员和管理人员都要经过特殊的训练，包括通信、调度、急救、运输和指挥。院前急救医疗人员，包括医师、护士、医疗救护员、急救车辆驾驭员等，其中最主要人员应该是"急救医师"，应取得合法执业资格（执业医师/执业助理医师）并注册。从事院前急救工作的人员，即使是通信人员，也应接受短期基本生命救护训练。

（三）体制

院前急救中心的组织体制是急救工作正常运行的基本保证。大、中城市的组织形式可以根据当地具体情况决定，但基本任务不应改变，那就是负责全城急诊的通信、协助、指挥、现场抢救、安全运输等五个要点。它可以独立成一系统，在急诊、急救工作中，它是全城最高指挥者和组织者，把全城有条件的医院组织成网，分区负责，这样可以缩短抢救半径。可以根据本城面积和人口密集分布情况，划区分段设分中心或分站。它也可以依托在一个有条件的综合医院，有几点好处，特别适用于中等城市。①利于患者分流；②利于抢救复杂的患者。但是这个依托于综合医院的急救中心（站）应有相对的独立性，它既是全城急诊工作的通信、协调和指挥所，还要负担现场抢救和安全运输的任务。所依托的医院不得干预。

（四）装备

院前急救中心的主要装备为先进的通信设备，可进行继续治疗和监护的救护车和其他运输工具，以及必要的抢救器械。

1. 通信设备 急救中心（站）应装备专用的通信设备；无线电－电话联络系统（radio－telephone switch system，RTSS）。它可以快速联结患者所在地、急救中心（站）和医院急诊室。经过迅速的分诊和调度，一个恰当的现场急救、安全运输和接收医院急诊室之间的联系已迅速联系好，能在最短时间内分别行动和准备妥当。遇有特大灾难时，这个系统更能显示出它的优越性。全城乃至全国应有统一呼救电话号码，现在我国已规定为"120"。美国纽约市自1984年实行这一通信系统以来，已能做到接到"911"（美国全国统一呼救电话号码）后，派车到现场，进行必要抢救，然后安全输送到指定的接收医院，总共所需时间为平均9分钟。

2. 交通工具 用于输送伤、病人员的交通工具应由国家统一规定标准。交通工具主要是陆路的救护车，在特殊情况下，也可使用直升机和医用小飞机。输送患者的交通工具应装备下列基本设施和条件。①行驶时平稳；②车内设有除颤器、临时起搏器、呼吸机、氧气供应、心电和呼吸监护机、固定受伤部位的夹板或抽气担架、抗休克设备（抗休克裤）、小缝合包、输液装置和必要的抢救药品及液体（包括干冻血浆）；③车内应保持恒温；④无线电通信设备；⑤司机必须接受过基本生命抢救训练。

3. 器械装备 急救中心应配备可在现场进行抢救工作的各种器械，并有抢救记录。

4. 资料储存 有关本市各接收医院的床位、手术室、监护室、专业人员实力、各类设备等的资料均应储入资料库，并每日检查变动情况。患者的资料，特别是高危险度患者的资料均预先存入资料库，以便随时查询。

（五）急救网

急救网是保证急诊医疗体系能顺利运转和提高抢救效率的重要步骤。依据现有的三级医疗网组织，成立急救指挥中心（120急救中心），以市级医院为主要网络急救医院，由120急救车和专业人员组成的院前急救医疗服务体系。

（六）横向联系

急救中心需要与本城的公安、消防、公共活动场所等处的服务人员建立联系，并培训这类人员以基本的抢救知识，应使其达到合格标准。与此同时，还应对全体市民进行宣传教育，使它们掌握"自救"的基本知识。

（七）应变能力

这是对急救中心（站）能力的考验。平时注重培训，加强急救网的组织和联系。遇到意外灾难，快速做出有效的反应，组织救险人员迅速投入抢救。

二、医院急诊室

这是与院前急救联系最密切的部分，是最重要、最复杂的中心环节。急诊科的应急能力是考核医院管理水平，医护人员基本素质和救治水平的综合指标。

（一）组织结构

急诊室是进行急诊医学实践的场所，应配备专职的急诊科主任、护士长、医生及护士，医护人员均应具有一定的基础理论、跨学科的知识、技术水平和实践经验，基础知识牢固、训练有素、抢救操作熟练并具有爱伤观念。常规设置内、外、妇、儿急救诊室，诊察室、抢救室、危重患者监护室、治疗室、观察室及急诊病房，同时要设置诸如检验、放射、药房、挂号及收费等必要的辅助科室窗口。急诊科应设置专职急诊医师，其他专科医师至急诊轮转应具备中级以上职称，接受急诊急救培训后方可上岗，原则上每次轮转时间不少于三个月。

（二）任务特点

急诊室的急、危、重病症多，工伤事故多，发病急骤、病情凶险、变化迅速。各项工作均应围绕"急"字要求，严格落实"稳、准、快"，以分秒必争，诊疗工作应达到标准化、程序化，井井有条，忙而不乱，力求提高急诊医疗质量和抢救能力。

三、急诊重症监护病房

急诊重症监护病房是为适应危重症患者的强化医疗所需要，而集中必要的人员和设备所形成的医疗组织。重症监护治疗病房包括四个要素，即危重症患者、受过专门训练和富有经验的医护技术人员、完备的临床病理生理监测和抢救治疗设备，以及严格的科学管理。其最终目的，是尽可能排除人员和设备因素对治疗的限制，最大程度体现当代医学的治疗水平，使危重症患者的预后得以改善。这类监护医疗病室已逐渐增多，如呼吸监护医疗病室（respiratory intensive care unit，RICU），神经科监护医疗病室（neurological intensive care unit，NICU），胃肠道外加强营养、代谢监护病室（total parenteral nutritional and metabolism intensive care unit，TRN），儿科强化监护医疗病室（pediatric intensive care unit，PICU）等等。

总的来说，院前急救、医院急诊室与各类强化监护医疗病室都应密切联系，组成一个完善的"急诊医疗体系"，为急症和危重症患者提供最好的医疗服务，并可以在发生意外灾难时立即提供应急服务。

 素质提升

医圣张仲景医术精湛，仁心大德

张仲景，名机，字仲景，东汉末年著名医学家，被后人尊称为"医圣"。张仲景广泛收集医方，写出了传世巨著《伤寒杂病论》。其确立的辨证论治原则，是中医临床的基本原则，是中医的灵魂所在。

东汉末年，战争频繁，瘟疫肆虐，百姓"家家有僵尸之痛，室室有号泣之哀。或阖门而殪，或覆族而丧"。张仲景10岁立志学医，以解百姓遭受的疫病之苦。从此，他"勤求古训，博采众方"，刻苦研读各种医学著作。成年后张仲景被州郡举为孝廉，进入仕途，后官至长沙太守。虽然每天有大量公务要处理，但他仍以治病救民为要务。对待求医的百姓，张仲景总是悉心诊治，尽心尽力，不嫌污秽，不避恶臭，对穷人往往舍医舍药，从不收取半点财物。为抵御横行的瘟疫，张仲景不仅坐堂行医，而且经常根据时疫的具体情况，预先令人按方配好大量药包，散发给百姓备用。

《伤寒杂病论·序》中"上以疗君亲之疾，下以救贫贱之厄"，正是体现了张仲景对待病患不分贵贱，只为疗救的神医大德精神。

第四节 急诊临床诊疗思维

在急诊工作中，各种复杂的病症都有可能遇到。在学习中，注意了解现代急诊中存在的问题，急诊患者的各项特点；急诊中的时间窗概念，急诊的时间性和整体性；急诊处理的思维方法和应遵循的流程。面对临床的专业问题，急诊医生需培养专业品质——敏锐和关注；培养能快速采集患者病史，决定应做哪些必要的辅助检查，综合分析所有的临床资料，用于提高病情判断和救治的能力。注重对有生命危险的急症判断和紧急处理，并非要立即确诊为某种疾病；不可忽略疾病的急危重阶段有其独特的规律和特点。急诊医生除具有医生基本的品质和素质之外，还要求具备对不同于其他学科的临床思维。

一、病情评估

急诊医师对患者的识别至关重要。所谓识别就是认识、判断患者的危险程度，并根据患者的生命体征，如体温、血压、呼吸、脉搏、意识等分为危重（A）、重症（B）、普通（C）三种情况，这样有利于对患者的分别救治。

二、抢救原则

对于 A 类患者要立即救治，B 类患者诊断治疗相结合，C 类患者要注意寻找危及生命的潜在原因。其中对 A 类患者首先尽可能地办法稳定生命体征，待生命体征稳定后再寻找病因，详细询问病史，并进行相关检查以明确诊断、治疗。对此类患者在治疗措施和手段上要注意：①简单，即要充分考虑其有效性，而不是安全性。如对室颤室速的救治要推注胺碘酮，因为这时纠正室颤恢复窦率是第一需要，即救命是第一需要。如过敏引起的喉头水肿最简单有效的方法是环甲膜穿刺或气管切开通气，而不是气管插管，因为由于喉头水肿易致插管失败耽误时间。②时效性，"时间就是生命"是对此类患者救治最为生动的写照，快速、高效是处理此类患者的法宝。

三、急诊症状的鉴别诊断

急诊患者一般都是以症状来就诊，如呼吸困难、发热、胸痛、头痛等，对于急症症状首先要思考是否危及生命，是重症还是一般。如胸痛患者首先考虑是急性心肌梗死、夹层动脉瘤、张力性气胸、肺动脉栓塞、食管破裂等威胁生命的疾病，其次考虑为肺炎、心包炎、食管炎等重病、一般性疾病为肌肉骨骼神经痛。再根据疼痛性质、部位、放射、持续时间、伴随症状、发作特点，关键辅助检查：血常规、心电图、胸片等做出诊断和鉴别诊断。再者在做出诊断时要尽量模糊，如有下腹部疼痛的女患者此区域涉及输卵管、卵巢、输尿管、阑尾，在不十分肯定时，一定要下一个局限性腹膜炎的诊断，而不能精确到阑尾炎、输尿管、输卵管炎等，因为模糊的诊断留有余地较大。另外，除上述外还要注意是否能够造成器官残缺和不可弥补。如阴囊肿痛，要首先考虑是否为睾丸蒂扭转，再考虑附睾炎，因为前者误诊、漏诊易造成缺血性坏死，造成患者器官缺如，甚至影响生命。

四、一元论原则

在诊断疾病时，多种症状出现时最好用一元论来解释，不要用两元论或多元论；先要考虑常见病、多发病，再考虑少见的、特殊的；要结合环境和既往病史来诊断；在疑难病方面，要先考虑容易治疗、有希望治疗的疾病，再考虑不能治的或效果不好的疾病。如不明原因发热要首先考虑感染，再考虑结缔组织病，最后考虑血液病或肿瘤；去除定势思维先入为主的思想。在诊治患者过程中，要避免经过其他医院或其他科室医生诊断之后，自己就不思考这种诊断正确与否。不要过分相信仪器或化验结果，不要轻易下结论，要再复查，并且以临床表现为主，同时也要对该仪器设备、化验指标对疾病诊断的可靠性做以评价。

五、重点辅助检查

由于急诊患者病情急且危重，应选用针对性强，简单，快速辅助检查方法，围绕主诉最易怀疑的重要疾病来做针对性检查。

六、急诊抢救室工作流程

危重症患者进入急诊抢救室时要有统一的工作流程。对患者进行初次评估：A（打开气道）—B（有无呼吸，如无则开始通气）—C（有无脉搏如无按压）—D（有无室颤，有则电击）。初次评估的目的是判断患者是否死亡，每一评估若不正常则立即给予相应的救治。

七、治疗原则

1. 救命为先　急诊治疗的首要任务是救命，在没有生命危险时注意保护患者的器官。如一肢体为坏疽又伴感染性休克时，若坏疽是休克的主要原因，要放弃肢体——截肢，以除去感染源而争取救命。同样当肢体受挤压伤时，生命无危险时要想尽一切办法保护肢体，在前两项得到保证时，要注意功能的保护，如病后功能恢复等。

2. 分析病因　危重病，特别是慢性病急性发作时，多种病因同时存在，此时若能找到主要病因，那么其他问题就能迎刃而解。在各个病因相互作用但无主要矛盾多见于慢性迁延性危重病患者。对于年龄大、疾病多、用药多的患者，用药和治疗原则是尽量趋利避害、获得大利益、将风险降为最小。有时会用所谓的"滴定治疗"，即有些危重病患者由于脏器功能极差，用药量不足而导致器官功能不能代偿，稍用多即表现过量或中毒，加重脏器损害，此时要少量多次给，一旦达到效果即停用。

3. 遵循 3R 原则

（1）合适的患者（right patient）　根据患者年龄、性别、过去病史（有无自身免疫病和肝肾慢性病史）、此次发病原因等，采取合适、有针对性的治疗。

（2）合适的时间（right time）　如诊断为社区获得性肺炎时要立即应用抗生素，感染性休克应按照"hour－1 bundle"目标治疗，急性中风要在 3 小时内溶栓，STEMI（ST－segment elevation myocardial infarction，ST 段抬高型心肌梗死）患者应在首次医疗接触后 120 分钟内完成急诊 PCI（percotaneous coronary intervention，经冠状动脉介入治疗），如无 PCI 条件应 30 分钟内给予静脉溶栓治疗。心包填塞要及时心包穿刺，喉头水肿时要及时气管切开等。

（3）合适的药物（right drugs）　感染患者要用抗生素，应考虑病原微生物类型，药敏及细菌的耐药性，药物的药代动力学药效动力学情况，抗菌谱等。对威胁生命时要考虑药物的有效性，对不威胁生命时要考虑其安全性。

4. 突击疗法　对重症感染患者应用抗感染治疗降阶梯疗法，初级阶段应早期、足量应用广谱抗生素。第二阶段注重降级，换用相对窄谱的抗菌方案。所谓重拳猛击。对创伤性休克患者，要在短时间内开放 2～3 条静脉，并同时输入胶体、晶体液。

5. 病情观察　急危重病患者由于就诊时间快，从发病到就诊时间相对较短，急诊医生诊查时间短、可利用的辅助检查有限，有时紧急处理不到位，有些病情可能还没有发展到完全暴露，此时要慎重，建议留观，边治疗边观察。这样一方面可使隐匿的症状或体征得以显现，利于诊断，另一方面可以观察治疗的反应以判断用药是否正确，以进一步深化诊断和治疗。

目标检测

答案解析

一、选择题

[A1/A2 型题]

1. EMSS 组成包括（ ）

   A. 现场急救、院内急诊科、重症监护

   B. 现场急救、院内急诊科、院前急救

   C. 重症监护、院前急救、现场急救

   D. 重症监护、院前急救、院内急诊科

   E. 现场急救、院内急诊科、院前急救、重症监护

2. 院前急救的成功率不仅取决于院前的医疗救护水平，还与公众的（ ）密切相关

   A. 自我保护能力　　　　　　　　　　　　B. 自我保护能力和医院分布

   C. 自救与互救能力　　　　　　　　　　　D. 自我保护、自救与互救能力

   E. 自救与医院分布

3. 衡量急诊医疗服务体系功效的重要指标是（ ）

   A. 抢救效率　　　　　B. 反应时间　　　　　C. 抢救成功率

   D. 出诊量　　　　　　E. 出诊时间

4. 院前急救与传统的急诊最大的区别是（ ）

   A. 医疗技术　　　　　B. 急救器材　　　　　C. 急救药品

   D. 工作模式　　　　　E. 医生技术

5. 院前急救是处理疾病的（ ）

   A. 慢性阶段　　　　　B. 初级阶段　　　　　C. 后期阶段

   D. 中间阶段　　　　　E. 急性阶段

6. 下列患者中优先处理的是（ ）

   A. 股骨骨折　　　　　B. 头皮挫伤　　　　　C. 血气胸

   D. 尿道损伤　　　　　E. 腹痛

7. 在抢救现场或伤员刚送到急诊室时应（ ）

   A. 病史采集　　　　　　　　　　　　　　B. 全面而详细的检查

   C. 迅速判断有无威胁生命的征象　　　　　D. 做 CT

   E. 血常规检查

8. 院前急救处理患者时遵循从（ ）的顺序最为可靠。

   A. 躯干到四肢　　　　　　　　　　　　　B. 头到脚

   C. 哪里出血先处理哪里　　　　　　　　　D. 个人习惯

E. 从内到外

9. 对创伤急救来讲，患者的生命取决于我们是否很好地处理了（　　）步骤

A. 关键的 　　　　B. 所有的 　　　　C. 一般的

D. 全部的 　　　　E. 脏器的

10. 下列哪一项不属急诊科的设置（　　）

A. 预检分诊处 　　　　B. 急诊诊查室 　　　　C. 急诊抢救室

D. 急诊换药室 　　　　E. 急诊观察室

二、思考题

刘某，在海中游泳时不甚溺水，被送到急诊室，查体：神志不清，口流海水，呼吸微弱，心率45次/分，血压90/60mmHg。请问：

（1）首先应如何处理？

（2）下一步如何检查？

（韩扣兰）

书网融合……

本章小结　　　　微课1　　　　微课2　　　　题库

第二章　院前急救

PPT

学习目标

1. 通过本章的学习，重点掌握院前急救基本原则；熟悉止血包扎、固定与转运的方法，以及群发伤的分类检伤原则。

2. 学会运用院前急救技术抢救危重患者，为院内抢救创造条件。

3. 具有尊重、保护患者的人文素质以及紧急救援情况下的组织、沟通能力。

情境导入

情境描述　刘某，男，60岁。既往有"冠心病"病史。某日傍晚，刘某和家人聚餐后感胸闷不适，伴大汗。刘某求助家人，家人搀扶其至停车场，驱车送往医院，途中患者意识丧失，约20分钟后到达医院急诊，急诊医生判断刘某心搏停止，立即开始抢救。30分钟后，医生宣布刘某抢救无效死亡。

讨论　结合上述病例，大家认为重大疾病来临时，是自己匆忙去医院，还是呼叫"120"？

第一节　概　述

急诊医疗服务体系（EMSS）是由院前急救－医院急诊－重症医学三部分组成的急救医疗模式。三者紧密地形成了有效的急救网络，为急危重症患者建立了一条救治的绿色通道，大大提高了救治成功率。

院前急救是急诊医疗服务体系的一个重要组成部分，指急救人员对患者从发病现场到医院急诊科之前的就地处理、抢救、监护以及转运到医院的全过程。院前急救的目的是让患者在运送到医院之前能获得相应的急救处理，尽可能地稳定生命体征，为患者进入医院接受进一步的诊治创造条件。

现代院前急救需要高效的指挥体系，快捷、畅通的信息系统，快速的应急反应能力和娴熟的急救技能。它既包括急救医务人员的救治，也包括所有事发现场急救人员、家属、第一目击者以及其他非从业人员对患者的救护。所以，我们应该大力开展急救意识、急救知识的普及工作，让更多的社会大众参与到急救工作中来，从而提高院前急救的成功率。

以前，院前急救是急诊急救的薄弱环节，随着我国急诊急救事业的发展，院前急救已经越来越受到各级政府的重视。急诊医疗服务体系以及三级急救网络体系的完善必然进一步推动院前急救的发展。

一、院前急救的重要性

院前急救是急诊医疗服务体系的重要组成部分，不但在日常急救，而且在突发意外事件、各种灾害及突发公共卫生事件的抢救中，院前急救能缩短反应时间，控制病情恶化，保护重要脏器功能，维护生命体征，降低各种急危重症疾病以及创伤事故的伤残率和致死率。院前急救的完善和健全，反映了一个地区甚至一个国家的急诊医疗服务能力和急救医学水平。

二、院前急救的任务

院前急救的主要任务：用最简单、有效的急救措施，及时、早期的基础治疗，减轻患者的痛苦，并尽可能地稳定患者的生命体征，为后续治疗创造条件。总结起来就是：抢救生命，缓解症状，稳定病情，安全转运。临床工作中，院前急救主要包括以下几方面工作。

1. 呼救患者的急救（包括 120 紧急救援） 急救三级医疗网络建立后，呼救患者的急救是院前急救的主要工作，包括普通意外事故。这类呼救有以下几种：第一种为短时间内有生命危险的急危重症患者，如气管异物、休克、心肌梗死、哮喘大发作、严重的创伤等。此类患者中5%需要就地紧急抢救。第二种是短时间内没有生命危险的患者，如急腹症、自发性气胸。第三种是仅仅需要救护车及担架员协助转运的患者，如普通的车祸伤患者、老年卧床患者、慢性病患者。这类服务在我国院前急救中占了较大的比例。而且，随着人口老龄化，这类服务还会不断增多。

2. 突发群体事件的紧急急救 突发群体事件是指突然发生的，各种人为原因或自然灾害（地震、泥石流、洪灾、火灾等）引起的威胁群众生命、健康及财产等，并能够造成较大影响的事件。我国法律法规和应急预案将这类事件分为四类：第一类为自然灾害；第二类为各种事故及灾难，如矿难、交通事故；第三类为公共卫生事件，如传染病疫情、食品安全等；第四类为社会安全事件，如大的凶杀、斗殴等。根据突发事件造成的人员伤亡和健康危害将这类紧急救援分成四级：特别重大事件（Ⅰ）、重大事件（Ⅱ）、较大事件（Ⅲ）、一般事件（Ⅳ）。遇到这类事件，患者大多伤情重、情况复杂，除了按平时急救的要求处理外，还要注意及时报告、检伤分类、现场抢救并及时转送到指定医院，并且要注意与其他救灾队伍（如交通和公安部门等）配合，保证抢救和转运的高效运行。

 素质提升

一件特别的文物——一辆救护车

2008年5月12日14时28分，中国四川省汶川县发生里氏8.0级特大地震。地震严重受灾地区约50万平方千米，灾难造成严重地质破坏，受灾地区交通中断，建筑坍塌受灾人口数较多。地震发生后中共中央、国务院、中央军委第一时间启动应急响应，国家及地方各应急救援队伍迅速奔赴灾区，展开救援。在各路救援队伍中，院前急救（紧急医学救援队）队伍，充分利用自身通讯、设备、人员等急救优势，在危重伤员的现场抢救、后送转运等各方面发挥了巨大作用。

在四川北川的5·12汶川特大地震纪念馆的后广场有一件特别的文物——一辆救护车，他默默地伫立着，叙述着他奋战在那场灾难中的28个日日夜夜、万里救援征程，还有和他一起奋战的各支院前急救（紧急医学救援队）队伍的感人故事。

院前急救不但要配备先进的通讯、急救设备，精湛的急救技能、不惧危难的奉献精神更为重要，我国广大的院前急救队伍，正是凭着这般精神、技能，推动着我国院前急救工作的蓬勃发展。

3. 指令性工作 指当地各种重要事件，如集会、游行、比赛、高考、重要人物来访等所致的突发事件的保障和急救工作。

4. 急救知识的宣传 普及"生命掌握在第一目击者手中"，现代院前急救特别强调第一目击者的救援。所以，提高全民急救意识能提高急救服务的成功率。平时可通过电视、报刊、网络、社区宣传等对公众进行急救知识的普及，并在社区开展现场急救及心肺脑复苏的培训，提高公众的自救能力。

三、院前急救的特点和困难

1. 社会性 院前急救是面向社会的公共服务，急救施治的工作环境是开放式，可能涉及社会的各个领域，面对各种人群，具有极强的社会性。

2. 紧迫性 "时间就是生命"，一旦接到呼救任务需立即出车，到达现场应立即展开救治；患者及家属通常焦虑、急躁，情绪极不稳定，急救人员需有应对现场紧张形势，完成急救任务的能力。

3. 随机性 呼救患者何时、何地、因何疾病需要救援，灾难、事故发生时间、范围等均具有不可预知性，院前急救需随时待命，做好各类应急准备，特别是需要适应现场嘈杂、空间狭小、不良卫生环境、地理环境险恶、气候环境差，甚至有毒有害环境及传染病环境等急救恶劣环境。

4. 独立性 急救现场及转运过程，通常只有医师、护士独自面对患者，实施诊治，无同级或上级医师商洽，因此要求医护人员不仅要有良好的专业素质，还要有良好的沟通能力、指挥协调能力，以及良好的身体素质等。

5. 对症处理为主 院前短时间内不可能实施完整的诊疗计划和诊疗手段，只能是对症治疗为主，以挽救生命为目的，尽快稳定生命体征，后送至专业医疗机构进一步诊治。

第二节 院前急救的基本配置

院前急救是急诊医疗服务体系的重要组成部分。院前急救需要急救医护人员携带抢救设备及时到达现场，给予适当的紧急救治，也就是把"医务人员送到患者身旁"。所以，院前急救需要高效的通信（有线通信、无线通信甚至视频通信和卫星定位），需要急救人员、救护车，还需要一定的急救器材和急救药品。急救人员应该全天候待命，随时准备出发；急救设施、器材和药品平时要做好充分准备，定时检查、维护，并做好登记工作，带到现场随时能用。

一、通信设备

健全高效的通信网络是提高急救应急能力的基础，全国统一急救号码是"120"。

二、人员配备

我国的三级急救网络建设要求不同等级的医疗机构承担不同的院前急救功能和任务，人员编制比例也不同。因此，各级院前急救人员的配备应符合本医疗机构级别、功能和任务的要求。

三、急救用品

急救用品通常由药品和器械两部分组成，如果有专科出诊，可以在常用急救配置的基础上，根据自身实际需求酌情另配一些外科、内科、产科等需要的急救包。

1. 常用急救药品 各种药品备用3~5支，将其分别置于有醒目标识的盒内，以方便使用，随手可取，常用急救药品包括下列几种。

（1）血管活性药物 肾上腺素、异丙肾上腺素、多巴胺、硝酸甘油、酚妥拉明等。

（2）中枢兴奋药 尼可刹米、洛贝林（山梗菜碱）等。

（3）强心剂 毛花苷C、毒毛花苷K等。

（4）抗心律失常药 胺碘酮、利多卡因、普罗帕酮等。

（5）利尿剂 呋塞米、氢氯噻嗪等。

（6）解毒剂 纳洛酮、阿托品等。

（7）止血药 氨甲环酸、维生素 K$_1$、卡络磺钠等。

（8）镇痛药 曲马朵、盐酸哌替啶等。

（9）常用液体 0.9%氯化钠溶液、5%葡萄糖溶液、10%葡萄糖酸钙、林格液、50%葡萄糖溶液、注射用水等。

2. 常用急救器材 血压计、听诊器、体温表、开口器、压舌板、舌钳、口（鼻）咽通气管、球囊面罩、手电筒各一个，止血带一根，三角巾一块，不同规格的注射器若干，各种穿刺针，剪刀、镊子、止血钳各一把，消毒用品，无菌棉球、敷料、胶布、绷带等。外科急救器材主要作用是在现场对一般开放性伤口进行初步清创处理、止血包扎、缝合，骨折固定等，在以上急救器材基础上增加外科清创包、夹板、各种消毒药物等。

四、救护车及车载设备

院前急救在我国以救护车为主，但在特殊地区，如海上、湖泊、林区以及大城市等，可以根据需求发展快艇、直升机救援。即使是救护车，现在种类也很多，根据需求不同，设备也有很大不同。但救护车所配备的急救设备、器材、药品等，一定要适应院前急救的基本需求。一般救护车还需配备以下器材。

1. 不同用途的担架 1~2 副 如上车担架、铲式担架、楼梯担架等。

2. 氧源、氧气 氧气瓶、氧气袋等。

3. 监护及抢救仪器 监护仪、除颤仪、呼吸机、心电图机等。

4. 吸引装置 电动吸引器或负压吸引器一台。

5. 其他器材 球囊面罩、口咽通气管、气管插管、喉镜、气管切开包、深静脉穿刺包等（选配）。

第三节 院前急救的实施

院前急救的目的是抢救生命、尽快安全转运，急救医务人员必须熟悉院前急救的基本流程，以及必须熟练掌握院前急救的基本生命支持技术，才能做到迅速、准确、高效、有序和安全。

一、病情评估

当呼救患者急性发病，或突发事件有多人同时发病（包括创伤和中毒），为了客观对患者严重程度进行评估，确定救治的先后顺序、具体措施及需转送的要求，使急危重症患者得到及时合理的抢救，以下介绍几种国际通行的评分和检伤分类方法。

1. 创伤指数评分（TI） 主要参照创伤部位及伤者生理变化，加上创伤类型来估算分数，即 TI 值，见表 2-1。

（1）血管活性药物：肾上腺素、异丙肾上腺素、多巴胺、硝酸甘油、酚妥拉明等；

表 2-1 创伤指数评分

指数	1	3	5	6
部位	四肢	躯干、背部	胸、腹	头、颈
创伤类型	撕裂伤	穿刺伤	钝挫伤	弹道伤
循环	正常	BP<100mmHg P>100 次/分	BP<60mmHg P>140 次/分	BP 测不到
意识	倦怠	嗜睡	浅昏迷	深昏迷
呼吸	胸闷痛	气急	发绀	无呼吸

注：各项分值相加即为 TI 值，5~9 分为轻伤；10~16 为中度伤；>17 分为重伤。一般说来，中、重度伤员应尽快送往能救治和处理的较大的医院。

2. 改良预警评分（MEWS 评分）　　见表 2 − 2。

表 2 − 2　MEWS 评分

项目	分值						
	3	2	1	0	1	2	3
心率（次/分）		<40	41 ~ 50	51 ~ 100	101 ~ 110	111 ~ 130	>130
呼吸（次/分）		≤8		9 ~ 14	15 ~ 20	21 ~ 29	≥30
收缩压（mmHg）	0	<80	81 ~ 100	101 ~ 199	>200		
体温（℃）		<35		35 ~ 38.4		≥38.5	
意识状态		无反应	疼痛有反应	清楚	声音有反应		

　　注：各项分值相加，总分 0 ~ 3 分常规处理；4 ~ 5 分加强观察；6 ~ 8 分潜在风险大，需专人陪同，收住相关科室；>9 分死亡风险大，紧急处理，收住重症监护室。

3. 批量患者的检伤、分类和标记　　检伤分类是决定优先急救的关键。应在 1 ~ 2 分钟内完成，正确识别有生命危险但能救活的患者，并分类标记，以便优先进行救治和转运。伤情级别分类如下。

（1）危重伤　有生命危险需立即救治的患者，红色标记。

（2）重伤　伤情不立即危及生命，但必须进行止血等手术处理的患者，黄色标记。

（3）轻伤　不需要立即处理的，绿色标记。

（4）濒死及死亡　已经死亡或限于伤情及当时条件，救治效果差，生存机会渺茫的患者，用黑色标记。

　　国际通行的简明检伤分类法（START），现场评估安全后，采用"眼、耳、口、手"徒手模糊定性，快速判断，通常分为以下四步。①第一步，行动检查：能行走的伤员为轻伤，绿色标记。不能行走的进入下一步。②第二步，呼吸检查：无呼吸的患者，用黑色标记；有呼吸的患者注意保持气道通畅，呼吸 >30 次/分或 <6 次/分，危重者，用红色标记，并进入第三步。③检查桡动脉或毛细血管充盈时间，任何循环不足都标记为红色（桡动脉不能扪及搏动或脉搏大于 120 次/分，或甲床毛细血管充盈时间 >2 秒）。④清醒程度：不能清醒回答伤者，红色标记；能执行指令为黄色或绿色标记。START 检伤分类见图 2 − 1。

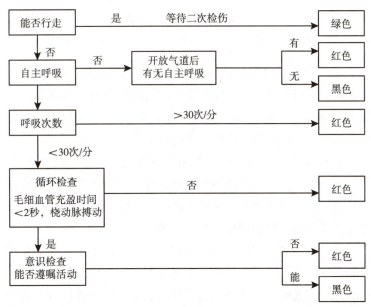

图 2 − 1　START 检伤分类

二、常用急救技术

（一）现场心肺脑复苏

现场心肺脑复苏主要包括紧急开放气道，心跳停止者进行胸外按压、除颤（详见第三章第三节"心肺脑复苏"）。

（二）止血

如果患者失血量达到总血量的20%，可出现休克的表现，如果失血量达到40%，就有生命危险。因此，创伤患者的有效止血尤其重要。有效的止血方法有多种，根据具体情况和条件选择不同的方法。

1. 指压法　适用于头面部、四肢等表浅动脉的止血。具体方法就是用手指、手掌等在伤口的近心端的动脉压迫点上，用力将动脉血管压在邻近的骨骼上，中断血流而达到止血。优点是迅速、快捷、简单（图2-2）。

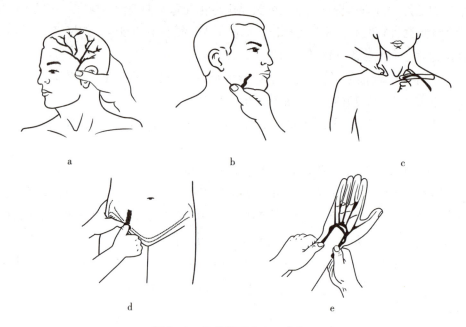

图2-2　各种指压止血示意图
a. 颞动脉压迫止血法；b. 面动脉压迫止血法；c. 锁骨下动脉压迫止血；d. 股动脉压迫止血；e. 尺、桡动脉压迫止血

2. 加压包扎止血法　适用于体表血管受伤时的止血。用无菌纱布覆盖伤口，再用绷带或三角巾等加压包扎，力量以能止血而远端仍有循环或肢体远端动脉搏动刚好消失为宜。

3. 填塞止血法　适用于颈部、臀部及其他伤口较深且大，难以加压包扎的伤口，以及内脏的广泛渗血等，先将无菌纱布或油纱填入伤口内，再用绷带包扎固定。

4. 止血带止血法　目前的止血带多种多样，常用的有充气型、橡胶型及卡氏止血带：①充气型止血带，压力均匀，但携带不方便。急救时可以用水银血压计的袖带代替；②橡胶止血带，携带方便，止血效果好，适用于院外使用；③卡氏止血带，类似于橡胶止血带。

（1）适应证　适用于四肢动脉血管损伤引起的大出血。

（2）止血带的绑扎位置　①上臂大出血应扎在上臂上1/3；前臂及手部大出血应扎在上臂的下1/3；避免将止血带扎在上臂中下段，以免损伤桡神经。②下肢大出血应扎在股骨中下1/3处。

（3）注意事项　①止血带绑扎时间一般不超过1小时，必须延期使用的，每隔1小时放松一次，避免肢体长时间缺血坏死。②在显著位置标明用止血带的时间。③止血带不能直接绑扎在皮肤上，要先垫衬垫，避免直接勒伤皮肤。④止血带压力适当，不宜过紧，以达到远端肢体动脉搏动刚好消失、活动性出血停止为宜。⑤不要选用绳索、电线、铁丝等代替止血带绑扎四肢。

5. 钳夹、结扎止血法　如有可能直接钳夹或结扎出血的血管能有效止血，但不可盲目实施，以免伤及邻近的血管和神经，影响修复。

（三）包扎

包扎是创伤急救的基本功，应用最广，器材最简便。包扎的目的是保护创面，减少污染，固定敷料和夹板，协助止血和减轻患者痛苦。常用的包扎材料有绷带、三角巾等。现场也可就地取材使用毛巾、手巾、衣服等进行包扎。

包扎种类有以下几种。

1. 绷带包扎法　环形包扎法多用于手腕部；螺旋包扎法多用于上下肢粗细不同处的包扎；"8"字包扎法用于屈曲的关节；回返包扎法适用于包扎有顶端的部位。

2. 三角巾包扎法　三角巾制作简单，包扎操作简便，适用广。缺点是加压效果差，固定不牢固。

制作方法：取一块边长 90～100cm 的正方形白布，对角剪开就制成了两条三角巾。常用的包扎方法详见图 2-3。

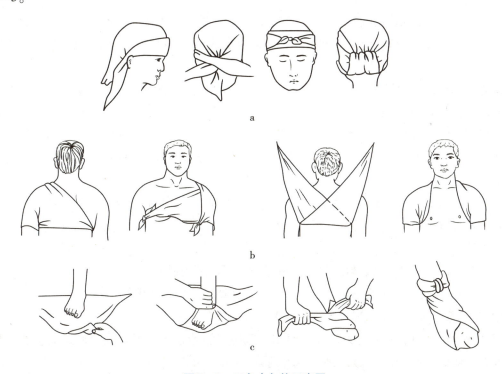

图 2-3　三角巾包扎示意图
a. 头部包扎法；b. 胸部包扎法；c. 手足包扎法

包扎注意事项和基本要求：充分暴露伤口，尽可能地用无菌敷料覆盖后再包扎。包扎时动作要轻柔、快捷。避免刺激创口，不要在伤口上打结，以减轻患者的痛苦。包扎要牢固，不能太紧太松。四肢包扎要露出指（趾）端，以便于观察血液循环。

（四）固定

对有骨折的部位尽早固定，可以有效防止骨折断端移位等造成的对周围血管、神经和肌肉组织的二次损伤，也能减轻患者的痛苦。

1. 固定的原则　①凡是疑似骨折的伤员，均按骨折处理。②重视全身情况，发现伤员有休克、昏迷，先抢救生命，再按骨折处理。③有大出血时，先止血、包扎，再固定骨折部位。④固定时不要盲目复位，禁止将外露的骨折端还纳回伤口。⑤包扎、固定要松紧适宜，要便于观察血液循环。⑥固定夹板不可直接接触皮肤，可加柔软物品（如棉垫、纱布）保护。固定一般要求超过骨折部位上下两个关节固定。

2. 固定的材料　①夹板：木质夹板、塑料夹板、真空夹板等。②敷料：棉垫、棉花、三角巾、绷带等。③颈托、腰围或肢具。④就地取材，如木棍、木板、树枝等。

3. 固定的方法　不同的骨折部位有不同的固定要求。①颈椎损伤固定法：患者仰卧，头颈呈中立位，用颈椎固定器（脊柱板）固定颈部，没有颈椎固定器就在颈部两侧放置沙袋或软枕等固定颈部，防止颈部扭动。②上肢固定法：上肢骨折可用夹板固定，夹板要超过骨折部位的上下两个关节，用绷带或布带固定夹板与患肢，最后用绷带或三角巾将肘关节悬吊在胸前呈80°角。③下肢固定法：大腿骨折时，取一块从足跟至腰部的长夹板放于伤腿外侧，将另一块从足跟至大腿根部的夹板置于内侧，包扎固定。也可以将伤肢拉直，用绷带将伤肢固定在健肢上，注意在骨突间放上棉垫，以防局部损伤。④脊柱骨折固定法：患者平卧于脊柱板或硬板上，腰椎骨折加上软垫，用约束带或绷带将患者固定牢固。⑤骨盆骨折：用三角巾或腹带环绕加压包扎固定，再置于担架上让患者两膝半屈。

（五）搬运

搬运的目的是使患者或伤员及时、迅速、安全地送到医院或救护中心进行下一步的专科治疗，避免病情进一步加重。若转运工作做得及时准确，可使患者及早获得专科治疗，减少患者痛苦，否则可能延误治疗，造成残疾或死亡。

1. 搬运患者的要求　现场搬运患者要遵循"三要一原则"。一原则：安全转运原则。三要：病情要允许转运，家属要同意转运，搬运方法要正确。

（1）现场安全时，就地检伤分类，包扎止血及固定后再搬运。

（2）严密观察患者生命体征，保持呼吸道通畅，防止窒息。转运时要呼唤患者，注意患者意识情况，随时准备就地抢救。

（3）对于体重过重、神志不清的患者，应准备好人员和约束器材再搬运，防止发生滚落、摔伤等。

（4）凡怀疑有骨折的伤者，一定要先按骨折固定处理，防止搬运不当造成的二次损伤。

2. 搬运方法

（1）徒手搬运法　患者病情较轻，转运路程近时，可以采用该方法。

1）单人徒手搬运法　常用的有扶行法、背负法、抱持法、拖行法等。

2）双人徒手搬运法　常用方法有坐椅法、平托法、拉车法等。

（2）担架搬运法　担架方便省力，轻巧耐用，适用于病情较重，不宜徒手搬运的患者。常用的担架有铲式担架、帆布担架、轮式担架、楼梯担架等。

1）担架搬运方法　2~4名急救人员水平托起患者的头、肩、腰、臀部及下肢，平放在担架上，抬担架行进时，患者脚在前，头在后，以便观察患者意识及全身情况。抬担架的人员行动、步调应一致，向高处抬（上楼梯）时前面的人要放低，后面的人要抬高，尽量让患者保持水平姿态；向低处抬（下楼梯）时则相反。

2）注意事项　①担架员要有责任心，随时观察患者生命体征，如呼吸、脉搏、神志，若有病情变化，立即停止转运，就地抢救。②尽量保持担架平稳，不要颠簸患者。③必须使用约束带正确固定患者，上肢固定在肘、腕关节间，下肢固定在膝、踝关节间，确保患者身体不滑出担架外。④颅脑、颌面部损伤者搬运时最好采用健侧卧位，保持呼吸道通畅。⑤颈椎骨折患者搬运时如果没有专门的固定器，应由专人牵引、固定头部，防止头部左右扭转和前屈、后伸。⑥腹部内脏脱出的患者，先用清洁敷料及保护装置等固定好脱出内脏再将患者采用仰卧、半屈膝转运。⑦搬运过程中，转运人员要注意脚下有无障碍物，以免绊倒。⑧医护人员必须全程监护搬运患者。

第四节　现场急救的转运

院前急救现场条件有限，包括急救场地环境、人员、设施、药品等，都不能完全满足救治需要。因此，初步控制伤情后，尽快安全转运，后送至医疗机构进一步治疗，可使患者得到更为全面、有效的救治，降低致死、致残风险。

转运阶段是患者抬上救护车后运送到医院的过程。转运方式有徒手转运、汽车转运、火车转运、飞机转运、轮船转运等，可根据实际需要选择，做好转运前准备。

一、转运前准备

1. 评估、核对患者相关信息　包括病情及生命体征记录，引流管，输血输液管，骨折患者的固定、牵引情况。

2. 转运设施、设备准备　检查转运担架、平车性能，氧气瓶/袋、转运呼吸机等。

二、转运中工作

转运途中应继续对患者进行监护和救治。注意严密观察患者的病情变化，延续现场急救中的治疗，如吸氧、输液等。如病情突然发生变化，应立即给予处理，如有需要可停车处理。对转运途中的病情监测、救治措施应详细记录，做好交接准备。

三、转运交接

患者安全转运至医疗后，应将患者身份信息、发病经过、现场及转运途中监测和治疗情况进行详细交接，待患者安全接受后再撤离并向指挥中心回复。

目标检测

答案解析

选择题

[A1/A2 型题]

1. 院前急救的主要任务是（　　）

　　A. 快速将患者转运到条件好的医院　　　　B. 止血包扎，避免患者大出血死亡

　　C. 快速诊断，迅速解除患者痛苦　　　　　D. 对症治疗

　　E. 抢救生命、缓解症状、稳定病情、安全转运

2. 不属于 120 急救范畴的是（　　）

　　A. 重要会议突发事件的医疗保障　　　　　B. 灾难事故的应急处置

　　C. 公共交通不便利片区患者就诊需要　　　D. 卧床患者需要担架协助处理

　　E. 癫痫大发作患者

3. 急救人员到达创伤现场后，首要任务是（　　）

　　A. 解除正在威胁患者生命的因素　　　　　B. 静脉输液

　　C. 止血包扎　　　　　　　　　　　　　　D. 有骨折的先固定骨折

E. 心肺脑复苏

4. 院前急救时，应该先为昏迷患者进行的处理是（　　）

  A. 立即胸外按压   B. 立即建立静脉通道

  C. 保持呼吸道通畅   D. 立即全身检查，查找昏迷病因

  E. 立即给患者吸氧

5. 院前急救时，发现成批伤员，首先应该优先救治的患者是（　　）

  A. 张力性气胸患者   B. 呼吸心搏停止的患者

  C. 股骨骨折的患者   D. 手外伤出血的患者

  E. 孕妇

6. 心肺脑复苏，不包括（　　）

  A. 人工呼吸   B. 除颤   C. 胸外按压

  D. 开放气道   E. 紧急输血

7. 骨折固定处理不正确的是（　　）

  A. 可疑骨折，都按骨折处理

  B. 有休克时，先抢救休克，再处理骨折

  C. 有大出血时，先止血、包扎，再处理骨折

  D. 骨折固定时，不需要现场复位

  E. 暴露在皮肤外面的骨折，认真消毒后将断端送回伤口再包扎

8. 关于止血带说法，不正确的是（　　）

  A. 用止血带一定要记录时间，定时放松

  B. 止血带要垫棉垫或软布，避免时间过长导致肢体坏死

  C. 没有止血带时，可以用铁丝、电线等捆扎肢体替代止血带止血

  D. 使用止血带时间一般不超过 1 小时

  E. 止血带一般绑扎在肢体的近心端

9. 怀疑脊柱骨折的患者最好采用下列哪种方法转运（　　）

  A. 背负法   B. 搀扶法   C. 双人坐抬法

  D. 抱持法   E. 担架法

10. 车祸现场，伤员王某，面色发绀，呼吸费力，吸气相三凹征，检查可见右侧胸壁局限性塌陷伴反常呼吸，压痛明显，右上肢肱骨骨折，骨折端外露伴出血，现场首要的处理措施是（　　）

  A. 胸腔引流   B. 胸带固定

  C. 清理气道异物   D. 上肢骨折固定、止血

  E. 立即转运

（尹江宁）

书网融合……

本章小结   微课   题库

第三章　严重心律失常和心肺脑复苏

PPT

≫ 情境导入

情境描述　患者，男，70岁，既往有"高血压病、2型糖尿病"病史，一直口服药物治疗。因"反复胸闷3年余，加重3小时"入院，患者三年前开始出现胸闷，活动后加重，休息后减轻，无明显气喘及呼吸困难，有时夜间明显，在外院考虑"冠心病"一直口服药物治疗，3小时前上述症状加重，伴有出汗、憋闷，在诊疗过程中突然倒地，呼之不应。

讨论　1. 该患者突然呼之不应，考虑原因是什么？

　　　　2. 如果你是接诊医生，你应该怎样处理？

第一节　严重心律失常

心律失常（cardiac arrhythmia）是指心脏电活动的频率、节律、起源部位、传导速度或激动顺序的电生理异常，临床主要表现为心悸，多发生于各种心血管疾病，也见于心脏结构无异常者。心悸是一种自觉心脏不适搏动，在临床上患者常用"心乱""心慌"等语言来形容。但缓慢型心律失常患者可无明显症状。如果心律失常时间长、变化快可引起血流动力学不稳定，表现为进行性低血压、休克、急性心力衰竭、进行性缺血性胸痛、晕厥、意识障碍，甚至心源性猝死，称为严重心律失常或恶性心律失常。其中，85%～90%恶性心律失常见于器质性心脏病，10%～15%见于原发性心电异常如长Q-T间期综合征、Brugada综合征、儿茶酚胺敏感性室性心动过速等。因此对严重心律失常处理应该首先识别和纠正血流动力学障碍，甚至进行心肺复苏。

一、快速型心律失常

（一）室性心动过速

室性心动过速，简称室速，起源于希氏束分叉以下，心电图上表现为连续3个或3个以上室性期前收缩组成，且频率大于100次/分的快速型心律失常。可分为非持续性室性心动过速（持续时间<30秒）和持续性室性心动过速（发作持续时间>30秒，或虽然<30秒，但伴有血流动力学不稳定）。常发生于器质性心脏病患者。最常见是冠心病、心脏瓣膜病、心肌病等；其次是全身性疾病包括药物中毒、严重酸碱失衡、电解质紊乱和代谢障碍等；也见于无器质性心脏病患者，称为特发性室速。

1. 临床表现　轻者常为心悸、心前区不适，重者常表现为血流动力学障碍引起一系列症状，如发绀、晕厥、血压下降、休克、急性心力衰竭、心绞痛，甚至发展成心室颤动。

2. 心电图特点及诊断 ①3 个或 3 个以上室性期前收缩连续出现，心室率在 100～250 次/分，很少超过 300 次/分；②QRS 波群宽大畸形，时限超过 0.12 秒，T 波与 QRS 波主波方向相反；③P 波与 QRS 波互不相关，房室分离；④尖端扭转性室速可表现为 QRS 波形振幅与波峰周期性改变，波群的极性围绕基线不断转换，围绕等电位线连续扭转；⑤心室夺获（P 波之后提前出现一次正常的 QRS 波群）与室性融合波（QRS 波形态介于窦性与室性之间），上述两种波形是确诊室性心动过速的重要依据。

3. 急诊处理

（1）血流动力学不稳定　若宽 QRS 波心动过速伴严重血流动力学障碍，立即进行同步直流电复律，能量选择 100～200J（双相波），必要时可重复。复律前予适当静脉推注小剂量镇静剂如地西泮、咪达唑仑或丙泊酚，减轻患者的痛苦。

（2）血流动力学稳定　以药物治疗为主，不能鉴别的宽 QRS 波心动过速者，可按室性心动过速处理。①首选胺碘酮，先予胺碘酮 150mg 10 分钟内缓慢静脉推注，用 5% 葡萄糖稀释，如没有转复，10 分钟后追加 150mg，转复后继续静脉滴注胺碘酮维持，预防复发，第一个 6 小时以 1mg/min 速度静脉滴注，随后减为 0.5mg/min 静脉滴入维持 24 小时，24 小时用量不超过 2.2g；②利多卡因：可以用 50～100mg 静脉推注，必要时 5～10 分钟后重复，直至心律转复，只有胺碘酮无效时使用，注意高度房室传导阻滞、休克、过敏禁用；③尖端扭转性室速，选用硫酸镁，1～2g 稀释到 50～100ml 液体后，15～20 分钟内静脉输注，维持量 0.5～1.0g/h，注意血镁水平；④血流动力学稳定但持续时间超过 24 小时以及药物治疗无效的室性心动过速也可电复律。药物治疗无效也可射频消融术或埋藏式心脏复律除颤起搏器。

（二）心室扑动/心室颤动

心室扑动/心室颤动为致命性心律失常，发作时心室肌快而无效收缩或不规则颤动，等于心室停搏，一般见于缺血性心脏病，也可见于药物中毒、休克、缺氧、电解质紊乱、严重酸碱失衡、尖端扭转性室性心动过速。24 小时内自发的心室颤动≥2 次，称为心室颤动风暴。

1. 临床表现　突然出现意识丧失，抽搐、呼吸停止。听诊呼吸音消失，大动脉搏动消失，血压测不出，瞳孔散大，猝死。

2. 心电图特点　心室扑动呈正弦图形，波幅大而规则，QRS 波呈单形性，频率 150～300 次/分，有时难与室速鉴别。心室颤动的 QRS 波群、ST 段与 T 波完全消失，代之形态不同，振幅大小各异和极不规则颤动波，持续时间较短，如不及时抢救，一般心电活动在数分钟内迅速消失。

3. 急诊处理　电除颤，心肺脑复苏（详见本章第三节）

（三）心房颤动

心房颤动是最常见心律失常之一，可发生于器质性心脏病或无器质性心脏病的患者，后者称为孤立性心房颤动。是指规则有序的心房电活动丧失，代之以快速无序的颤动波，是严重的心房电活动紊乱。可分为：①首发房颤；②阵发性房颤；③持续性房颤；④长期持续性房颤；⑤永久性房颤。上述任何一种出现急性加重称为心房颤动急性加重期。

1. 临床表现　症状轻重与心室率快慢有关。轻者仅有心悸、胸闷、气促等，重症可有休克、晕厥。房颤时心房有效收缩消失，心排血量比窦性心律时减少达 25% 或更多。心房颤动有发生体循环栓塞的高风险。听诊心律绝对不齐、心音强弱不等，脉搏短绌，当心率超过 150 次/分时，听诊节律偏整齐。

2. 心电图特点　①P 波消失，代之以小而不规则的基线波动，形态与振幅均变化不定，称为 f 波；频率为 350～600 次/分；②心室率极不规则；③QRS 波形态通常正常，当心室率过快，发生室内差异性传导，QRS 波增宽变形。

3. 急诊处理　心房颤动的急诊处理主要是控制心率、转复心律和预防血栓形成。

（1）吸氧、心电监护、建立静脉通道。

（2）控制心室率　心房颤动伴快速心室率易导致患者出现临床症状，因此心室率控制是一项基本治疗措施。对于大多数血流动力学稳定的心房颤动患者都应控制心室率。控制心室率的药物包括β受体阻断剂、钙通道阻滞剂、洋地黄制剂和某些抗心律失常药物，可单用或者联合应用，但应注意这些药物的禁忌证。对于无症状的房颤，且左心室收缩功能正常，控制静息心室率<110次/分。对于症状性明显或出现心动过速心肌病时，应控制静息心室率<80次/分且中等运动时心室率<110次/分。预激伴心房颤动禁用洋地黄制剂。

（3）转复心律　将房颤转复为窦性，心律的方法包括药物复律、电复律及导管消融治疗。急性电复律指征为伴有血流动力学障碍的心房颤动；血流动力学稳定但症状不能耐受的初发或阵发性心房颤动（持续时间<48小时），没有转律禁忌，可予以复律。血流动力学稳定的可电复律也可药物复律，血流动力学不稳定立即电复律：能量双相波100~200J。药物可常用胺碘酮150mg稀释后静脉注射10分钟，继之以50mg/h维持，不推荐使用洋地黄类药物、维拉帕米、索他洛尔等用于心房颤动转复。预激综合征伴心房颤动首选电复律，也可用胺碘酮。

（4）预防栓塞并发症　血流动力学不稳定给予静脉肝素抗凝；血流动力学稳定者，有栓塞史、高血压病史、糖尿病史、近期心衰史、高龄患者应口服抗凝药，如华法林，维持国际化标准化比值在2.0~3.0；也可口服新型抗凝药物如达比加群酯、利伐沙班等。

（四）室上性心动过速

室上性心动过速简称室上速，分为狭义和广义两类，包括房性心动过速、交界区心动过速、有旁道的折返性心动过速。患者多数没有器质性心脏病，易反复发作，不同年龄均可发生，因心率过快，无法区分P波，统称为室上性心动过速。

1. 临床特点　轻症表现为心悸、胸闷、头晕、焦虑、烦躁不安，重症出现黑矇、晕厥、心衰等。听诊第一心音强度相同，心率绝对规则。突发突止，持续数秒到数日不等。发作症状与心动过速所致血流动力学障碍程度相关，也与原发病的严重程度相关。

2. 心电图及诊断　QRS波群形态正常，频率达160~250次/分，如有差异性传导或束支阻滞，QRS波形态异常。P波形态异常，大多与T波融合，无法辨认，ST段压低、T波倒置常见。

3. 急诊处置　予以心电监护、血流动力学稳定者，完善检查，纠正重要诱发因素如低钾、感染、缺氧、药物等，一般可采取如下措施。

（1）刺激迷走神经　深吸气后屏气同时用力做呼吸动作（Valsalva法）或用压舌板等刺激咽后壁产生恶心感，可终止发作。压迫眼球或按摩颈动脉窦现已少用。

（2）药物治疗　①首选腺苷，6~12mg直接快速静脉注射，具有起效快、作用消除迅速的特点，没有腺苷可选用肌苷代替。年龄>60岁，有支气管哮喘、心绞痛、病态窦房结综合征等患者不建议应用；②维拉帕米和普罗帕酮终止室上性心动过速疗效好，终止后立即停止注射，一般维拉帕米5mg稀释后静脉注射5分钟，15分钟后可重复；普罗帕酮75mg稀释后静脉注射5分钟，10~20分钟后可重复。上述药物慎用于心力衰竭、休克、心动过缓；③去乙酰毛花苷起效慢，室上性心动过速伴有心衰时选用，0.2mg稀释后缓慢静脉注射，禁用于预激综合征；④胺碘酮150mg稀释后静脉注射10分钟，以1mg/min维持6小时，后减为0.5mg/h维持。

（3）直流电复律　血流动力学不稳定，出现严重的心衰、休克等，立即进行直流电复律。其他急性发作药物治疗效果差也可选用。但使用过洋地黄者不能使用电复律。

（4）食管心房调搏术和导管射频消融术　广泛应用于治疗室上速，有效率达 90% ~95%。

二、缓慢型心律失常

缓慢性心律失常是指窦性心动过缓、窦性停止、传导阻滞等以心率减慢为特征疾病。轻者可无症状，重者可出现严重血流动力学障碍。

（一）窦性停搏及病态窦房结综合征

严重的窦性停搏及病态窦房结综合征是致命性心律失常，应高度重视。

1. 临床表现　症状取决于停搏时间或频率缓慢导致血流障碍的严重程度。2 秒以上的窦性停搏或心率减慢至 40 次/分可以出现黑矇，5 秒以上出现晕厥，如 10 秒以上可发生 Adams – Stokes 综合征，甚至死亡。

2. 心电图特点　窦性停搏在较正常 PP 间期显著长的间期内无 P 波发生，或 P 波与 QRS 波均不出现，长的 P – P 间期与基本的窦性 P – P 间期无倍数关系。病态窦房结综合征心电图表现多种多样，为非药物引起的持续而显著的窦性心动过缓（50 次/分以下）；窦性停搏或窦性静止与窦房阻滞；窦房阻滞与房室阻滞并存；心动过缓 – 心动过速综合征，简称慢 – 快综合征，是指心动过缓与房性快速型心律失常（心房扑动、心房颤动或房性心动过速）交替发作。

3. 急诊处理　常需紧急给予药物或起搏治疗，维持正常心率后再针对病因处理。并积极寻找可以治疗可逆性病因。①阿托品：予以 1mg 消除迷走神经的抑制作用，加快心率，可重复使用，但作用有限；②异丙肾上腺素：予以 0.1 ~0.2mg 稀释后静脉滴入，增加心率在 60 次/分以上，对窦房结本身病变无作用，不宜长时间使用。其他还可以选用氨茶碱、沙丁胺醇等增加心率；③有条件时，立即开展起搏治疗：窦性停搏患者可先给予临时起搏器治疗，再针对病因治疗。而病态窦房结综合征患者大多需要安装永久起搏器治疗。

（二）高度房室传导阻滞和三度房室传导阻滞

二度房室阻滞中，连续两个或者两个以上的 P 波不能下传心室者常称为高度房室阻滞。三度房室传导阻滞称为完全性阻滞。

1. 临床表现　症状取决于心室率的快慢与伴随病变，症状包括心悸、乏力、头晕、晕厥、心绞痛、心力衰竭。房室阻滞因心室率过慢导致脑缺血，患者可出现暂时性意识丧失，甚至抽搐，严重者可致猝死。二度Ⅱ型房室阻滞亦有间歇性心搏脱漏，但第一心音强度恒定。三度房室阻滞因房室分离，第一心音强度经常变化，第二心音可呈正常或反常分裂，间或听到响亮亢进的第一心音（大炮音）。

2. 心电图表现　二度Ⅱ型 PR 间期恒定，部分 P 波后无 QRS 波群；完全性阻滞 P 波与 QRS 波群各自成节律、互不相关；心房率快于心室率；心室起搏点位置不同，心室率为 40 ~60 次/分，也心室率可低至 40 次/分以下，QRS 波群增宽，心室律不稳定。

3. 急诊处理　根据症状不同选择治疗方案，应针对不同的病因进行治疗。二度Ⅱ型与三度房室阻滞如心室率显著缓慢，伴有明显症状或血流动力学障碍，甚至阿 – 斯综合征应给予起搏治疗。无明显血流动力学障碍者，也可以药物治疗：①予以阿托品 0.5 ~2mg 静脉注射，提高房室阻滞的心率；②予以异丙肾上腺素 1 ~4μg/min 静脉滴注适用于任何部位的房室阻滞，防止出现严重室性心律失常。药物治疗不佳，仍需要心脏起搏治疗。

第二节　心搏骤停

心搏骤停（SCA）是指各种原因导致心脏射血功能突然停止，患者出现意识丧失、大动脉搏动消失、呼吸停止，经过及时有效的心肺脑复苏，部分患者可获存活。心脏性猝死（SCD）是指无明显心外原因，突发心脏症状于1小时内发生的意外死亡。心搏骤停是心脏猝死最常见、最直接原因。

一、心搏骤停的原因

绝大多数心搏骤停发生在器质性心脏病患者，特别是由冠心病及其并发症引起，而这类冠心病患者大多有心肌梗死的病史。肺心病患者出现心室颤动、心搏骤停以至死亡最常见的原因是急性严重心肌缺氧等。心肺复苏过程中要注意可逆性病因。常见原因见表3-1。

表3-1　心搏骤停的原因

分类	原因	疾病或致病因素
心脏	心肌损伤	冠心病、心肌病、瓣膜病、心脏结构异常
呼吸	通气不足	中枢神经类疾病、神经-肌肉接头疾病、中毒或代谢性脑病
	上气道梗阻	中枢神经类疾病、异物堵塞、创伤、感染、肿瘤、新生物
	呼吸衰竭	哮喘、慢性阻塞性疾病、肺水肿、肺栓塞
循环	机械性梗阻	心包填塞、肺动脉栓塞、张力性气胸
	血容量不足	出血、各种休克
代谢	严重电解质紊乱	低钾或高钾血症、低钙血症、高镁或低镁血症
中毒	药物	抗心律失常药物、抗抑郁药、其他化学品
	毒品	海洛因、可卡因、吗啡
	中毒	一氧化碳中毒、硫化氢、氰化物、有机磷农药
环境	理化因素	溺水、电击、中暑、低温

二、心搏骤停的病理生理机制

心搏骤停可导致全身血流中断，对各个器官均有损伤，但因敏感性不同，大脑对缺氧耐受性最差，其次是心脏、肾脏、胃肠道、骨骼肌等，心脏停搏4分钟后抢救可以发生不可逆损坏，停止超过10分钟，神经功能就很难恢复，病理生理机制可分为四期。

1. 骤停前期　在发生心脏停搏前，身体潜在病变及导致心搏骤停的因素显著影响心肌细胞代谢状态，也影响复苏后细胞存活状态，部分患者有前驱表现，部分患者可无任何表现。

2. 骤停期　该期导致血液循环中断，数秒内即导致组织缺氧和有氧代谢障碍，细胞转为无氧代谢。导致细胞膜去极化，触发细胞内钙超载、大量自由基产生、线粒体功能异常和炎症反应。

3. 复苏期　标准胸外按压可以产生的心排量约为正常的30%，随着复苏按压时间延长而下降，加之大量儿茶酚胺和血管活性药物大量释放，组织血管收缩，心脏后负荷加重，使心脏收缩增加额外负荷，导致持续的缺血缺氧状态。

4. 复苏后期　持续缺血会诱发进一步代谢紊乱以及再灌注启动的系列级联反应，介导细胞继发性损伤，也可出现细胞凋亡。心搏骤停后综合征定义为严重全身系统性缺血后多脏器功能障碍和衰竭。可出现脑灌注不足，脑水肿和再灌注损伤；心脏会出现弥漫性的心肌运动减弱；全身性缺血-再灌注损伤，引起广泛的免疫系统与凝血系统的活化，导致全身炎症反应综合征，肾上腺功能抑制、酸碱失衡与水电解质紊乱、应激性溃疡和肠出血、高血糖、多脏器功能衰竭。

三、心搏骤停的类型

心搏骤停根据心电图表现可分为四种类型。

1. 心室颤动　心肌不规则蠕动，心排量几乎为零。

2. 无脉性室性心动过速　表现为室速，但心脏无有效泵血，血压测不出，无脉搏。

3. 无脉性电活动　心电图有断续心室复合波，心脏无泵血。

4. 心室静止　心电图表现为一条直线，心室颤动、无脉性室性心动过速被称为可除颤心律，无脉性电活动、心室静止也称为不可除颤心律。

四、心搏骤停的临床表现

心搏骤停可表现为"三联征"：突发意识丧失、呼吸停止和大动脉搏动消失，临床表现如下。

1. 突然意识丧失，摔倒在地，面色苍白或青紫。

2. 大动脉搏动消失，颈动脉、股动脉搏动不能触及。

3. 濒死叹息样呼吸或呼吸停止。

4. 双侧瞳孔散大固定。

5. 脑缺氧导致抽搐及大小便失禁，随即全身放松。

第三节　心肺脑复苏

心肺脑复苏是一门不断发展和变化科学。心肺脑复苏是指对心搏、呼吸骤停的患者采取紧急抢救措施（人工呼吸、心脏按压、快速除颤等）使其循环、呼吸和大脑功能得以控制或部分恢复的急救技术。最终是促进患者神志清醒及脑功能恢复。心搏骤停后第一时间应该是建立人工循环，保证大脑、心脏等的供血直至患者自主循环建立。可以分为三个时期。

第一期：即基础生命支持，包括胸外按压、开放气道、人工呼吸、电除颤等基本抢救措施。

第二期：即高级生命支持。专业人员在发病现场或医院进行，包括静脉通道开放，药物使用，特殊技术（高级气道、机械通气），进一步提供生命支持以及病因治疗。

第三期：延续性生命支持，即脑复苏和复苏后管理。

一、基础生命支持

心搏骤停后，充足的生命支持和促进达到自主循环恢复是心肺复苏的核心。生命支持主要包括充足的循环支持、合理的呼吸支持、除颤、体外循环支持和可逆病因的治疗。

1. 确认现场安全　保证施救者自身安全是很重要的，急救人员应先确定现场环境安全，如有不安全因素，应及时躲避或脱离危险环境。否则，不应该移动患者，立即就地抢救。

2. 检查患者反应　判断患者有无意识，采用轻拍肩部大声呼叫："XX，你怎么啦?"，观察患者有无反应，无反应立即使其取平卧在坚实、平坦的表面上，准备抢救。

3. 呼救（求助 EMSS）　如果患者没有反应，立即向周围人求助或拨打急救电话"120"，求助EMSS。并取得除颤仪。

4. 检查呼吸和颈动脉搏动　新的生存链要求专业急救人员充分暴露患者胸腹部皮肤后立即检查患者的脉搏，同时检查呼吸。普通目击者，只需检查患者有无呼吸，没有呼吸马上开始胸外按压。检查步骤：使用2或3根手指查找气管（靠近您一侧），把手指滑到气管和颈部一侧肌肉之间的沟内，触摸颈动脉搏动，同时观察有无胸腹部起伏，无胸廓起伏或濒死叹息样呼吸，应立即求助。触摸脉搏至少5秒，但不要超过10秒。

5. 胸外按压　根据相关理论，通过增加胸腔内压和（或）直接按压心脏驱动血流，维持心脏、脑的灌注。高质量心肺复苏（CPR）基础是高质量胸外按压：按压频率100～120次/分，按压深度至少5cm（有反馈装置应达到最佳按压深度5～6cm），按压－通气比例30∶2、胸廓完全回弹、胸外按压比例（CCF）达到60%以上可产生充足的血流量。

（1）体位　CPR时将患者置于平坦坚实表面，仰卧位，头、颈、躯干平直无扭曲，双手放于躯干两侧。

（2）按压部位　胸部中央（胸骨下半部分）（图3-1）。

（3）按压方法　急救人员位于患者一侧，将一只手的掌根置于按压部位，另一只手的掌根置于另一只手上，十指紧扣，身体稍前倾，伸直手臂，使肩、肘、腕于同一轴线上，与患者身体平面垂直，用掌根进行按压，按压时以髋部作为支点，用上身重力快速按压（肘关节不能弯曲），按压与放松时间相同（图3-2），每次按压后要让胸廓完全回弹，必须避免按压间歇倚靠在患者胸上，2人以上进行CPR时，每隔一个周期（每个周期为5组30∶2的CPR，约2分钟），应交替按压，保证按压质量和频率。

图3-1　胸外按压部位　　　　图3-2　胸外按压方法

（4）胸外按压的并发症　主要是肋骨骨折，其次还有心包积血和压塞、气胸、血胸、肺挫伤、肝脾撕裂伤和脂肪栓塞等。遵循正确方法，可减少并发症发生。

6. 开放气道与人工通气

（1）开放气道方法　心搏骤停后出现意识丧失，患者很容易因呕吐物、异物或舌后坠、软腭阻塞气道。保持呼吸道通畅是抢救成功的首要步骤。①仰头提颏法（图3-3）：是最常用及有效的方法。将一只手放在患者额头上，用手掌推动，使头部后仰，将另一只手的手指放在靠近颏的下颌骨下方，提起下颌，使颏上抬，让下颌角、耳垂连线与地面垂直。该方法确保避免使劲按压颏下的软组织，因为这样可堵塞气道，不要让患者的口唇完全闭合。②推举下颌法（图3-4）：怀疑患者有颈髓损伤时，可选用该方法。急救者位于患者头侧就位，两只手分别置于患者头部两侧。双肘部可置于患者仰卧的平面上，手指置于患者下颌角下方并用双手提起下颌，使下颌前移，如果患者双唇紧闭，请用拇指推开下唇，使患者嘴张开。整个过程要避免搬动头颈部，如果推举下颌法不能开放气道，则使用仰头提颏法。

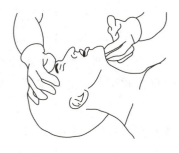

图 3-3　仰头提颏法　　　　　　　　　　图 3-4　推举下颌法

（2）人工通气方法　标准预防的要求应该是使用隔离装置，如便携面罩和人工呼吸面膜，当然也可以使用球囊面罩装置，便携面罩通畅有一个单向阀门，可阻止患者呼出气体、血液等进入施救者口腔。如果现场没有急救设备，可以用口对口或口对鼻技术进行人工呼吸。不管采用何种方法，每次吹起时间持续至少 1 秒，应见胸廓起伏。潮气量为 500 ~ 600ml，无须每次吹起前深吸气，不论单人与双人进行心肺复苏，未建立高级气道前，都应按照每胸外按压 30 次连续予以两次人工通气交替进行，如果无法对患者进行通气，应迅速恢复胸外按压。

7. 电除颤　成人心搏骤停大多数是由心室颤动或无脉性室性心动过速引起。尽早电除颤是可除颤心律终止心搏骤停达成自主循环恢复最有效方法。除颤越早成功率越高，随着心搏骤停时间延长，心肌能量代谢会发生改变，除颤成功率会下降，除颤每延迟 1 分钟，患者存活率下降 7% ~ 10%。

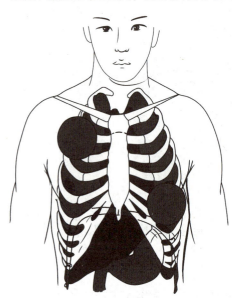

图 3-5　除颤部位示意图

（1）心搏骤停发生后，不论院内或院外，急救人员应立即进行 CPR 和电除颤。取得除颤仪或派人去取除颤仪，急救人员立即进行胸外按压，获得 AED（自动除颤仪）或人工除颤仪后第一时间进行除颤，尽量缩短最后一次按压时间与电除颤之间时间。

（2）推荐除颤能量为双相波 120 ~ 200J，单相波为 360J。

（3）除颤结束后应立即进行 5 组按压/通气为 30 : 2 的 CPR，之后再检查心律、脉搏。如有需要继续除颤。

（4）电极板放置位置如图 3-5，不论自动除颤仪还是人工除颤仪，电极板右侧应放置于患者右侧锁骨中线 2 ~ 3 间隙处，左侧电极板放置在左侧第四、五肋间腋中线处。

（5）除颤时，操作者两臂伸直固定电极板，然后双手同时按下放电按钮除颤。

（6）注意事项　电除颤时一定注意请旁人离开，提示所有人员不要接触患者身体；电极板要涂导电糊或垫盐水纱布（自动除颤仪电极直接粘贴皮肤）；患者胸部多毛，应剃掉多余毛发，切勿在水中使用 AED，避免直接将 AED 电极片放在植入式装置上（起搏器）或首饰上；对孕妇进行 AED 是可行的。

二、特殊情况下的心肺复苏

1. 小儿基础生命支持　基本生命支持对年龄有新的定义，小于 1 岁为婴儿（不包括新生儿），1 岁至青春期为儿童；青春期以后为成人。儿童及婴儿更强调预防，对于没有目击者的患者猝倒，应予以先 2 分钟 CPR 然后再启动应急反应系统；如果有目击者猝倒，应遵循成人步骤；儿童只有一名施救者按压–通气比为 30 : 2，2 名或者更多人时应采用 15 : 2 比例。按压部位，婴儿在两乳头连线与胸部正中线交点略下部，按压深度为前后径 1/3；按压可采用双指按压法（单人）或双拇指环绕法（2 名施救者）。

2. 淹溺　人工通气是淹溺复苏最重要措施，给予 2 次人工呼吸后开始检查脉搏，如无脉搏，立即进行心肺复苏。有可能尽早实用除颤仪。

3. 孕妇　对于心搏骤停孕妇，不可延迟心脏按压，急救人员在妊娠妇女复苏过程中，要尽力抢救母亲和胎儿两个生命，妊娠第 20 周后，处于仰卧位时，子宫会压迫腹部大血管，这种压迫会影响通过胸外按压产生血流，过程中应使用子宫左侧移位法。

三、高级生命支持

高级生命支持是由专业急救人员通过应用药物、辅助设备、特殊技术等，进一步为患者提供更有效的呼吸、循环支持，以恢复或维持患者自主循环，大致归纳为以下几类。

1. 建立人工气道　若条件允许，早期建立人工气道，包括气管插管、气管食管联合导管、喉罩等，气管插管是建立人工通气的最好方法，人工气道具有保持呼吸道通畅，便于清除呼吸道分泌物，防止误吸及方便与呼吸机、麻醉机相连接等优势。建立高级气道后成人可以 5～6 次/分供气。

2. 机械通气　目前最确切有效的呼吸支持技术，目前推荐自主循环未建立时，机械通气频率统一为 10 次/分，随着机械通气技术发展，机械通气模式很多，控制通气模式与辅助呼吸模式之间可以互相切换，当患者无自主呼吸时均采用控制通气模式（CV 模式）设置通气参数，规律通气。一般 CV 模式分为容量控制通气（VCV）模式和压力控制通气模式（PCV）。

（1）容量控制通气（VCV）模式　一般设定潮气量、呼吸频率、吸气时间、吸气流速、吸/呼比（I/E）等参数，优点是潮气量、分钟通气量稳定，适用于绝大多数无自主呼吸的患者，缺点是气道压力不稳定，可造成气压伤。

（2）压力控制通气（PVC）模式　预设吸气压力、呼吸频率、吸/呼比等，优点是能避免气压伤，缺点是潮气量随肺顺应性、气道阻力变化大，只适用于呼吸力学状况稳定、气道阻力小的患者，容易导致潮气量不稳定。

3. 建立静脉通道　静脉通路是各种抢救中最常用的给药途径，血管加压药及抗心律失常药的运用，急救时应选择外周肘关节以上的大静脉，采用"弹丸式"方式给药：静脉注射药物后，再推注 20ml 液体，推动药物进入中心循环，如果无法建立静脉通道时，可以采用气管内给药、骨内通路、中心静脉和其他通路，给药剂量为静脉用药剂量的 2～2.5 倍。

（1）肾上腺素　兼有激动 α 和 β 受体作用，使心肌收缩力加强、心脏传导加快、心率增快、心肌的兴奋性提高、心脏排血量增加。收缩血管，提高复苏过程中心脏、脑灌注压，成人推荐剂量为肾上腺素 1mg，必要时每 3～5 分钟重复静脉注射一次。

（2）胺碘酮　广谱抗心律失常药，能提高入院存活率，提高心室颤动、电除颤对无脉性室性心动过速的成功率，推荐用于对 CPR、电除颤、肾上腺素无反应的心室颤动、无脉性室性心动过速患者。首选胺碘酮，首剂 300mg，直接静脉注射，无效 5～10 分钟追加 150mg，如是室性心动过速，推荐胺碘酮 150mg 稀释后静脉注射 10 分钟，继之以 1mg/min 的滴注速度维持 6 小时，再减为 0.5mg/min 的滴注速度维持 18 小时，中途有新的室性心动过速可追加 150mg 静脉注射。

（3）利多卡因　已不推荐应用于心肺复苏及室性心律失常，无胺碘酮时，可考虑应用，如果是心室颤动、无脉性室性心动过速引起的心搏骤停在自主循环恢复后可以给予利多卡因治疗。推荐剂量 1～1.5mg/kg 静脉注射。

（4）阿托品 心室停搏或电机械分离为无灌注节律，应用药物效果差，现在新指南已经不再推荐。

（5）硫酸镁 用于尖端扭转型室性心心动过速 1~2g 缓慢静脉注射 10 分钟，再用 1~2g 加入 5% 葡萄糖溶液中缓慢滴注。

（6）纳洛酮 疑似阿片类中毒的患者，如无呼吸或呼吸微弱，有脉搏强烈推荐应用，若无呼吸无脉搏，可肌内或静脉注射纳洛酮。

（7）β 受体阻断剂 明确是心室颤动、无脉性室性心动过速引起心搏骤停的患者，存在交感风暴，可以静脉注射 β 受体阻断剂抑制交感风暴。

（8）碳酸氢钠 仅用于心搏骤停或复苏时间过长或早已存在致死性代谢性酸中毒、高钾血症或三环类抗抑郁药过量等，可适当补充碳酸氢钠，应当在血气分析监测下应用，避免碱中毒。

4. 病因治疗 对所有 ST 段抬高或无 ST 段抬高，但血流动力学或心电不稳，疑是心血管疾病的患者，建议紧急实施冠状动脉血管造影，无造影条件的医院，应当在患者条件允许时将患者转至有造影条件的医疗机构进一步处理。

四、脑复苏和复苏后的管理

脑代谢消耗很高，脑虽占体重的 2%，却消耗机体 20% 的氧和 25% 糖。正常脑功能的维持对脑血流量的依赖性极大，因此，心搏骤停后早日恢复自主循环具有重要意义，预后在很大程度可能取决于心搏骤停发生后及时充分的生命支持和尽早恢复自主循环。但人工循环的建立到自主循环的恢复仅是第一步，更困难的是复苏后的管理。因为全身性的缺血－再灌注损伤是复苏后死亡的主要原因，还有就是减轻全脑缺血损伤保护神经功能的脑复苏。心搏骤停引起脑损害的基本病理是脑缺氧、脑缺血和脑水肿、脑复苏的重点就是防止和减轻脑水肿，降低大脑耗氧量和促进脑细胞功能恢复。

1. 目标温度管理（TTM） 治疗性低温是目标温度管理一项重要内容，低温对机体特别是脑组织有保护作用，可以减少氧耗治疗和预防脑水肿，体温每下降 1℃ 氧耗降低 5%~6%，目前推荐所有心搏骤停后恢复自主循环的昏迷患者都采用亚低温治疗，目标温度 32~36℃，并至少维持 24 小时，降温方法很多，可采用体表降温或血管内降温以及人工冬眠。注意低温治疗相关并发症。

2. 脱水剂 为治疗脑水肿，血压平稳基础上使用呋塞米或 20% 甘露醇进行脱水治疗。

3. 血糖控制 在脑复苏治疗中应避免输注过多含糖液体，血糖水平控制在 10mmol/L。

4. 抗癫痫治疗 癫痫加重大脑氧供失衡和脑代谢紊乱，应采取积极有效的处理，不建议在成人心搏骤停患者中预防应用。常用药物有丙戊酸钠、地西泮、苯巴比妥等。

5. 维持呼吸/循环功能 维持血流动力学稳定是所有重症患者支持治疗基础，最初目标在于维护有效灌注压，维持收缩压在 90mmHg、平均动脉压在 65mmHg 以上，维持 SpO_2 92%~98%，$PaCO_2$ 35~45mmHg。

6. 急性肾衰竭的防治 心搏骤停及复苏后的低灌注极易造成急性肾衰竭，应注意维持有效的肾灌注，避免使用肾毒性药物，若出现急性肾衰竭要早期干预，必要时进行肾脏替代治疗。

7. 病因处理 识别一些可逆病因，并积极处理，如存在急性冠脉综合征，尽快完成患者的冠状动脉血管造影，应尽快进行再灌注治疗。

8. 其他的治疗 包括防治感染治疗、营养支持等。

五、快速诊断处理流程及转诊要求

1. 快速诊断处理流程 见图 3-6，图 3-7。

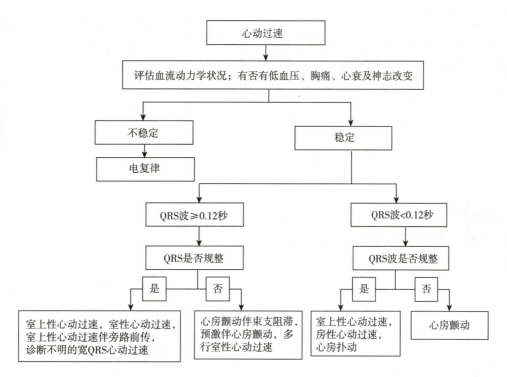

图 3-6　快速型心律失常处理流程图

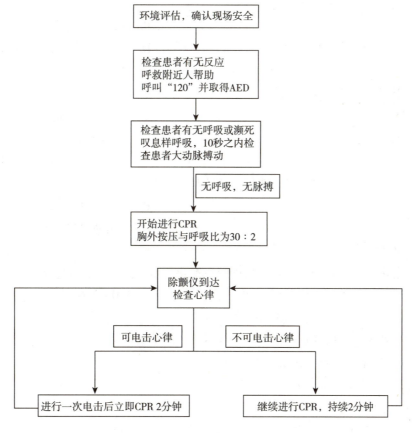

图 3-7　心肺复苏流程

2. 转诊要求 经一般处理及积极治疗原发病、去除诱因，患者心律失常虽缓解，但仍需进一步治疗，或者患者心律失常持续不能缓解；心搏骤停患者自主循环恢复，需要进一步治疗，应在保持生命体征稳定前提下及时转入上级医院诊治。

目标检测

答案解析

一、选择题

[A1/A2 型题]

1. 终止心室颤动最好的办法是 （   ）

    A. 纠正电解质紊乱   B. 静脉注射毛花苷 C

    C. 电除颤   D. 静脉注射胺碘酮

    E. 电复律

2. 确诊室性心动过速重要依据是 （   ）

    A. 心室夺获   B. QRS 波大于 0.12 秒

    C. T 波与 QRS 波主波方向相反   D. 心室率 100~250 次/分

    E. 3 个以上室性期前收缩

3. 毛花苷 C 适用于下列哪种心律失常 （   ）

    A. 预激综合征   B. 窦性心动过缓

    C. 心房颤动伴快速心室率   D. 低钾引起的室性期前收缩

    E. 高度房室传导阻滞

4. 胺碘酮禁用于哪种心律失常 （   ）

    A. 心房颤动   B. 室性心动过速

    C. 长 Q-T 间期综合征   D. 心房扑动

    E. 预激并心房颤动

5. 室上性心动过速应用腺苷治疗时，非禁忌证的是 （   ）

    A. 年龄小于 60 岁   B. 支气管哮喘

    C. 心绞痛   D. 病态窦房结综合征

    E. 快-慢综合征

6. 心房颤动应用华法林预防栓塞症时要求国际标准化比值（INR）范围是 （   ）

    A. 1~1.5   B. 1.5~2.0   C. 2.0~3.0

    D. 3.0~3.5   E. 3.5~4.0

7. 快速型心律失常的患者出现意识模糊、血压下降，应采取的措施是 （   ）

    A. 立即静脉注射肾上腺素，升高血压

    B. 快速静脉注射利多卡因终止心律失常

    C. 静脉注射胺碘酮 150mg，终止心律失常

    D. 立即电复律，终止心律失常

    E. 静脉滴注毛花苷 C 减慢心率

8. 下列不属于心搏骤停心电图表现的是 （   ）

    A. 心室颤动   B. 心室扑动

C. 无脉性室性心动过速
D. 电机械分离
E. 心房扑动

9. 心脏电复律的适应证为（ ）

    A. 各类异位快速心律失常，尤其药物治疗无效者

    B. 心室颤动和扑动

    C. 心房颤动和心房扑动血流动力学不稳定者

    D. 心房颤动伴完全性房室传导阻滞

    E. 以上都是

10. 尖端扭转性室速治疗可采用措施是（ ）

    A. 静脉补钾、补镁

    B. 静脉滴入异丙肾上腺素

    C. 对意识丧失者，应进行人工胸外按压。

    D. 因为心动过缓所致，应安装人工心脏起搏器

    E. 以上均是

二、思考题

患者，女，64岁，因"胸痛、胸闷10小时"来急诊，分诊台测量生命体征：BP 116/60mmHg，P 167次/分，SpO_2 97%。既往有高血压病史，无糖尿病病史。10小时前无明显诱因下出现心前区压榨样疼痛，无放射痛，在诊所诊断为冠心病，予以硝酸甘油舌下含服后，症状未见好转。近2个小时，患者感头晕、心悸、出冷汗，心电图示：宽QRS波心动过速。请问：

该患者紧急处理流程是什么？

（李全业）

书网融合……

本章小结　　　　　微课1　　　　　微课2　　　　　题库

第四章 休 克

◎· 学习目标

    1. 通过本章的学习，重点掌握休克的临床特点和急救处理要点；熟悉休克的基本临床表现及诊断标准。

    2. 能对休克患者进行初步抢救。

    3. 具有尊重、保护患者权利的素质及健康宣教的能力。

》》 情境导入

    情境描述   患者，男，35 岁，不慎从建筑工地高处坠落，伴有出血，急送医院。入院时意识不清，面色苍白，脉搏细速，四肢湿冷。血压 62/50mmHg，脉搏 128 次/分钟，体温 36.6℃。经清创、输血、输液，给予去甲肾上腺素等抢救处理，同时外科住院治疗，后痊愈出院。

    讨论   1. 该患者最可能属于何种休克？

            2. 如果你在现场会如何进行急救处理？

第一节 概 述

    休克（shock）是机体因各种致病因素导致有效循环血容量急剧减少，引起组织血液灌注量不足，致使组织缺氧、细胞代谢紊乱、器官功能损害和结构破坏的综合征。休克是临床各科疾病常见的危重症之一，很容易由组织灌注不足发展为多器官功能障碍甚至衰竭，其最常见、最重要的临床特征是血压下降。

    休克的分类方法很多，一般按发生的原因和血流动力学特点分类。

一、病因分类

    引起休克的常见原因有大量失血、体液大量丢失、严重创伤、大面积烧伤、严重心肌梗死、严重感染、变态反应等。

（一）心源性休克

    心源性休克（cardiogenic shock）是因心肌受损导致心排出量减少，有效循环血量和组织灌注量显著下降所引起的休克。常见以下情况。

    1. 心肌收缩力降低   最常发生于大面积心肌梗死、急性心肌炎及各种心肌病的终末期。

    2. 心室射血障碍   大面积肺梗死、乳头肌或腱索断裂、瓣膜穿孔、严重主动脉瓣或肺动脉瓣狭窄等。

    3. 心室充盈障碍   急性心包填塞、各种快速性心律失常、严重的左、右房室瓣狭窄等。

（二）低血容量性休克

    低血容量性休克（hypovolemic shock）是因血容量减少引起的休克。在临床上出现"三低一高"的典型表现，即中心静脉压（central venous pressure，CVP）、心排血量（cardiac output，CO）、动脉血压降低，而外周阻力（total peripheral resistance，TPR）增高。常见病因如下。

1. 失血 大量失血可引起的休克称为失血性休克，如肝脾破裂、食管静脉曲张破裂等消化道大出血、产后大出血、动脉瘤破裂等。休克的发生取决于失血量和失血速度，一般 15min 内失血量少于全血量 10% 时，机体可通过代偿调节机制使血压和组织灌流量保持相对稳定；若快速失血，失血量超过总血量的 15% ~ 20%，即可引起失血性休克，失血量超过总血量的 45% ~ 50% 时，可致迅速死亡。

2. 脱水 剧烈呕吐、腹泻、大量出汗、肠梗阻等引起大量水电解质丧失；大面积烧伤、烫伤、化学烧伤等导致血浆丢失。

3. 创伤 严重挤压伤、骨折、大手术等引起，又称创伤性休克（traumatic shock）。在战时或自然灾害、意外事故中多见。

（三）感染性休克

感染性休克（septic shock）是因严重的细菌、病毒、真菌和立克次体感染所引起的休克。革兰阴性细菌感染引起的休克最常见，由于细菌内毒素起重要作用，又称内毒素性休克或中毒性休克。感染性休克常伴有败血症，因而也称败血症休克。

（四）过敏性休克

过敏性休克（allergic shock）是因抗原进入被致敏的体内与相应抗体结合后发生 I 型变态反应，组织释放血管活性物质，引起全身的毛细血管扩张、通透性增加，血浆渗出到组织间隙，致使循环血量迅速减少而引起的休克。常见的抗原如下。

1. 药物 抗生素、化学制剂、局麻药等。

2. 异种蛋白 血清制品、蛋白酶、花粉浸液，食物中的异体蛋白如牛奶、蛋清、海味品等。

（五）神经源性休克

神经源性休克（neurogenic shock）是因剧烈的神经刺激使血管活性物质释放，致使血管调节功能障碍，导致血管扩张，外周阻力降低，有效循环血量减少而发生休克。常见于剧烈疼痛、脊髓损伤、脊髓麻醉等。

二、病理生理机制

各类休克有着共同的病理生理基础，即有效循环血容量锐减、组织灌注不足以及产生炎症介质。

（一）微循环的变化

1. 休克早期 微循环以收缩为主。有效循环血量显著减少，反射性引起交感神经 – 肾上腺髓质系统兴奋，使心率加快、心肌收缩力增强、小血管收缩，外周血管阻力明显增加，以维持血压水平。毛细血管网血流量减少，表现为少灌少流、灌少于流，组织灌注量减少。此时如能去除病因积极治疗，休克较易纠正。此期又称休克代偿期或微循环收缩期。

2. 休克期 如休克代偿期继续进展，毛细血管前阻力显著增加，大量真毛细血管网关闭，使组织灌注量严重不足，组织细胞处于严重缺血缺氧状态，大量血液淤积于微循环中，回心血量减少，血压下降，重要器官出现功能障碍，休克发展至不可逆状态。此期又称休克期或微循环扩张期。

3. 休克晚期 若病情继续发展，即进入此期。微循环淤血后因缺氧激活凝血因子Ⅶ，启动内源性凝血系统引起弥散性血管内凝血（disseminated intravascular coagulation，DIC）。微循环障碍加重，形成微血栓。因 DIC 早期消耗了大量的凝血因子和血小板，从而出现继发性出血，微循环及重要脏器功能衰竭。此期又称休克难治期或微循环衰竭期。值得注意的是，并非所有休克患者都会发展为 DIC，一旦发生 DIC 则预后较差。

(二) 体液代谢改变

休克时体内主要发生以下代谢改变：①因缺氧引起代谢性酸中毒；②儿茶酚胺释放促使胰高血糖素生成使血糖升高；③因血容量和肾血流量减少使醛固酮和抗利尿激素分泌增加，以保留水钠增加血容量；④细胞缺氧，使细胞膜的钠泵功能障碍，导致细胞肿胀甚至死亡；⑤缺氧使 ATP 生成减少，代谢性酸中毒导致组织蛋白分解成具有生物活性的多肽如缓激肽、心肌抑制因子和前列腺素等，这些物质具有强烈扩张血管作用，使微循环障碍更为显著；⑥线粒体损伤使细胞发生呼吸功能障碍，甚至使细胞死亡。

(三) 炎症介质释放和缺血－再灌注损伤

严重感染、创伤、休克可刺激机体释放过量炎症介质（包括肿瘤坏死因子、白介素、集落刺激因子、干扰素和一氧化氮等），形成"瀑布效应（cascade）"。

(四) 重要脏器的变化

1. 心脏　休克中晚期，血压严重下降使冠状动脉的血流减少，心肌供血不足；低氧血症、酸中毒、高血钾、心肌抑制因子的作用使心肌收缩力下降；DIC 形成后心肌血管发生微血栓，心肌发生局灶性坏死，影响心肌收缩力，最终发生心功能不全。

2. 肺　由于肺的微循环障碍，肺泡表面活性物质减少，引起肺泡塌陷和肺不张。肺泡通气血流比例失调，导致进行性的动脉血氧分压下降，发生急性呼吸衰竭，即急性呼吸窘迫综合征（acute respiratory distress syndrome，ARDS）。

3. 脑　当收缩压（SBP）<60mmHg 时，脑组织缺血缺氧。微循环障碍又加重了缺氧程度，发生脑水肿，颅内压升高，脑功能障碍加重。患者可出现烦躁不安、神志淡漠，重者发展至谵妄、昏迷。

4. 肾脏　休克早期，由于肾灌流不足，肾小球滤过减少，可出现功能性肾衰竭（functional renal failure）。随休克持续时间延长，肾小管受累而发生急性肾小管坏死，导致急性肾衰竭。

5. 肝脏　休克时肝细胞缺血缺氧，肝功能下降，凝血因子和蛋白质合成障碍，通过肠道吸收的毒素不能在肝脏代谢解毒。

6. 胃肠　胃肠道微循环障碍，可发生胃肠黏膜缺血缺氧而坏死，甚至出现糜烂、应激性溃疡、出血等。患者表现为胃肠道功能紊乱，消化吸收不良；由于肠黏膜屏障功能严重减退，致使肠道内大量内毒素甚至细菌等各种有害物质进入血液而促进休克发展。

7. 多器官功能障碍综合征　多器官功能障碍综合征（MODS）常发生在休克晚期，其恶化的结局是多器官功能衰竭（MOF）。

三、临床特点

1. 休克代偿期　表现为精神紧张、兴奋或烦躁不安，面色及手足苍白湿冷，心率和呼吸加快，血压正常或偏高亦可略降，脉压缩小，尿量正常或减少。此期如处理得当，休克可较快得到纠正；否则，病情继续发展，进入休克抑制期。

2. 休克抑制期　表现为神情淡漠、反应迟钝，意识模糊甚至昏迷，口周发绀，脉搏细速、血压进行性下降，脉压更小。重者全身皮肤、黏膜明显发绀，四肢厥冷，脉搏细弱，血压测不出，口渴，无尿。若皮肤、黏膜出现瘀斑或消化道出血，提示已发展至 DIC 阶段。如出现进行性呼吸困难、脉速、烦躁、发绀，一般吸氧不能改善，应注意发生 ARDS 可能。

3. 临床分级　休克的临床分级见表 4 - 1。

表 4-1 休克的临床分级

临床表现		轻度	中度	重度	极重度
神志		神清、焦虑	神清、表情淡漠	意识模糊、反应迟钝	昏迷
口渴		口干	非常口渴	极度口渴，可能无主诉	无反应
皮肤黏膜	色泽	开始苍白	面色苍白，肢端发绀	皮肤发绀，可有肢端青紫或花斑	极度发绀或皮下出血
	温度	四肢温暖或稍凉	四肢发凉	四肢湿冷	四肢厥冷
心率		≥100 次/分	100~120 次/分	120 次/分	心率快、慢不齐
脉搏		≥100 次/分，有力	100~120 次/分，细数	细弱无力	难以触及
血压		SBP 80~90mmHg 脉压 <30mmHg	SBP 60~80mmHg 脉压 <20mmHg	SBP 40~60mmHg	SBP <40mmHg
体表血管		正常	毛细血管充盈迟缓，表浅静脉塌陷	毛细血管充盈极度迟缓，表浅静脉塌陷	毛细血管充盈极度迟缓，表浅静脉塌陷
休克指数		0.5~1.0	1.0~1.5	1.5~2.0	>2.0
尿量		正常或略减	<17ml/h	尿量明显减少或无尿	无尿

注：休克指数 = 脉率/收缩压。

四、实验室及辅助检查

（一）实验室检查

1. 外周血检查 红细胞计数、血红蛋白量、红细胞比容的测定，有助于对低血容量性休克的诊断及其治疗效果的判断。白细胞计数和分类是诊断感染性休克的重要依据。

2. 尿液、粪便检查 尿常规检查可了解休克时肾功能改变及病因诊断；粪常规及潜血试验有助于对感染性休克和失血性休克的诊断。

3. 血生化检查 有助于了解休克时肝脏、肾脏、心脏等重要器官功能，以及水、电解质、酸碱功能紊乱情况。

4. 其他 如血小板计数 <80×10^9/L、出凝血时间、凝血酶原时间延长和3P试验阳性等检测有助于DIC的诊断。

（二）辅助检查

1. 血流动力学检查 包括中心静脉压、肺动脉楔压、心排出量和心脏指数等，应综合分析、动态观察其变化。

（1）中心静脉压（CVP） 可反映全身血容量和右心功能之间关系。低血容量休克时CVP降低，心源性休克时CVP常升高。

（2）肺动脉楔压（pulmonary artery wedge pressure，PAWP） 反映左心房与左心室舒张末压力情况，有助于指导补液。心源性休克时PAWP常升高。

（3）心排出量（CO）和心脏指数（cardiac index，CI） CO正常值为4~8L/min。CI是单位体表面积的心排出量，正常值为2.5~4.1L/(min·m²)。CI<2.0L/(min·m²)，提示心功能不全；如CI<1.3L/(min·m²)，同时伴有周围循环血容量不足提示心源性休克。

2. 微循环 微循环检查主要表现有：①体表温度与肛温差值常大于1.5℃；②眼底镜检查见小动脉痉挛和小静脉扩张，严重时可见视网膜水肿；③甲皱微循环检查可见甲皱微血管的管袢数目显著减少，袢内血流减慢，微血栓形成，血细胞聚集成小颗粒或絮状物；压迫指甲后放松时，血管充盈时间延长 >2 秒。

3. X 线检查　有助于对休克的病因诊断。

4. 心电图　有助于对心源性休克的诊断及了解休克时心律失常情况。

五、诊断与鉴别诊断

在诊断休克的同时还应注意确定休克的病因和类型。

（一）诊断标准

1. 有休克的诱因。

2. 意识障碍。

3. 脉搏细速 >100 次/分，或不能触及。

4. 四肢湿冷，胸骨部位皮肤指压阳性（再充盈时间 >2 秒），皮肤出现花纹、黏膜苍白或发绀，尿量 <0.5ml/（kg·h）或无尿。

5. 收缩压 <90mmHg。

6. 脉压 <30mmHg。

7. 原有高血压者 SBP 较原基础水平下降 >30%。

具备 1~4 中的两项和 5~7 中的一项，可诊断休克。

（二）鉴别诊断

1. 应注意与体质性低血压、体位性低血压等进行鉴别。

2. 各型休克有各自特点，在治疗重点上亦不完全相同，不同类型休克的鉴别对处理急诊患者很重要。

 知识链接

人类对休克的认知

　　人类对休克的探索和认识，从来就没有停止过。自 18 世纪中叶临床上开始用休克一词来描述类似创伤休克综合征，人们对休克的认识和研究已历经 200 多年。19 世纪末，休克被称为"休克综合征"，主要描述为"面色苍白或发绀、四肢湿冷、脉搏细速、脉压变小、尿量减少、表情淡漠，血压下降"，这对休克的诊断具有重要意义。两次世界大战期间，限于认识的局限，临床上广泛采用缩血管药物抢救休克，但很多患者病情非但没有好转，反而进一步恶化甚至引起死亡。20 世纪 60 年代，经过大量实验研究，诞生了休克的微循环障碍学说，强调在补充血容量的基础上再使用血管活性药物，纠正了之前使用缩血管药物抢救休克的常规，从而明显提高了休克患者救治成功率。20 世纪 80 年代以来，休克研究的热点从低血容量性休克转向感染性休克，认为休克的发生、发展，除了与微循环障碍有关，还存在一定的细胞、分子机制，并在临床上开始应用细胞能量合剂、稳膜措施及某些促炎因子的拮抗剂治疗感染性休克，取得了一定的效果。因此，人类对休克的认识越来越深入，经历了一个由浅入深、从现象到本质的认识过程，即由整体到组织（微循环学说）、细胞（休克细胞）、分子水平。

六、治疗

　　休克的治疗原则：在稳定生命体征、改善重要器官的微循环灌注和细胞代谢的前提下，积极处理引起休克的原发病。休克急诊救治流程见图 4-1。

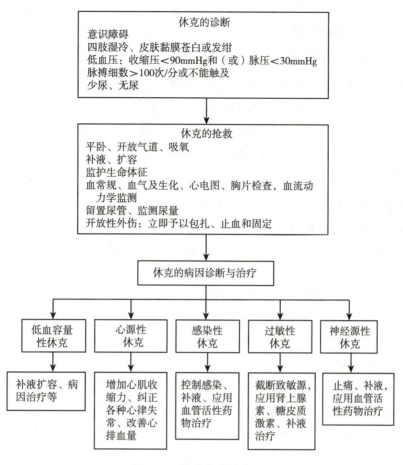

图 4-1 休克急诊救治流程

(一) 一般处理

1. 加强护理,保持环境安静,给予镇静、吸氧、禁食、减少搬动、保暖措施等;采取仰卧头低位,抬高下肢 20°~30°,有利于静脉回流,增加心输出量;心源性休克、心衰或肺水肿取半卧位或端坐位。

2. 行血常规、血气、血生化、12 导联心电图等检查。

3. 监护生命体征以及 CVP、尿量等。

4. 选择有效抗生素控制感染。

(二) 病因治疗

去除引起休克的原发疾病是休克治疗的关键。

(三) 补充血容量

除心源性休克,补液是抗休克的基本治疗。宜采取锁骨下、颈内、股静脉穿刺尽快建立大静脉通路,必要时静脉切开。根据需要开放多条静脉通道,测量中心静脉压指导补液。补液原则是"需多少,补多少"。先快速补充晶体液(如生理盐水、复方氯化钠溶液),继而补充胶体液(如低分子右旋糖酐、白蛋白、血浆等),必要时成分输血。

应根据休克类型和临床表现特点,确定和调整补液的种类、盐与糖液、晶体与胶体溶液的比例。

(四) 改善低氧血症

1. **保持呼吸道通畅** 清除呼吸道分泌物(如血块、痰液等)。昏迷者防止舌根后坠,必要时进行气管插管或气管切开。

2. 吸氧　氧流量 2～4L/min，严重缺氧或发绀应增加氧流量至 4～6L/min，或根据病情采用面罩或无创正压用氧，保持血氧饱和度 >95%。

（五）纠正酸碱失衡和电解质紊乱

除休克早期因过度通气而发生呼吸性碱中毒外，常合并代谢性酸中毒。酸中毒不仅加重微循环障碍，对心肌、血管平滑肌和肾功能亦均有抑制作用。而碱中毒又使血红蛋白氧离曲线左移，氧不易从血红蛋白释出，加重组织缺氧。因此，应根据动脉血气分析制定治疗方案。一般可给予 5% 碳酸氢钠 100～250ml 静脉滴注；注意及时纠正电解质紊乱。

（六）合理使用血管活性药物

适应证为：补充血容量后血压仍不稳定，或休克症状未见缓解，血压仍继续下降的严重休克。

1. 多巴胺　兴奋心脏 β 肾上腺素能受体，使心肌收缩增强、心排血量增加，对外周小动脉和冠状动脉有扩张作用，增加肾血流量。大剂量时兴奋 α 受体，使小动脉、小静脉收缩。常用 5～20μg/(kg·min) 静脉滴注，重度休克时 20～50μg/(kg·min)。

2. 多巴酚丁胺　多用于心源性休克，静脉滴注 2.5～10μg/(kg·min)。

3. 间羟胺　具有 α 和 β 肾上腺素能作用，增加心肌收缩力和心排血量，增加冠状动脉血流量，使小血管收缩，升高血压，但减少肾血流量。常与多巴胺联合使用，15～100mg 加入 5% 葡萄糖液 500ml 内，静脉滴注 100～200μg/min。

4. 异丙肾上腺素　0.5～1mg 加入 5% 葡萄糖液 200～300ml 内，以 2～4μg/min 速度静脉滴注。主要适用于脉搏细弱、少尿、四肢厥冷的患者。

5. 去甲肾上腺素　对 α 受体的兴奋作用强于 β 受体，因此使皮肤、肌肉、内脏和肾血流明显减少，但能增加冠状动脉和脑的血供。主要用于重度感染性休克。常用 0.5～2mg 加入 5% 葡萄糖 100ml 中，以 4～8μg/min 速度静脉滴注。

6. 肾上腺素　适用于过敏性休克，成人首次 0.5mg 皮下或肌内注射，随后 0.025～0.05mg 静脉注射，可根据病情重复使用；小儿 0.01mg/kg，最大剂量 0.5mg/次，皮下注射，必要时每 15 分钟重复 1 次。

（七）糖皮质激素和其他药物的应用

1. 糖皮质激素　用于过敏性休克、感染性休克。氢化可的松 300～500mg/天，疗程 3～5 天；或地塞米松每次 2～20mg，加入 5% 葡萄糖溶液静脉滴注，一般用药 1～3 天。

2. 纳洛酮　阿片受体阻断剂，可阻断 β-内啡肽的作用。首次 0.4～0.8mg 静脉注射，2～4 小时可重复，后以 1.6mg 加入 500ml 液体中静脉滴注。

（八）防治多器官功能障碍

休克晚期易发生多器官功能障碍或衰竭，应积极防治。

1. 急性呼吸衰竭　保持呼吸道通畅，持续吸氧。适当应用呼吸兴奋剂尼可刹米或洛贝林。必要时行呼吸机辅助通气。

2. 急性肾衰竭　纠正酸碱失衡和水、电解质紊乱，保持有效肾灌注。在补充血容量的前提下使用呋塞米 40～80mg 或丁脲胺 1～4mg 静脉注射，可重复使用；必要时，应尽早进行血液透析等治疗。

3. DIC　应用抗血小板凝集和改善微循环药物，如双嘧达膜、阿司匹林、低分子右旋糖酐或丹参注射液静脉滴注。如为高凝期，应用肝素 1mg/kg 加入葡萄糖溶液静脉滴注，根据凝血酶原时间调整剂量。注意补充凝血因子。如有纤溶低下或栓塞则酌情使用溶栓剂。及时处理各种并发症。

4. 脑水肿　可用 20% 甘露醇 250ml 或甘油果糖 250ml 快速静脉滴注、使用利尿剂、糖皮质激素降低颅内压。患者出现昏迷酌情使用呼吸兴奋剂，烦躁、抽搐使用地西泮、苯巴比妥镇静、止惊。应用脑代谢活化剂，如 ATP、辅酶 A、脑活素等。加强支持疗法。

（九）其他

1,6 - 二磷酸果糖能增加心排出量，改善细胞代谢，有助于提高抗休克能力。可根据病情适当应用氧自由基清除剂，如维生素 C、E 等。此外，可辨证施治，选用人参、红参、附子、麦冬等用以调节机体的整体功能。

第二节　常见休克诊断与急救处理

一、低血容量性休克

（一）临床特点

因大量失血、失液、严重灼伤或创伤等引起有效循环血量严重不足。血管破裂或脏器出血引起的休克称为失血性休克；各种损伤或大手术后因失血及血浆丢失引起的休克称为创伤性休克。低血容量性休克主要特点：①有创伤、胃肠道出血或体液大量丢失的证据；②外周静脉塌陷，脉压变小；③血压早期正常，晚期下降；④CVP 降低、回心血量减少，为低心输出量、高外周阻力；⑤微循环障碍引起的组织、器官功能不全和病变。

一般失血量估计方法如下。

1. SBP < 80mmHg，失血量 > 1500ml。

2. 休克指数（脉率/收缩压）为 0.5，提示血容量正常或失血量 < 10%；休克指数为 1.0，提示失血量为 20% ~ 30%；休克指数 > 1.5，提示失血量为 30% ~ 50%。

3. 出现下列一种表现，提示失血量 > 1500ml：①苍白、口渴；②颈外静脉塌陷；③一侧股骨开放性骨折或骨盆骨折；④快速输入平衡液 1000ml，血压不回升。

（二）急救处理

1. 补充血容量　建立双静脉通道尽快补液。①补液量：为失血量的 2 ~ 4 倍，晶体液与胶体液比例为 3∶1。如血细胞比容 < 25% 或血红蛋白 < 60g/L 时，应输注红细胞。②补液速度：补液原则是先快后慢。第一个 30 分钟输入平衡液 1500ml、右旋糖酐 500ml 或羟乙基淀粉 500ml。如休克缓解，可减慢补液速度，如血压不回升，可再快速输注平衡液 1000ml，如仍无反应，可输红细胞 600 ~ 800ml，或 5% ~ 7.5% 氯化钠溶液 250ml，其余液体可在 6 ~ 8 小时内输入。

2. 积极处理原发疾病　尽快止血、控制出血和体液丢失。

3. 病情监测　监测生命指征如脉搏、血压、呼吸、心电图、CVP 等。循环恢复、灌注良好的指标有：①SBP > 100mmHg；②脉压 > 30mmHg；③CVP 为 5.1 ~ 10.2cmH₂O；④尿量 > 0.5ml/(kg·h)。

二、心源性休克

（一）临床特点

除休克的一般表现，尚有心脏疾病的相应临床表现。要注意的是，原有高血压患者，虽然 SBP ≥ 90mmHg，如果比原基础血压降低 40mmHg 以上，并伴脉压缩小，提示可能发生心源性休克。心源性休克心功能下降指标为心脏指数（CI）< 2.2L/(min·m²)，肺动脉楔压（PAWP）> 18mmHg。有心包压塞者病情进展快，出现低血压、脉压小、奇脉、心音遥远微弱、心率增快、肝大、肝颈静脉反流征阳性，心电图 ST – T 改变，无 Q 波。肺栓塞引起休克者，起病急骤、胸痛剧烈、咯血、呼吸困难，可在 1 小时内死亡。

(二) 急救处理

1. 一般处理 保持呼吸道通畅，吸氧，建立静脉通道，镇静，取半卧位。

2. 纠正心律失常 出现心律失常给予相应药物。

3. 应用血管活性药 多巴胺、多巴酚丁胺和间羟胺等均可提高血压，有利于恢复器官灌注；如血压不低，可与硝酸甘油、乌拉地尔或硝普钠联合静脉滴注。

4. 合理补液 成人液体入量应控制在 1500ml/d 上下左右，输胶体液或晶体液时速度宜慢；如 CVP≥10cmH$_2$O 或 PAWP>12mmHg，应特别注意补液速度要恰当，避免加重心力衰竭，并发肺水肿。

5. 对症支持治疗 ①纠正酸中毒；②如合并心力衰竭、肺水肿，可以小剂量、分次使用应用血管扩张剂和非洋地黄类正性肌力作用药物，常用氨力农静脉负荷量 0.75mg/kg，维持量 5 ~ 10μg/kg；③1,6 – 二磷酸果糖对心肌有一定的保护作用，能量合剂和极化液具有营养支持心肌和预防心律失常作用。

6. 机械辅助循环 急性心肌梗死所致心源性休克药物治疗无效时，可使用主动脉内气囊反搏术 (intra – aortic balloonpumping，IABP) 等。

三、感染性休克

(一) 临床特点

感染性休克多有严重感染病史，如急性感染、近期手术、创伤、器械检查和传染性疾病史。广泛非损伤性组织破坏及体内毒性产物的吸收也易引起感染性休克。有寒战、高热、多汗、出血、栓塞和全身肿胀等提示感染性休克的发生。根据四肢皮肤温度差异，感染性休克可分为"暖休克"（高排低阻型）和"冷休克"（低排高阻型），前者较少见，后者较多见。详见表 4 – 2。

表 4 – 2 感染性休克的临床表现

临床表现	暖休克	冷休克
意识	清醒	烦躁、淡漠、嗜睡、昏迷
皮肤颜色	淡红、潮红	苍白、发绀或花斑
皮肤温湿度	温暖、不湿	湿凉或冷汗
尿量（ml/h）	>30	<30
脉搏	慢，搏动清楚	细速，不清
脉压（mmHg）	>30	<30
毛细血管充盈时间	1 ~ 2 秒	延长
病因	G$^+$球菌感染多见	G$^-$杆菌感染多见

(二) 急救处理

感染性休克的治疗原则是首先治疗休克，同时治疗感染，休克纠正后重点治疗感染。

1. 补充血容量 早期液体补充是感染性休克急救治疗最重要的措施。最初 6 小时内补液应达到的指标：①CVP 达到 10.9 ~ 16.3cmH$_2$O；②平均动脉压 (mean arterial blood pressure，MAP) ≥65mmHg 或 SBP≥90mmHg；③尿量 >0.5ml/(kg·h)；④中心静脉或混合静脉氧饱和度 (SvO$_2$ 或 ScvO$_2$) ≥70%。

2. 控制感染 控制感染是治疗感染性休克的关键环节。抗生素应用原则是早用、足量、联合、静脉给药。在用抗生素的同时，应注意彻底清除感染灶。

3. 血管活性药物 在补充血容量同时应首选去甲肾上腺素或多巴胺，难治性休克可选多巴胺与硝普钠合用或使用血管加压素。静脉注射 654 – 2 每次 10 ~ 40mg 或东莨菪碱每次 0.3mg，根据病情可每 10 ~ 30 分钟重复使用。必要时可应用正性肌力作用药物及输血治疗。

4. 糖皮质激素 常用氢化可的松 200 ~ 300mg/d，加入溶液中分次静脉滴注，疗程 3 ~ 5 天。

5. 其他

（1）纠正水、电解质、酸碱功能紊乱 代谢性酸中毒宜用 5% 碳酸氢钠 150 ~ 250ml/次，静脉滴注。感染性休克时注意低镁血症。

（2）改善细胞代谢 ①纠正低氧血症：多用鼻导管或面罩给氧，必要时给予机械辅助呼吸。②补充能量：静脉补充 ATP、1,6 – 二磷酸果糖、氨基酸和葡萄糖等，使每日摄入能量 > 8.36MJ（2000kcal）。注意控制高血糖，维持血糖 < 8.3mmol/L（150mg/dl）。

（3）防治并发症 积极防治多器官功能障碍综合征（MODS）。

四、过敏性休克

（一）临床特点

过敏性休克极为严重，诊治不及时的重症患者可在 10 分钟内死亡。多数由药物引起。接触过敏原后常在 15 分钟内发病，为"急发型"，占 80% ~ 90%。少数为接触过敏原后 30 分钟甚至数小时才发生反应，为"迟发性反应"，占 10% ~ 20%。早期主要表现为全身不适，口干、头晕、眼花、脸部及四肢麻木，喉部发痒，胸闷、气短、呼吸困难、窒息、发绀，恶心、呕吐，全身大汗，有濒死感，重者出现昏迷、抽搐，大小便失禁等。查体可见结膜充血，瞳孔缩小或扩大，对光反应迟钝，神志不清，咽部充血，心音减弱、心率加快，脉搏细数不易触及，血压下降甚至不能测出，皮肤弥漫潮红、瘙痒、皮疹，四肢发冷、手足水肿。

（二）急救处理

1. 药物引起的过敏性休克，应立即停药。

2. 监测生命体征，去枕、平卧，注意保暖。

3. 吸氧。注意保持呼吸道通畅，吸入氧气。呼吸受抑制时，应进行人工呼吸，肌内注射呼吸兴奋剂。发生喉头水肿、呼吸困难时，应给予气管插管或气管切开。

4. 药物治疗。①肾上腺素是抢救过敏性休克的首先药物，过敏性休克一经诊断，应立即注射肾上腺素，成人每次 0.5mg 皮下或肌内注射，随后 0.025 ~ 0.05mg 静注，效果不理想可在 15min 内重复注射；小儿 0.01mg/kg，最大剂量 0.5mg/次，皮下注射，必要时可以每隔 15min 重复 1 次；②地塞米松 10 ~ 20mg/次，肌内注射或静脉注射；或甲泼尼龙 100 ~ 300mg 静脉注射；③多巴胺 20 ~ 40mg 静脉注射或肌内注射；用药后血压仍不回升，给予去甲肾上腺素 1mg 加入 5% 葡萄糖溶液稀释至 10ml 静脉注射，亦可用 2 ~ 4mg 去甲肾上腺素加入 5% 葡萄糖盐水 250ml 中静脉滴注；④脱敏药，用异丙嗪 25 ~ 50mg 肌内或静脉注射，亦可用赛庚啶和钙剂等。

5. 若心搏、呼吸停止，立即心肺复苏。

五、神经源性休克

（一）临床特点

神经源性休克有强烈神经刺激如外伤、剧痛、骨折、脊髓麻醉或全身麻醉损伤病史。低血容量状态伴心排出量降低是神经源性休克的血流动力学特征。主要表现为低血压和心动过缓，亦有部分患者表现为快速心律失常，而四肢温暖、干燥。

（二）急救处理

1. 病因治疗　剧痛应给予止痛药物哌替啶或吗啡；如为胸腔、腹腔或心包穿刺所致，应立即停止；由静脉注射麻醉剂引起，应停用药物。

2. 吸氧　注意保持呼吸道通畅，给予吸氧。

3. 肾上腺素　立即皮下注射肾上腺素 0.5～1mg，必要时可重复。

4. 补液　可选用血浆、右旋糖酐等，以补充有效循环血容量。

5. 血管活性药物　应用多巴胺等，以维持血压。

答案解析

目标检测

一、选择题

[A1/A2 型题]

1. 患者，男，40 岁，右上腹钝器伤，查体：呼吸加快，神志不清，脉搏 140 次/分，血压 70/50mmHg，腹膨隆，移动性浊音（+），考虑外伤性肝脏破裂，紧急处理方法是（　　）
   - A. 立即输血
   - B. 立即手术治疗
   - C. 纠正休克，血压正常后，手术治疗
   - D. 边治疗休克，边手术治疗
   - E. 内科保守治疗

2. 下列哪项不是感染性休克重型的表现（　　）
   - A. 神志清、烦躁或萎靡
   - B. 口唇及四肢发绀明显
   - C. 脉细速
   - D. 血压下降明显，脉压 <20mmHg
   - E. 尿少

3. 高空坠落伤，患者神志烦躁，诉骨盆区疼痛，查体：脉搏 100 次/分，血压 95/80mmHg，骨盆挤压征阳性，考虑骨盆骨折，应判断该患者是（　　）
   - A. 中度休克
   - B. 轻度休克
   - C. 无休克
   - D. 重度休克
   - E. 以上都不是

4. 患者，男，67 岁，右下腹痛 8 天，伴呕吐，体温 35.0℃，脉搏 120 次/分，血压 80/50mmHg，神志不清，烦躁不安，全腹压痛、反跳痛，四肢冰冷、青紫呈花斑发绀，尿量 <25ml/h。3 年前有陈旧性心肌梗死。考虑该患者是（　　）
   - A. 心源性休克
   - B. 低血容量性休克（中度）
   - C. 低血容量性休克（重度）
   - D. 感染中毒性休克（冷休克）
   - E. 感染中毒性休克（暖休克）

5. 患者，男，24 岁，患支气管扩张，突然一次咯血 700ml，患者烦躁，面色苍白，皮肤湿冷。测血压 110/94mmHg，脉搏 98 次/分。应判断为（　　）
   - A. 尚未发生休克
   - B. 休克代偿期
   - C. 休克失代偿期
   - D. 中度休克
   - E. 重度休克

6. 下列临床表现哪一项不是早期休克的表现（　　）
   - A. 脸色苍白
   - B. 四肢冰凉
   - C. 脉搏细速

D. 尿量减少　　　　　　　E. 神志昏迷

7. 患者，男，60 岁，腹痛伴发热和黄疸 3 天。烦躁，有上腹压痛，反跳痛，肌紧张不明显。血象 WBC 3.5×10^9/L，N 0.85。血尿淀粉酶正常。若经抗菌治疗第 2 天症状不缓解，患者神志淡漠，血压 75/60mmHg，尿量减少。此时患者合并有（　　）

A. 低血容量性休克　　　　B. 心源性休克　　　　　C. 过敏性休克

D. 神经源性休克　　　　　E. 感染性休克

8. 关于休克的治疗，错误的是（　　）

A. 尽早去除休克病因　　　B. 恢复血容量　　　　　C. 尽早使用血管收缩药

D. 处理代谢障碍　　　　　E. 改善心脏功能

9. 感染性休克最根本的治疗措施是（　　）

A. 补充血容量　　　　　　B. 血管活性药的应用　　C. 酸碱失衡的治疗

D. 处理感染性病灶　　　　E. 应用皮质、类固醇激素

10. 各类休克的共同点为（　　）

A. 血压下降　　　　　　　B. 有效循环血量急剧减少　C. 皮肤苍白

D. 四肢湿冷　　　　　　　E. 烦躁不安

二、思考题

患者，女，60 岁，3 天前出现腹痛，加重 1 天，既往曾 2 次因 "肠梗阻" 手术。查体：体温 40℃，脉搏 125 次/分，血压 75/40mmHg，急性痛苦病容，表情淡漠，口唇发绀，双侧瞳孔等大、等圆，对光反射迟钝，颈软，气管居中，双肺听诊呼吸音粗，未闻及干湿性啰音，心率 125 次/分，律不齐，各瓣膜听诊区未闻及异常，板状腹，肠鸣音消失。请问：

（1）该患者可能属于哪一类休克？

（2）如果你在现场会如何做？

（王建国）

书网融合……

　本章小结　　　　　　　　微课　　　　　　　　题库

第五章　常见急危重症状的急救处理

第一节　急性发热

PPT

≫ 情境导入

情境描述　患者，男，23岁，学生，发热3天。患者3天前淋雨后出现畏寒、发热，体温最高39.6℃，伴有咳嗽，咳铁锈色痰，无恶心、呕吐，无腹泻、腹痛，无尿频、尿急。查体：急性病面容，口唇疱疹，双肺呼吸音粗糙，双肺可闻及中细湿啰音。

讨论　1. 该患者发热是由于什么疾病引起的？

2. 下一步需要进行哪些辅助检查？

3. 明确诊断后如何治疗？

发热是机体在内、外致热源作用下，或由于各种病因导致体温调节中枢功能障碍，出现以体温升高超出正常范围为主要表现的临床症状。当口腔的温度 >37.3℃可诊断为发热。

发热的时间在两周以内为急性发热，急性发热可分为感染性发热和非感染性发热两类，以前者多见。发热的病因复杂、临床表现多样，因此详细询问病史（如起病缓急、发热期限与体温升高的程度和变化，包括流行病学资料）、细致的体格检查、必要的实验室检查和辅助检查，是发热诊断和鉴别诊断的重要依据。

发热的治疗包括正确使用物理降温和解热药物，合理应用抗生素以及糖皮质激素等。对于急性发热，需要快速评估病情、密切监测生命体征，出现神志改变、呼吸困难、血流动力学不稳定时，立即给予监护、吸氧、建立静脉通道及呼吸支持等治疗，尽早收入重症监护病房。

一、病因

1. 急性感染性疾病　常见于：①细菌性感染，如社区获得性肺炎、感染性心内膜炎、急性肾盂肾炎等；②病毒性感染，如病毒性感冒、急性病毒性肝炎、乙型脑炎等；③支原体、衣原体、立克次体感染；④其他，如真菌、寄生虫感染等。

2. 急性非感染性疾病　常见于：①结缔组织疾病，该组疾病所占比例近年来有所上升，如风湿热、系统性红斑狼疮、多发性肌炎/皮肌炎等；②肿瘤性疾病，如血液系统肿瘤、实体肿瘤中的肾上腺样瘤、胃肠道肿瘤和中枢系统肿瘤相对常见；③内分泌和代谢性疾病，如甲状腺危象、垂体危象等；④颅内疾病，如脑出血、颅脑损伤等；⑤其他，如血栓及栓塞性疾病、药物热、热射病等。

二、临床表现

急性发热的临床表现主要为体温升高以及所患疾病的症状和体征。

1. 热度与热程　按照发热的程度（口腔温度）可分为：①低热，37.3~38℃；②中度发热，38.1~39℃；③高热，39.1~41℃；④超高热，41℃以上。

热程是指发热病程持续的时间，通常分为急性发热和长期发热，而急性发热是急诊最常见的发热类型。

2. 热型

（1）稽留热　体温于39~40℃以上持续达数日或数周之久，24小时体温波动<1℃。多见于大叶性肺炎、伤寒等急性感染性疾病。

（2）弛张热　体温持续升高，常在39℃以上，24小时波动达2℃或更多，但均在正常体温水平之上。多见于败血症、感染性心内膜炎、风湿热等。

（3）波状热　体温在数日内逐渐上升至高峰，而后逐渐下降至常温或低热状态，一段时间后再发，体温曲线呈波浪式起伏。多见于布鲁氏菌病、恶性淋巴瘤等。

（4）回归热　高热期与无热期各持续数日，周期性交替。多见于回归热、霍奇金病等。

（5）间歇热　体温骤升至高峰持续数小时，又迅速下降至正常水平，1天内温差变化大，无热期可持续1天至数天，高热期和无热期交替出现。常见于疟疾、肾盂肾炎、淋巴瘤等。

（6）不规则热　发热持续时间不定，变化无规律。多见于流感、支气管肺炎、结核病、癌性发热等。

 素质提升

疟疾与青蒿素

疟疾是一种全球性的古老疾病，中国古代称疟疾为"瘴气"，早在3000多年前的殷商时代就有疟疾流行的记载。我国古典医书《黄帝内经·素问》中已有《疟论篇》《刺疟篇》等较为全面的叙述。隋、唐、明、清都有许多关于疟疾的论述，描述了疟疾的相关症状："发热、寒战、出汗退热"等。

我国药学家屠呦呦长期从事中药和中西药结合的研究，她和课题组成员整理了一个包括青蒿在内的由640多种草药组成的《抗疟单验方集》，后来又从《肘后备急方·治寒热诸疟方》中的"青蒿一握，以水二升渍，绞取汁，尽服之"几句话得到启发，最终从中药青蒿中分离得到抗疟有效单体，命名为青蒿素，为了保证患者的用药安全，1972年屠呦呦及其他两位课题组的同志不顾安危亲自试服该提取物，证明了其安全性，开创了新一代的抗疟药物，挽救了全球数百万人的生命。2015年10月10日，屠呦呦获颁2015年诺贝尔生理学或医学奖，成为首获科学类诺贝尔奖的中国人。2019年，屠呦呦被授予"共和国勋章"。屠呦呦和她的团队用一生的不懈努力，成功地将中医中药推向了世界，为中国科学界镶嵌上了最亮的一颗明珠。

3. 发热时相及临床表现　急性发热的临床过程通常包括三个阶段。

（1）体温上升期　机体散热<产热，体温呈上升趋势，可有疲乏无力、肌肉酸痛、皮肤苍白、畏寒或寒战等前驱或伴随症状。①骤升型：体温在数小时内达39~40℃或以上，常伴有寒战，多见于疟疾、细菌性肺炎、急性肾盂肾炎和输液反应等，幼儿易在此阶段伴发惊厥。②缓升型：体温逐步上升，

在数日内达高峰，多无寒战，常见于伤寒、结核、布鲁氏菌病等。

（2）高热期　体温上升到高峰后，持续保持一定的时间。此期体温已经达到调定点水平，产热与散热相对平衡，因此患者不再寒战，而是出现颜面潮红、皮肤灼热、呼吸加快、口唇干燥等表现。发热持续时间因病因不同而有差异，如疟疾可持续数小时，细菌性肺炎可持续数天，伤寒可达数周。

（3）体温下降期　当病因消除或使用药物使调定点恢复到正常水平后，体温开始下降并逐渐降至正常水平。此期机体散热＞产热，表现为多汗、皮肤潮湿等。体温下降常有两种表现形式：①骤降，体温在数小时内迅速下降至正常，有时可略低于正常，常伴有大汗淋漓，多见于疟疾、细菌性肺炎、急性肾盂肾炎和输液反应等；②渐降，体温在数日内逐渐降至正常，如伤寒、风湿热等。

三、诊断与鉴别诊断

（一）诊断

发热诊断主要是为了明确发热的病因。大部分急性发热患者通过详细询问病史和仔细查体即可明确诊断。部分患者需根据病史和体格检查结果，并选择相关的辅助检查以明确诊断。少数患者通过各种检查一时难以做出病因诊断时，则需要在密切观察病情变化的同时采取诊断性治疗。

1. 病史　病史采集是明确诊断的基础，其中发热的病程、起病急缓、热型特点及伴随症状对明确诊断和预后评估有着重要的临床意义。采集病史时应注意询问是否到过疫区、有无传染病接触史、有无动物或昆虫叮咬史、有无不洁饮食等；要具体了解发病时的一般情况，如精神状态、食欲和体重改变，以及诊疗经过；应特别注意，老年人和免疫功能低下者在发热时其伴随症状可不典型，仅有精神萎靡、神志改变、行动不便和食欲下降等非特异性表现。

2. 体格检查　①全身体检：全面细致的体格检查往往能发现与诊断有关的症状与阳性体征。发热常见的伴随症状有心动过速、呼吸急促，高热和超高热可能引起神志改变。应注意老年患者的神志改变可能是重症感染的重要临床表现。②头颈部检查：可能发现些特定部位的感染性病灶，如中耳炎、鼻窦炎等；颈部淋巴结、肿块和甲状腺是检查的重点；颈项强直常见于中枢神经系统感染有脑膜刺激征的患者，但年老体弱患者可能不典型。③胸腹部检查：重点是肺部和心脏听诊，以排除肺部感染和心内膜炎。腹部检查应注意压痛、反跳痛和有无腹膜炎体征，有无肝脾肿大、肝区叩击痛、腹水等。④皮肤、四肢检查：应注意是否有皮疹、瘀斑、关节及软组织感染的表现。皮疹及瘀斑出现的时间、性状对鉴别诊断尤为重要。

3. 辅助检查　①常规检查：血、尿、大便常规检查是诊断急性发热最重要的辅助检查。血常规可以初步判断是否存在细菌感染，但特异性较差；尿常规对泌尿系统感染的诊断有特异性，敏感性相对较高。急性腹泻患者应行大便常规检查，以诊断或排除急性肠道感染性疾病和痢疾等肠道传染性疾病。②胸部 X 线和 CT 检查：用以诊断和排除肺部感染性疾病。③炎症标志物检查：降钙素原与细菌感染的相关性较好，被推荐用于细菌感染和脓毒症的诊断、危险分层、治疗监测和预后评估。④血清抗体检查：对诊断支原体、衣原体、EB 病毒、巨细胞病毒（CMV）以及各种肝炎病毒感染等具有重要价值。⑤微生物培养和药敏试验：对急性发热患者应在治疗前留取各类标本进行微生物培养和药敏试验，对诊断和治疗都很有意义。

（二）鉴别诊断

急性发热伴寒战多见于细菌性肺炎、脓毒症、急性胆囊炎、急性肾盂肾炎、疟疾、药物热、急性溶血等；急性发热伴结膜充血多见于麻疹、流行性出血热等；急性发热伴单纯疱疹可见于细菌性肺炎、流行性感冒、流行性脑脊髓膜炎等；急性发热伴淋巴结肿大多见于传染性单核细胞增多症、风疹、淋巴结结核、白血病、淋巴瘤等；急性发热伴肝脾大多见于传染性单核细胞增多症、病毒性肝炎、胆道感染、疟疾等；急性发热伴出血多见于急性传染病、血液病等；急性发热伴关节肿痛多见于风湿热、结缔组织病、猩红热、布鲁氏菌病等；急性发热伴皮疹见于麻疹、猩红热、风疹水痘、药物热等；先急性发热后昏迷见于流行性乙型脑炎、中暑等，先昏迷后发热见于脑出血、药物中毒等。

四、快速评估

首先常规检查急性发热患者的意识状态和生命体征，当出现意识改变、呼吸窘迫和血流动力学不稳定等危及生命的症状与体征时，应尽快处理，立即给予监护、建立静脉通道、实施气道管理、补液及氧疗，必要时给予呼吸机支持治疗。

应动态监测体温，对于感染性发热而言，发热被认为是机体重要的防御机制，无论是物理降温或是药物退热都会减少甚至消除炎性介质的合成，减弱机体的防御，因此对于体温≤39℃的发热，可先维持水、电解质的平衡，不处理发热，继续监测体温；若体温继续上升，超过39℃，除了增加代谢率外，还可引发过度免疫反应，引起酸碱平衡紊乱、细胞蛋白变性、组织缺氧和多系统损伤等，此时应积极进行降温治疗。

对既往体健出现危及生命的急性发热患者，应考虑由各种急性感染所导致的感染性休克或脓毒症，虽然没有病原学诊断，也应在采集完血、痰、尿标本后，立即依据经验给予抗生素治疗；老年或伴有慢性基础疾病的患者出现急性发热，多为呼吸道、泌尿生殖系统、皮肤软组织部位的重症感染性疾病所致，同样应给予经验性抗感染治疗。

五、急诊处理

1. 降温治疗　高热、高温中暑或高热伴休克、心功能不全等患者，以及儿童、恶性肿瘤等特殊人群的急性发热，应立即予以降温治疗，包括物理降温和药物降温。物理降温可采用冷敷的方法，即使用冰袋用干布包裹放置于患者的前额、枕后、颈、腋窝、腹股沟等处5～10分钟更换一次；也可使用32～34℃的温水或25%～35%乙醇擦浴；高温中暑或超高热还可采取降温毯、降温帽、冰盐水灌肠或同时置于空调房中冰盐水灌肠等方法。药物降温常选用非甾体消炎药，如使用布洛芬、对乙酰氨基酚等药物口服；也可选用肛门塞入退热栓剂，或静脉注射赖氨匹林等药物。退热过程中可因为大量出汗造成血容量不足，对血流动力学产生一定影响，因此注意加强对患者尤其是老年患者在退热过程中血压和神志的监测和观察。

2. 抗生素治疗　对怀疑因感染性疾病所致的急性发热，可在留取培养标本后，先根据初步判断给予经验性抗生素治疗，待病原学和药敏实验出结果后，再进行药物调整。

3. 糖皮质激素的应用　糖皮质激素对于感染性和非感染性炎症都具有抑制作用，因而对包括感染、结缔组织病、肿瘤在内的大多数病因引起的发热待查都具有良好的退热效果。此外，激素还可扩张血管，改善微循环，增强心肌收缩力，提高机体对细菌内毒素的耐受力，可用于休克、多器官功能衰竭及严重炎症反应综合征等治疗。另外，原则上不主张在病因未明的发热患者中使用激素，尤其不应作为退热药物使用。

4. 综合治疗　卧床休息、补充水分、营养支持、纠正电解质紊乱等。对休克患者应积极进行液体复苏和监测血流动力学变化，必要时使用血管活性药物。对造成气道阻塞患者应建立人工气道，对出现呼吸衰竭的患者予以机械通气治疗。高热惊厥或谵妄者可酌情使用地西泮、苯巴比妥等镇静药物。对疑似传染性疾病要注意隔离和个人防护。

六、发热的急诊处理流程

发热的急诊处理流程见图5-1。

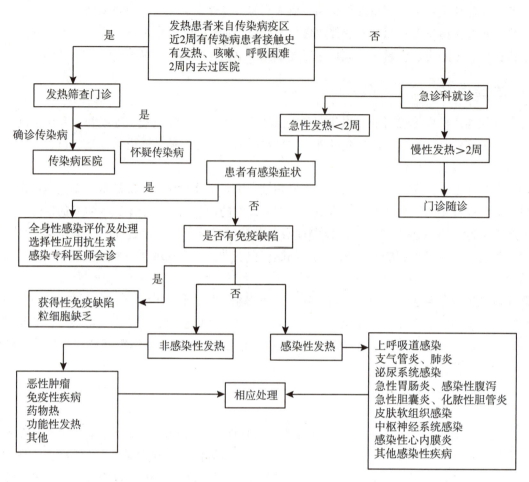

图 5-1　发热的急诊处理流程

答案解析

目标检测

选择题

[A1/A2 型题]

1. 下列属于感染性发热原因的是（　　）

　　A. 大面积烧伤　　　　　B. 血吸虫病　　　　　C. 脑出血

　　D. 风湿热　　　　　　　E. 甲亢

2. 弛张热常见的疾病是（　　）

　　A. 伤寒　　　　　　　　B. 肺炎　　　　　　　C. 支气管炎

　　D. 败血症　　　　　　　E. 布鲁氏菌病

3. 6 岁男孩，发病第 1 天体温为 37.5℃，伴咽痛，未予治疗，第 2 天体温达 41℃，伴神志恍惚及抽搐。经输液，抗生素等治疗，第 3 天体温降至 38.2℃，其体温变化过程：（　　）

　　A. 低热→超高热→中度发热

　　B. 中度发热→高热→中度发热

　　C. 低热→高热→高热

D. 中度发热→超高热→中度发热

E. 低热→高热→中度发热

4. 伤寒的常见热型为（　　）

A. 弛张热　　　　　　　　B. 波状热　　　　　　　　C. 稽留热

D. 间歇热　　　　　　　　E. 不规则热

5. 患者，男，30岁，淋雨后出现寒战、高热，呼吸困难，右侧胸痛，咳铁锈色痰，口唇处可见疱疹，最可能的诊断是（　　）

A. 伤寒　　　　　　　　　B. 急性肾盂肾炎　　　　　C. 急性胆囊炎

D. 急性支气管炎　　　　　E. 大叶性肺炎

6. 体温上升期的热代谢特点是（　　）

A. 产热等于散热　　　　　B. 散热大于产热　　　　　C. 产热大于散热

D. 产热增加　　　　　　　E. 散热障碍

7. 内源性致热原的作用部位是（　　）

A. 中性粒细胞　　　　　　B. 下丘脑体温调节中枢　　C. 骨骼肌

D. 皮肤血管　　　　　　　E. 汗腺

8. 体温在39℃以上，一日内波动范围超过2℃者，多见于（　　）

A. 风湿热　　　　　　　　B. 伤寒　　　　　　　　　C. 疟疾

D. 大叶性肺炎　　　　　　E. 中暑

9. 下列属于非感染性发热的疾病是（　　）

A. 肺结核　　　　　　　　B. 肺炎　　　　　　　　　C. 急性肾盂肾炎

D. 伤寒　　　　　　　　　E. 中暑

10. 临床上引起发热最为常见的疾病是（　　）

A. 感染性发热疾病

B. 皮肤散热减少

C. 体温调节中枢功能失常

D. 心脏、肺、脾等内脏梗死或肢体坏死

E. 组织坏死或细胞破坏

PPT

第二节　呼吸困难

≫ 情境导入

情境描述　患者，男，68岁，因"呼吸困难"由120接回收入急诊科。患者自述有窒息感，入院时查体：T 36.8℃，P 120次/分，R 26次/分，BP 170/95mmHg；端坐呼吸，面色苍白，烦躁，对答切题；咳粉红色泡沫痰、双肺闻及湿啰音；双下肢水肿；四肢活动尚可。

讨论　1. 该患者呼吸困难是由于什么疾病引起的？

　　　　2. 如何缓解患者的呼吸困难和水肿？

一、概述

呼吸困难是指患者主观上感到空气不足、客观上表现为呼吸费力，重则出现鼻翼扇动、张口呼吸、端坐呼吸，并可有呼吸频率、深度与节律的改变，是呼吸功能不全的重要表现。

（一）病因

1. 呼吸系统疾病 常见于：①气道阻塞或痉挛，如喉、气管、支气管的炎症、肿瘤或异物所致的狭窄或阻塞及支气管哮喘等；②肺部疾病，如肺炎、肺脓肿、肺不张、肺结核、肺淤血、肺水肿、弥漫性肺间质疾病等；③神经肌肉疾病，如脊髓灰质炎病变累及颈髓、吉兰-巴雷综合征和重症肌无力累及呼吸肌；④胸部疾病，如胸壁炎症、严重胸廓畸形、胸腔积液、自发性气胸、广泛胸膜粘连、外伤等；⑤膈肌运动障碍：如膈肌麻痹、大量腹腔积液、腹腔巨大肿瘤、胃扩张和妊娠晚期。

2. 循环系统疾病 常见各种原因所致的左心衰竭和（或）右心衰竭、心包压塞、肺栓塞和原发性肺动脉高压等。

3. 中毒 常见有机磷杀虫药中毒、糖尿病酮症酸中毒、氰化物中毒、吗啡类药物中毒、亚硝酸盐中毒和急性一氧化碳中毒等。

4. 神经精神性疾病 如脑挫裂伤、脑出血、脑肿瘤、脑炎、脑膜炎等、癔症、过度换气综合征等。

5. 血液病 常见重度贫血、高铁血红蛋白血症、硫化血红蛋白血症等。

（二）临床表现

根据主要的发病机制 可将呼吸困难分为下列五种类型。

1. 肺源性呼吸困难 由呼吸器官病变所致，主要表现为下面三种形式。

（1）吸气性呼吸困难 表现为喘鸣、吸气时，胸骨、锁骨上窝及肋间隙凹陷，称"三凹征"。常见于喉、气管狭窄，如炎症、水肿、异物和肿瘤等。

（2）呼气性呼吸困难 呼气相延长，伴有哮鸣音，见于支气管哮喘和阻塞性肺病。

（3）混合性呼吸困难 见于肺炎、肺纤维化、大量胸腔积液、气胸等。

2. 心源性呼吸困难 常见于左心功能不全所致心源性肺水肿，其临床特点如下。

（1）患者有严重的心脏病史。

（2）呈混合性呼吸困难，卧位及夜间明显。

（3）肺底部可出现中、小湿啰音，并随体位而变化。

（4）X线检查 心影有异常改变；肺门及其附近充血或兼有肺水肿征。

 素质提升

肩承责任，恪遵诚信，厚积知识，敬畏生命

王一镗——中国急诊医学奠基人之一，系1929年春出生，从青年时代起，就一直想成为一名白衣战士，为遭受病痛的百姓解除痛苦。1946年秋，考入了江苏医学院。1951年毕业后进入附属医院，如愿以偿地成为一名外科医师。1980年在我国率先成立了江苏省急救医学会。1986年受中国红十字会的委托，举办南方十二省心肺复苏师资培训班。遂后于1987年直接转入急诊医学专业，参与了中华医学会急诊医学学会首届的组建工作。他一直十分重视和强调我国院前急救、CPR的普及培训工作。2002年于南京医科大学康达学院创办了全国第一个大学本科急诊医学系，并由他担任系主任。此后，在他的积极参与和推动下，中华医学会灾难医学分会于2011年12月在上海成立，这是中华医学会第86个专科分会。在他急诊医学的职业生涯中，逐步形成了他的"三七分理念"：三分提高、七分普及；三分处置、七分预防；三分业务、七分管理；三分战时、七分平时；三分救助、七分自救。并提出，急诊医学、灾难医学和人道医学三者关系密切，形成了一个三角关系。他始终肩承责任、恪遵诚信、厚积知识、敬畏生命，为中国急诊医学创立与发展做出了巨大的贡献。

3. 中毒性呼吸困难 各种原因所致的酸中毒，均可使血中二氧化碳升高、pH 降低，刺激外周化学感受器或直接兴奋呼吸中枢，增加呼吸通气量，表现为深而大的呼吸困难；呼吸抑制剂如吗啡、巴比妥类等中毒时，也可抑制呼吸中枢，使呼吸浅而慢。

4. 血源性呼吸困难 重症贫血可因红细胞减少，血氧不足而致气促，活动后加剧；大出血或休克时因缺血及血压下降，刺激呼吸中枢引起呼吸困难。

5. 神经精神性与肌病性呼吸困难 脑血管意外、脑肿瘤等累及呼吸中枢，出现异常的呼吸节律；重症肌无力危象引起呼吸肌麻痹；癔症也可发作呼吸困难，表现为呼吸频速、表浅，导致呼吸性碱中毒，常伴有手足抽搐症。

（三）辅助检查

1. X 线检查 能够清楚地显示心脏大小、形态、肺部及胸部病变情况，有助于发现各种心肺及胸腔疾病，尤其是肺淤血、肺水肿、肺炎、气胸、胸水等。

2. 心电图检查 对于心肌缺血、心肌梗死、心律失常等常较为敏感。

3. 肺功能检查 对慢性肺疾病如慢性阻塞性肺疾病（COPD）、支气管哮喘等做肺功能测定，诊断肺功能损害的性质和程度。

（四）诊断与鉴别诊断

呼吸困难依据临床表现不难做出诊断。急性呼吸困难，应边急救边询问病史，进行有重点的体格检查，尽快做出病因诊断，指导治疗（表 5 - 1）。

表 5 - 1 呼吸困难的鉴别诊断

器官系统	危重疾病	急性疾病	慢性疾病
呼吸系统	气道阻塞	自发性气胸	胸腔积液
	肺栓塞	哮喘	肿瘤
	非心源性肺水肿	肺心病	肺炎
	过敏		COPD
循环系统	急性肺水肿	心包炎	先天性心脏病
	心肌梗死	低血压	心肌疾病
内分泌代谢系统	中毒	肾功能衰竭	发热
	糖尿病酮症酸中毒	电解质紊乱	甲状腺疾病
感染、创伤	会厌炎	肺炎	肺炎
	张力性气胸	气胸、血气胸	肋骨骨折
血液系统	一氧化碳中毒	贫血	
神经系统	脑血管意外	多发性硬化	肌营养不良性侧索硬化
	颅内占位病变		
其他	有机磷杀虫药中毒	肠梗阻	妊娠
			腹水肥胖

（五）急救处理

1. 保持呼吸道通畅 是治疗呼吸困难的关键措施。保持环境安静，患者取半卧位或坐位，注意保暖；及时清理口、鼻腔分泌物，保持呼吸道通畅，必要时可行气管插管、气管切开等。

2. 吸氧 对快速缓解呼吸困难有重要作用。可通过鼻导管、鼻塞给氧，使动扩张血管及强心治疗；支气管哮喘可给予氨茶碱等治疗。

4. 支持治疗 纠正酸碱平衡失调及电解质紊乱，同时加强心、脑、肾等重要器官功能支持。

（六）快速诊断处理流程及转诊要求

1. 快速诊断处理流程　见图5-2。

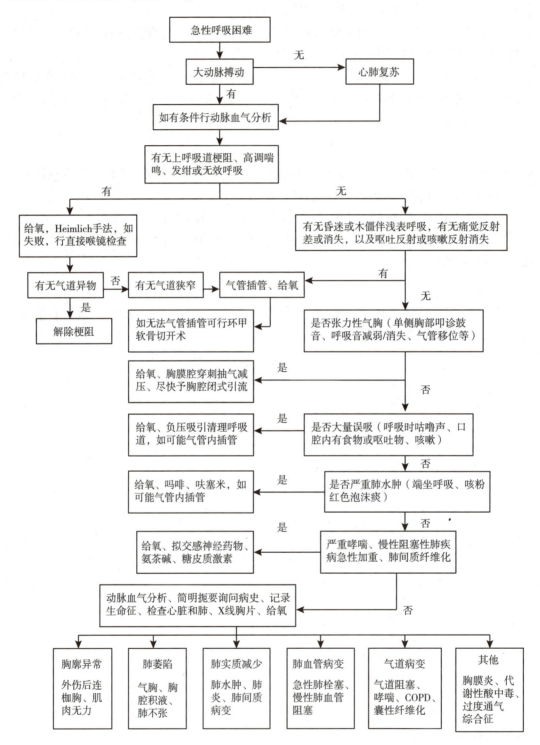

图5-2　呼吸困难诊断流程

2. 转诊要求　经积极治疗原发病、吸氧等一般处理后，呼吸困难症状无缓解，应在保持患者生命体征平稳的前提下，及时转入上级医院诊治。

二、急性肺栓塞

急性肺栓塞（acute pulmonary embolus）是以各种栓子阻塞肺动脉为其病因的急性临床综合征，包括肺血栓栓塞、羊水栓塞、空气栓塞、脂肪栓塞综合征等。临床上肺血栓栓塞症最为常见。

（一）病因

1. 血流淤滞 常见于老年、久病卧床、下肢静脉曲张、肥胖、休克、充血性心力衰竭等患者或妊娠妇女。

2. 静脉管壁损伤 如外科手术、肿瘤、烧伤、糖尿病等。

3. 高凝状态 见于肿瘤、真性统细胞增多症、严重溶血性贫血、脾切除术后伴血小板溶解、高胱氨酸尿症、口服避孕药等。

（二）临床表现

急性肺栓塞误诊率高的常见原因之一就是其临床症状及体征常是非特异性的，且变化大，与其他心血管疾病难以区别。肺栓塞的临床类型主要如下。

1. 猝死型 肺动脉主干突然阻塞所致。

2. 急性肺源性心脏病型 见于堵塞 2 个肺叶以上肺血管，临床表现为突发呼吸困难、发绀、低血压、右心衰竭等。

3. 急性心源性休克型 血栓堵塞约 5% 以上的肺血管，临床表现为突然的呼吸困难、发绀和休克。

4. 肺梗死型 常为外周肺血管堵塞所致，临床表现为突发气短、呼吸困难、胸痛、咳嗽、咯血、胸膜摩擦音及胸腔积液。

5. 不可解释的"呼吸困难"型 是临床最常见的类型，梗死面积相对较小。

综上，当患者有不能解释的呼吸困难、胸痛、恐惧、烦躁、咳嗽、突然发生和加重的充血性心力衰竭，且查体有呼吸频率增快超过 20 次/分、心动过速 >100 次/分以上、固定的肺动脉处第二心音亢进及分裂，或者有室上性心律失常、局部湿性啰音及哮鸣音，均应高度怀疑急性肺栓塞的可能。

（三）诊断与鉴别诊断

1. 诊断

（1）危险因素 高龄、血栓性静脉炎、静脉曲张、慢性心肺疾病特别是心房颤动伴心力衰竭、各种创伤、肿瘤、长期卧床、孕产妇、口服避孕药、糖尿病、肥胖、脱水、凝血障碍等。

（2）临床表现 突发性呼吸困难、胸痛、咯血、晕厥，可有呼吸急促、发绀以及急性肺动脉高压、右心功能不全和左心搏量急剧下降体征。

（3）血 D - 二聚体 对急性肺栓塞诊断敏感性达 92% ~ 100%，其含量 < 500μg/L 时，可基本排除急性肺栓塞。

（4）肺动脉造影 是目前诊断急性肺栓塞最准确的方法。

（5）其他 具有较大诊断意义的无创性检查方法包括核素通气/灌注扫描、CT 肺血管造影、磁共振成像等。

2. 鉴别诊断 急性肺栓塞需与急性心肌梗死、气胸、哮喘、主动脉夹层、慢性心力衰竭、肺炎、慢性阻塞性肺疾病（COPD）急性加重期、急性呼吸窘迫综合征（ARDS）等鉴别。

（四）急救处理

1. 一般处理 绝对卧床休息；保持大便通畅，避免用力。严密监测生命体征、心电图、动脉血气分析等。使用鼻导管或面罩吸氧，低氧严重者予以机械通气。胸痛剧烈予吗啡 5 ~ 10mg 皮下注射（休克者禁用），合并休克者给予多巴胺、多巴酚丁胺等血管活性药物，纠正心律失常。

2. 溶栓治疗 可溶解血栓，恢复栓塞区肺组织再灌注，减少肺动脉阻力，降低肺动脉高压，改善右心功能，并降低病死率和复发率。

3. 抗凝治疗 所有急性肺栓塞患者均应予以抗凝治疗。

4. 其他治疗 还包括外科手术和介入治疗。

三、哮喘持续状态

哮喘重度发作持续 12 小时以上，经过积极治疗仍然不能缓解称为哮喘持续状态。目前认为应根据血气分析加以判断，如果哮喘患者氧分压低于 60mmHg、二氧化碳分压高 50mmHg，即属于哮喘持续状态。

（一）病因

1. 呼吸道感染 未得到有效控制，是最常见的诱因。

2. 接触过敏原 如动物毛发（尤其是猫的毛发）、花粉、药物、寒冷干燥的气候、空气污染的刺激。

3. 痰液黏稠 痰栓阻塞气道

4. 接触有机颗粒 如去污剂、化学刺激物等。

（二）临床表现

了解哮喘急性发作患者既往病史很关键，包括发作时间、诱因（如季节、动物接触史）、药物使用及依赖史、最后一次发作时的用药，及此次症状持续的时间。

1. 症状 主要表现为伴有哮鸣的呼气性呼吸困难。

2. 体征 轻度急性哮喘患者可平躺，稍重者喜取坐位，严重者常采用前倾位。可伴全身大汗；急性哮喘最危重阶段，患者可出现极度呼吸困难、呼吸过缓、大汗淋漓。哮鸣音的响亮程度常提示哮喘的严重程度，但哮喘最危重阶段哮鸣音、双侧呼吸音却消失。可以出现说话断续状或不成句甚至不能讲话，下肢水肿、皮下气肿等。儿童可出现锁骨上窝、肋间隙凹陷、辅助呼吸肌活动及鼻翼扇动等。

（三）诊断与鉴别诊断

1. 诊断

（1）病史 有诱发哮喘持续状态的因素。

（2）临床表现 喘息，发作突然，有呼气性呼吸困难，患者极度烦躁或逐渐意识模糊，大汗淋漓、发绀。肺部早期广泛哮鸣音，晚期哮鸣音变弱或消失，肺呼吸音降低。

（3）胸部 X 线 以肺气肿为主要表现，可有肺纹理增多，伴感染时可见少量片絮状阴影，经使用拟交感神经药物和常规剂量的茶碱类药物仍不能缓解者，即可做出诊断。

2. 鉴别诊断 应与心源性哮喘、支气管炎、支气管异物等引起呼吸困难的疾病相鉴别。

（四）急救处理

1. 吸氧 哮喘持续状态常有不同程度的低氧血症存在，因此原则上都应吸氧。吸氧流量为 1~3L/min，吸氧浓度一般不超过 40%。

2. 积极纠正酸碱失衡和水电解质紊乱 哮喘持续状态时，由于缺氧、过度消耗和入量不足等原因易出现代谢性酸中毒，而在酸性环境下许多支气管扩张剂将不能充分发挥作用，故及时纠正酸中毒非常重要。

3. 缓解支气管痉挛

（1）β 受体激动剂是缓解支气管痉挛的首选药物。

（2）静脉给予氨茶碱。

（3）吸入抗胆碱能药物，常用异丙托溴铵。

4. 糖皮质激素　及时足量从静脉快速给予。常用琥珀酸氢化可的松每天 200 ~ 400mg，稀释后静脉注射，或甲泼尼龙每天 100 ~ 300mg，也可用地塞米松 5 ~ 10mg 静脉注射，每 6 小时可重复一次，待病情控制和缓解后再逐渐减量。

5. 其他　补液、控制感染；发生呼吸衰竭时，可先予无创辅助通气，无效者应及早行气管插管机械通气。

四、急性左心衰

急性左心衰竭是指由于急性心脏病变引起的左心室收缩力严重减弱、射血功能急骤降低，引起的外周组织器官灌注不足和急性肺淤血综合征。临床上以急性肺水肿或心源性休克为主要表现，是急诊常见的危重症之一。

（一）病因

常见的病因有高血压急症、急性大面积心肌梗死、心脏乳头肌或腱索断裂、严重心律失常、输液过多过快等。

（二）临床表现

1. 症状

（1）呼吸困难　患者常突发极度呼吸困难。呼吸频率达 30 ~ 40 次/分，吸气时肋间隙和锁骨上窝凹陷，按严重程度可依次出现以下表现。①端坐呼吸：即平卧时出现气促，坐起后即好转。患者常两腿下垂，两手抓床沿以助呼吸，端坐呼吸是左心衰竭典型表现。②夜间阵发性呼吸困难：患者常于夜间睡眠 1 ~ 2 小时后突然惊醒，感胸闷气急，急于坐起并企图开窗呼吸，即使坐起也不能缓解，严重者可出现哮鸣音。③急性肺水肿：是急性左心衰竭最严重的表现。患者表现为端坐呼吸，极度烦躁不安。口唇发绀，大汗淋漓，有濒死感以及咳出大量泡沫样稀薄痰或粉红色泡沫痰，甚至有血痰从鼻孔中涌出。

（2）交感神经兴奋表现　患者伴有周围血管收缩，动脉压升高，心率增快，面色苍白，四肢湿冷。

2. 体征　听诊时可闻及两肺满布湿性啰音和（或）哮鸣音。心脏听诊心率增快，心尖部第一心音减弱，肺动脉瓣第二心音亢进伴舒张期奔马律。

（三）辅助检查

1. X 线检查　早期胸部 X 线检查见肺尖纹理增多、变粗，典型的表现为以肺门为中心向两侧肺野放射状分布的蝶翼样浸润影。

2. 超声心动图　可见左心室扩大，室壁运动减弱或者不协调。

3. 心电图　常规心电图及心肌生化标记物对确定有无急性心肌梗死有重要诊断意义。

（四）诊断与鉴别诊断

1. 诊断　根据典型的症状和体征，如突发呼吸困难、端坐呼吸、咳粉红色泡沫样痰、双肺干湿啰音、心尖部舒张期奔马律，X 线见肺间质水肿等，一般不难诊断。

2. 鉴别诊断　急性左心衰需与支气管哮喘鉴别，后者常有反复发作史，出汗和发绀不明显，肺部哮鸣音常为高调，鼾音和湿啰音较肺水肿为少。大量粉红色泡沫痰和心尖部舒张奔马律有助于诊断急性肺水肿。需要与 ARDS 及肺梗死鉴别。

（五）急救处理

1. 体位　患者宜取坐位或者半卧位，双腿下垂，以增加肺活量，减少回心血量。

2. 改善供氧　立即给予高流量氧气吸入，必要时给予面罩吸氧。如缺氧状态不改善，及时采取无创机械通气或者气管插管机械通气，纠正低氧血症。

3. 镇静　能有效消除患者焦虑情绪，减少烦躁，并扩张周围血管，减轻心脏负荷。首次吗啡5～10mg皮下或者缓慢静脉给药，必要时15～30分钟可重复一次。

4. 利尿　通过排尿减少血容量，减轻心脏负荷，降低周围血管阻力。可给予呋塞米20～40mg静脉注射，及时补充血电解质。

5. 扩张血管　可选择静脉用硝酸甘油、硝普钠或者α受体阻断剂等。

6. 抗心力衰竭　对于心房颤动伴快速心室率的急性左心衰竭患者，可给予毛花苷C 0.2～0.4mg稀释后缓慢静脉注射。

7. 其他　消除诱发因素和治疗原发病，如纠正心律失常、控制感染、治疗高血压等。

五、自发性气胸

自发性气胸指因肺脏实质或脏层胸膜在无外源性或介入性因素的影响下破裂引起气体在胸膜腔内蓄积。主要临床表现为突发胸痛、胸闷、呼吸困难，严重者出现休克。

（一）病因

1. 原发性气胸　即肺部常规X线检查无明显病变的健康者发生的气胸。多见于瘦长体型的男性青壮年。

2. 继发性气胸　常继发于基础肺部病变。如肺结核、COPD、肺癌等。

（二）临床表现

1. 症状

（1）呼吸困难　患者均有不同程度的呼吸困难，其严重程度与起病缓急、肺压缩程度、原发疾病等因素有关。

（2）胸痛　患侧可出现突发尖锐性刺痛和刀割样痛，可局限在胸部，亦可向肩、背、上腹部放射。

（3）刺激性咳嗽　患者偶有刺激性咳嗽。

（4）其他症状　气胸合并中大量血胸时，患者可出现心悸、低血压、四肢发凉等。

2. 体征

（1）少量气胸时体征不明显。

（2）当肺压缩30%以上时，则患侧胸廓饱满、肋间隙增宽、气管向健侧偏移，呼吸运动减弱或消失，语音震颤减弱，叩诊呈鼓音，听诊呼吸音减弱或消失。

（四）诊断与鉴别诊断

1. 部分患者发病前可有提重物、屏气、剧咳等诱因或有基础肺疾病。

2. 发病突然，患者有胸部剧痛、气急及刺激性干咳；严重者可出现呼吸循环衰竭。

3. 气胸量较大时可出现典型气胸体征。

4. 胸部X线检查可明确肺被压缩的程度。

5. 胸腔内测压可判断气胸的临床类型。

（五）急救处理

1. 小量气胸　无需特殊处理，胸腔内积气一般在2周内可自行吸收。

2. 中大量气胸　可行胸膜腔穿刺抽气或闭式胸腔引流术，促进肺膨胀。

六、气管异物

气管异物是临床常见急症。异物存留在气管，可引起面色青紫、呼吸困难75%发生于2岁以下的儿童。

（一）病因

1. 小儿不能嚼碎较硬食物，咽反射功能差，在哭闹或嬉笑时食物误吸入气管内。
2. 说笑或工作时口内含有食品或物品，在不经意时或嬉笑时误吸入气管内。
3. 全身麻醉或麻醉未清醒时，患者呕吐物、松动的牙齿或义齿误吸入气管内。
5. 上呼吸道手术中器械装置不稳或切除的组织突然滑落入气道。

（二）临床表现

1. 症状 异物进入气道立即发生剧烈呛咳并有憋气、呼吸不畅等症状。随着异物贴附于气管壁，症状可暂时缓解。如异物较大，阻塞气管，可致呼吸困难或窒息。

2. 体征 可出现刺激性咳嗽，闻及拍击音；气管异物可闻及哮鸣音；患侧呼吸音降低或消失。

（三）辅助检查

1. X线检查 可观察肺野透光度及纵隔移位的情况，为诊断异物不可缺少的检查手段。

2. 支气管镜检查 可确诊并取出异物。

（四）诊断与鉴别诊断

多有异物吸入史，可有憋气、声音嘶哑、面色青紫、呼吸困难或窒息等症状。颈胸检查可听到拍击声、笛哨声。通过X线或支气管镜检查可确诊。

（五）急救处理

1. 及时取出异物 患者一般情况较好时，均应尽早使用喉镜或支气管镜取出异物，以避免或减少并发症和窒息。

2. 防止术后喉头水肿 可给予激素治疗，地塞米松5～10mg每日一次，静脉或肌内注射。

3. 防治并发症 患者有高热或脱水现象严重时，宜先行抗感染和补液治疗，密切观察有无突发呼吸困难，待一般情况好转后再行异物取出术。

4. 其他 若病情严重，出现极度呼吸困难，则应行气管切开，镇静、给氧。

七、急性呼吸衰竭

急性呼吸衰竭是因突发因素引起肺通气和（或）换气功能严重障碍，呼吸功能突然迅速失去代偿，导致严重缺氧、二氧化碳潴留，从而产生一系列生理功能和代谢紊乱的临床综合征

（一）病因

1. I型呼吸衰竭

（1）肺实质性病变 各种类型的肺炎包括细菌、病毒、真菌等引起的肺炎，误吸胃内容物入肺、淹溺等。

（2）肺水肿 各种严重心脏疾病导致心力衰竭、急性呼吸窘迫综合征等。

（3）肺血管疾病 性肺梗死是引起急性呼吸衰竭的常见病因。

（4）胸壁和胸膜疾病 大量胸腔积液、自发性气胸、胸壁外伤、胸部手术损伤等。

2. Ⅱ型呼吸衰竭

（1）气道阻塞　呼吸道感染、呼吸道烧伤、异物、喉头水肿引起上呼吸道急性梗死是引起急性Ⅱ型呼吸衰竭的常见病因。

（2）神经肌肉疾患　重症肌无力、多发性肌炎、低钾血症等致呼吸肌受累，脑血管意外、颅脑外伤、脑炎、脑肿瘤、一氧化碳中毒、安眠药中毒致呼吸中枢受抑制。

（二）临床表现

1. 呼吸困难　患者主观感到空气不足。客观表现为呼吸用力，伴有呼吸频率、深度与节律的改变。上呼吸道疾患常表现为吸气性呼吸困难，可有三凹征。呼气性呼吸困难多见于下呼吸道不完全阻塞如支气管哮喘等。胸廓疾患、重症肺炎等表现为混合性呼吸困难。中枢性呼吸衰竭多表现为呼吸节律不规则，如潮式呼吸等。出现呼吸肌疲劳者，表现为呼吸浅快、腹式反常呼吸，如吸气时腹壁内陷。

2. 发绀　是缺氧的典型体征。因动脉血还原血红蛋白增加，致耳垂、口唇、口腔黏膜、指甲呈现青紫色的现象。

3. 神经精神症状　急性呼吸衰竭的神经精神症状较慢性呼吸衰竭明显而多见，可出现烦躁不安、扑翼样震颤、谵妄、抽搐、昏迷等。

4. 循环系统症状　缺氧和CO_2潴留均可导致心率增快、血压升高，严重缺氧可出现各种类型的心律失常，甚至心脏停搏。

5. 其他脏器的功能障碍　严重缺氧和CO_2潴留可导致肝肾功能障碍。临床出现黄疸、肝功能异常，血尿素氮、肌酐增高，尿中出现蛋白管型。

6. 酸碱失衡和水、电解质紊乱　因缺氧而通气过度可发生呼吸性碱中毒。CO_2潴留则表现为呼吸性酸中毒，严重缺氧多伴有代谢性酸中毒及电解质紊乱。

（三）辅助检查

1. 血气分析　静息状态呼吸时动脉血氧分压（PaO_2）< 8.0kPa（60mmHg）、动脉血二氧化碳分压（$PaCO_2$）> 6.7kPa（50mmHg）为Ⅱ型呼吸衰竭。单纯动脉血氧分压降低则为Ⅰ型呼吸衰竭。

2. 电解质检查　呼吸性酸中毒合并代谢性酸中毒时，常伴有高钾血症，呼吸性酸中毒合并代谢性碱中毒时，常有低钾和低氯血症。

3. 痰液检查　痰涂片与细菌培养的检查结果，有利于指导用药。

4. 其他检查　如肺功能检查、胸部影像学检查等根据原发病的不同而有相应的表现。

（四）诊断与鉴别诊断

本病常由溺水、电击、严重感染、休克等引起，再结合临床表现、血气分析有助于诊断，可与慢性呼吸衰竭的临床表现相鉴别。

（五）急救处理

1. 积极治疗原发病　合并细菌等感染时应使用抗生素。

2. 保持呼吸道通畅　可给予解除支气管痉挛和祛痰药物，如沙丁胺醇、硫酸特布他林解痉；盐酸氨溴索等药物祛痰；必要时可用肾上腺皮质激素静脉滴注。

3. 纠正低氧血症　可用鼻导管或面罩吸氧，严重缺氧和伴有二氧化碳潴留、有严重意识障碍、出现肺性脑病时应使用机械通气以改善低氧血症。

4. 防治并发症　纠正酸碱失衡、心律失常、心力衰竭等并发症。

八、急性呼吸窘迫综合征

急性呼吸窘迫综合征（ARDS）是在严重感染、休克、创伤及烧伤等非心源性疾病过程中，肺毛细血管内皮细胞和肺泡上皮细胞损伤造成弥漫性肺间质及肺泡水肿，导致的急性低氧性呼吸功能不全或衰竭，临床上表现为急性呼吸窘迫、难治性低氧血症和非心源性肺水。ARDS 不是一个独立的疾病，而是一个连续发展的复杂的临床综合征。发病急骤，进展迅速，损害广泛，预后严重，常常是多器官功能不全在肺脏的表现，其早期表现为急性肺损伤。

（一）病因

常见于各类休克、各种病原菌感染、吸入有毒气体（如高浓度氧气、烟雾、二氧化硫等）、吸入胃内容物、药物影响、代谢异常（如尿毒症、糖尿病酮症酸中毒等）、淹溺。

（二）临床表现

1. 症状

（1）急性起病，在直接或间接肺损伤后 12～48 小时内发病。

（2）常规吸氧后低氧血症难以纠正。

2. 体征

（1）肺部体征无特异性，急性期双肺可闻及湿啰音或呼吸音减低。

（2）早期病变以间质为主，胸部 X 线检查常无明显改变。病情进展后，可出现肺内实变，表现为双肺野密度增高，透亮度减低，肺纹理增多、增粗，可见散在斑片状密度增高阴影即弥漫性肺浸润影。

（三）诊断与鉴别诊断

1. 诊断

（1）急性起病　呼吸频率 >20 次/分和（或）呼吸窘迫。

（2）低氧血症　氧合指数（PaO_2/FiO_2）≤300mmHg。

（3）X 线胸片　示双肺浸润阴影

（4）肺毛细血管楔压 ≤18mmHg 或无左心房压力增高的临床证据。

2. 鉴别诊断　需于心源性肺水肿相鉴别。

（四）急诊处理

1. 密切监测病情　ARDS 患者治疗中应该动态监测生命体征，水、电解质、酸碱平衡和氧代谢状况，并注意监测和保护肝肾功能。

2. 控制原发病　遏制其诱导的全身失控性炎症反应是治疗 ARDS 的必要措施。

3. 纠正低氧血症　可选择经鼻导管或者面罩高流量吸氧。常规的氧疗对大多数患者难以奏效，常需要机械通气。

4. 机械通气　无创机械通气治疗 1～2 小时后，如果低氧血症不能改善或者全身情况恶化，应及时气管插管，改为有创机械通气。

5. 合理的液体平衡　实施限制性液体管理有助于 ARDS 患者减轻肺水肿。在保证组织器官有效灌注的前提下，主张通过利尿和限制补液，保证液体负平衡（每天 500～1000ml）。

6. 营养支持　ARDS 患者往往缺乏营养，应给予鼻饲和静脉高营养，以维持足够的能量供应，避免代谢和电解质紊乱。

7. 其他治疗　在 ARDS 纤维化期（起病后 5～10 日）或患者血液或肺泡灌洗液中嗜酸性粒细胞增高时则可使用糖皮质激素治疗。

目标检测

一、选择题

[A1/A2 型题]

1. 突然发作的吸气性呼吸困难,临床上最常见于 ( )
    A. 自发性气胸　　　　　B. 支气管哮喘　　　　　C. 心源性哮喘
    D. 气管异物或梗阻　　　E. 阻塞性肺气肿

2. 患者,男,50 岁。突发呼吸困难,满肺哮鸣音,心率快,听不清有无杂音,既往史不详,应首选何种药物 ( )
    A. 洋地黄　　　　　　　B. 异丙肾上腺素　　　　C. 肾上腺素
    D. 氨茶碱　　　　　　　E. 洛贝林

3. 呼吸衰竭患者已昏迷,大量痰液阻塞气道,下列哪项治疗是错误的 ( )
    A. 吸氧　　　　　　　　B. 呼吸兴奋剂　　　　　C. 雾化吸入
    D. 排痰　　　　　　　　E. 抗感染

4. 患者,男,58 岁,呼吸困难 3 小时入院。患者烦躁、发绀,咳白色泡沫痰,查体:端坐呼吸,T 37.3℃,P 120 次/分,R 24 次/分,BP 160/110mmHg,心电图提示心房纤颤,迅速用以下哪项治疗 ( )
    A. 毛花苷 C 静脉推注　　　　　　　　　　B. 呋塞米静脉推注
    C. 吗啡皮下注射　　　　　　　　　　　　D. 氢化可的松或甲基强的松龙静脉滴注
    E. 大剂量青霉素静脉滴注

PPT

第三节　咯　血

▶▶ 情境导入

情境描述　患者,男,22 岁,咯血 2 小时。患者近日因备考较为疲乏。今日晨起后无明显诱因下突然咯鲜红色血液约 200ml,来诊时仍间断有鲜血咯出,伴咳嗽、气促,无发热、寒战、盗汗等。既往体健,否认慢性病史。家中无肺部疾病患者。T 37.8℃,BP 100/75mmHg,P 110 次/分,SpO$_2$ 89%,神志清楚,精神萎靡,口唇轻度发绀,全身浅表淋巴结未及明显肿大。全身皮肤黏膜无瘀点瘀斑。鼻腔及咽部无明显血迹,未见活动性出血灶。听诊两肺有中小水泡音,呼吸音增强。心脏、腹部查体无异常体征。

讨论　1. 结合病史和查体,该患者最有可能的诊断是什么?
　　　　2. 为明确诊断,需要哪些辅助检查?

一、概述

咯血是指喉腔、气管、支气管和肺组织出血,通过咳嗽将血液经口咯出的一种症状。临床根据咯血量分为:<100ml/24h 为少量咯血;100~500ml/24h 为中等量咯血;>500ml/24h 或一次咯血量>200ml 为大咯血。

(一) 病因

1. 支气管疾病　如支气管扩张、支气管肺癌、支气管炎等,其中以支气管扩张多见。

2. 肺实质疾病　如肺结核、肺炎、肺脓肿、肺梗死、肺栓塞、肺部肿瘤等，以肺结核最多见。

3. 心血管疾病　如二尖瓣狭窄、左心衰竭、肺栓塞等。

4. 咽部和喉部疾病　癌症、淋巴瘤等。

5. 其他　出凝血障碍、白血病、急性传染病等。

（二）临床特点

咯血多数起病较急，患者初次咯出鲜血时多伴有精神高度紧张、恐惧等。咯血量大多为小至中等量，少数为大咯血，严重时可引起气道阻塞导致窒息。

（三）辅助检查

1. 影像学检查　胸部 X 线可初步判断胸部病变的性质及出血部位；胸部 CT 可明确病变性质及范围；高分辨 CT 及核素扫描可明确心肺血管病变及占位性病变。必要时可行支气管动脉造影，仅作为介入治疗前对出血部位的精确定位。

2. 支气管镜检查　可发现部分患者的出血部位，同时可行局部灌洗，留取样本行病原学和细胞学检查。

3. 痰液检查　有助于发现细菌、真菌等，便于诊断与治疗。

4. 血常规、出凝血功能检查　对出血性疾病的诊断有帮助。

5. 动脉血气分析　有助于对危重患者的肺功能进行分析判断。

（四）诊断与鉴别诊断

1. 诊断　咯血的诊断流程，见图 5－3。

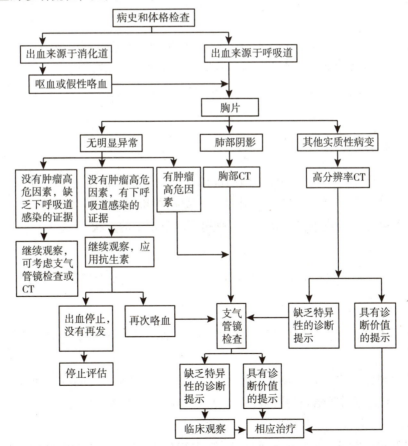

图 5－3　咯血的诊断流程

2. 鉴别诊断 咯血需与呕血相鉴别（表5-2）。

表5-2 咯血与呕血鉴别要点

鉴别点	咯血	呕血
原发病	呼吸道疾病（肺结核、支气管扩张症等）	消化系统疾病（消化性溃疡、食管胃底静脉曲张等）
前驱症状	胸闷、喉痒、咳嗽等	上腹不适、恶心、呕吐等
血液性状	鲜红色、泡沫样，伴痰液，呈碱性	咖啡色、凝块状，伴食物残渣，呈酸性
演变过程	大咯血后会持续几天血痰，咯血又吞咽时，可有黑便	呕血停止后数天仍有黑便

（五）急诊处理

咯血的急救原则主要是止血，保持呼吸道通畅，防止窒息，同时进行病因治疗。

1. 急诊处理

（1）绝对卧床 大咯血时使患者取患侧卧位，保持健侧肺及气道通畅，维持氧供。

（2）高流量吸氧 用鼻导管吸氧速度为3~6L/min。

（3）镇静 患者常有恐惧、精神紧张，对无严重呼吸功能障碍者可适当给予镇静剂，口服或肌内注射地西泮。严重者可口服或肌内注射苯巴比妥，每次0.1g，必要时可重复。

（4）输血 持续大咯血出现循环血容量不足者，应及时补充血容量和输血。

（5）止血 药物止血常选用垂体后叶素静脉缓慢滴注，应注意高血压、冠心病、心衰、妊娠等人群慎用；酚磺乙胺、氨甲苯酸等药物可选择应用。非药物止血有支气管镜下止血、支气管动脉栓塞介入治疗、外科手术等。

2. 窒息的紧急处理 窒息是咯血患者死亡的主要原因，重点是开放气道，保持呼吸道通畅和纠正缺氧。

（1）体位引流 患者立即取45°头低脚高俯卧位，用手轻拍患者背部，鼓励咳嗽，促进积血排出。

（2）清除积血 将口鼻咽部积血清除，吸痰管插入气管进行负压吸引。

（3）气道梗阻解除后高浓度吸氧，如自主呼吸微弱或消失，立即行气管插管或机械通气。心搏骤停立即行心肺复苏。

二、支气管扩张症

支气管扩张症（简称支扩）是由各种病因引起的反复发生的化脓性感染，导致中小支气管反复损伤和（或）阻塞，致使支气管壁结构破坏，引起支气管异常和持久性扩张。临床表现为慢性咳嗽，大量咳痰和（或）间断咯血，伴或不伴气促和呼吸衰竭等轻重不等的症状。

（一）病因

常见病因为支气管-肺组织感染、支气管阻塞、支气管先天性发育障碍、遗传、全身性疾病。

（二）临床表现

1. 病史 患者幼年可有麻疹、百日咳、支气管肺炎、肺结核等病史，以后常有反复发作的呼吸道感染。

2. 症状 主要表现为慢性咳嗽伴大量脓性痰、反复咯血，肺部同一部位反复感染。大量脓痰与体位改变有关，如晨起或卧床时咳嗽痰量增多；咯血从痰中带血到大咯血程度不尽相同，部分患者只有反复咯血的症状，称为"干性支气管扩张"。

3. 体征 病变重或继发感染时常可闻及下胸部、背部固定而持久的局限性粗湿啰音，有时可闻及哮鸣音；部分慢性患者可伴有杵状指（趾）、肺气肿等。

（三）辅助检查

1. 痰液 痰液收集于玻璃瓶中静置后分 4 层：上层为泡沫，中层为混浊黏液，下层为脓性成分，底层为坏死组织沉淀物。痰细菌学培养结果常为铜绿假单胞菌、金黄色葡萄球菌、流感嗜血杆菌、肺炎链球菌等。

2. 胸部 X 线检查 支气管柱状扩张典型的 X 线表现：纵切面可呈"轨道征"，横切面显示"环形阴影"；囊状扩张特征性改变为"卷发样"阴影，表现为粗乱肺纹理中有多个不规则的蜂窝状透亮阴影，感染时阴影内出现液平面。

3. 高分辨 CT 是目前诊断支气管扩张最常用的诊断方法。扫描层面与支气管平行时呈"双轨征"或"串珠"样改变；当垂直时，形成"印戒征"；当多个囊状扩张的支气管彼此相邻时，则表现为"蜂窝"或"卷发"状改变。

4. 支气管镜检查 可发现部分患者的出血部位或阻塞原因。可取灌洗液作细菌学和细胞学检查。

5. 支气管碘油造影 可确诊支气管扩张，但因具有创伤性，已被高分辨 CT 所取代。

（四）诊断与鉴别诊断

根据既往有呼吸道感染相关病史，反复咳嗽、咳脓痰、咯血病史，高分辨率 CT 显示有支气管扩张的异常影像学表现，即可明确诊断为支气管扩张症。

（五）急诊处理

1. 咯血急救

（1）药物止血 可用垂体后叶素、抗纤溶药物等。

（2）防治窒息。

（3）介入性治疗 可用于药物不能控制、无手术指征的急性大咯血。

2. 控制感染 选用有效的抗生素是急性感染期的主要治疗措施。

3. 保持引流通畅 使用祛痰剂稀释脓痰，支气管舒张剂促进排痰，体位引流清除痰液。祛痰剂可选用溴己新、氨溴索等；支气管舒张剂可选用 β_2 受体激动剂或异丙托溴铵喷雾吸入或氨茶碱口服。

4. 手术治疗 适用于反复呼吸道急性感染或大咯血，病变范围局限在一叶或一侧肺组织，经药物治疗不易控制，无严重心、肺功能损害者。可根据病变范围行肺段或肺叶切除术，术前应明确出血部位。

三、肺结核

肺结核是由结核分枝杆菌感染引起的肺实质的慢性感染性疾病，渗出、增生和坏死是其基本病理改变。大咯血导致窒息是肺结核患者死亡的原因之一。

（一）临床表现

1. 呼吸系统症状 咳嗽较轻，干咳或咳少量痰，出现空洞或伴有感染时痰液量增多，痰中带血或大咯血。病变累及胸膜时伴有胸痛，常为一侧，随呼吸或咳嗽加重。

2. 全身中毒症状 午后低热是最常见的症状，可伴盗汗、乏力、食欲减退、体重减轻等。

3. 体征 与病变的性质和范围有关。大量胸腔积液可有气管移位，叩诊浊音，听诊呼吸音消失，语音共振减弱或消失。干酪性肺炎除有肺实变体征外，还可能听到细小湿啰音。出现较大空洞可听到支气管呼吸音等。

（二）辅助检查

1. 痰结核菌检查 痰涂片检查简便易行，准确性较高，痰中查出结核分枝杆菌，就能确诊为结核病。痰结核菌培养，可信度高，并能进行结核菌药敏试验，但需时 6 ~ 8 周。

2. 胸部影像学检查　胸部 X 线检查不但可以早期发现结核病，而且可以确定病灶的部位、性质、范围，以及用于判断治疗效果，是首选的检查方法。胸部 CT 可以发现较小的或隐蔽部位的病变，可以弥补 X 线检查的不足。

3. 结核菌素试验　结核菌素纯蛋白衍化物（PPD）试验阳性是感染过结核菌的证据，常作为结核感染的流行病学指标，一般不能作为诊断结核病的依据。

4. 支气管镜　可以直接观察或间接判断支气管、肺内病变，并且可进行活组织检查、灌洗、拍摄气管内照片等功能，对于诊断和鉴别诊断特别有用。

（三）诊断与鉴别诊断

根据病史、典型的临床表现、X 线影像学特征，痰结核分枝杆菌涂片阳性或痰培养结核杆菌阳性者，为有传染性的肺结核活动期。

（四）急诊处理

1. 肺结核本身无需急诊处理，咯血是其重要的并发症，可造成窒息死亡，需急诊处置（见本节概述）。

2. 肺结核最重要的治疗方法是使用抗结核药物进行化学治疗，其原则是早期、规律、全程、适量、联合，目的是杀灭结核分枝杆菌，防止耐药菌产生，消除传染性，减少咯血等严重并发症的发生。药物治疗全程分为两个阶段，前一阶段称强化治疗期，开始采用多种强杀菌药物连续使用至痰菌转阴、症状好转，疗程为 2 ~ 3 个月；后一阶段为巩固治疗期，在强化期结束后改为 2 种或 3 种药物连续或间歇使用，直至临床治愈。

四、肺癌

》》 情境导入

情境描述　患者，男，58 岁，室内装修店主，因咳嗽、咳痰 2 个月，痰中带血 1 周入院。患者 2 个月前无明显诱因出现刺激性咳嗽，咳少量灰白色黏液，伴右胸背胀痛，无畏寒、发热、盗汗。曾于附近医院按呼吸道感染服用抗生素及消炎止咳中药，疗效不显著。近 1 周间断痰中带血，有时血多痰少，但无大量咯血，即来院就诊。发病以来无明显消瘦，近日稍感疲乏，食欲尚可，大小便正常。既往无肺炎、结核病史。吸烟 30 余年，每天 1 包左右。近 5 年从事室内装修业务，经常检查装修情况。查体：T 37℃，P 82 次/分，R 20 次/分，BP 124/84mmHg。发育正常，营养中等，神清合作。皮肤巩膜无黄染。双侧锁骨上未触及肿大淋巴结，气管居中，无声嘶。胸廓两侧对称，叩清，右上肺可闻及干啰音，无湿啰音，左肺呼吸音正常，心率 82 次/分，律齐，无杂音。腹平软，未及肝脾或肿物。未见杵状指，膝反射正常，未引出病理征。辅助检查：Hb 120g/L，WBC 8.1×10^9/L。胸部 X 线片示，右上肺前段有一约 3cm×4cm 大小椭圆形块状阴影，边缘模糊毛糙，可见细短的毛刺影。

讨论　1. 初步诊断和诊断依据是什么？
　　　　2. 需进一步做哪些检查？

原发性支气管肺癌简称肺癌，我国肺癌的发病率和死亡率均居恶性肿瘤的首位，也是咯血的常见病因之一。吸烟、职业和环境接触、大气污染、慢性肺部疾病、遗传等因素对肺癌的发病均起到一定作用。

（一）病理类型

肺癌好发于右肺，下叶多于上叶。发生于主支气管、肺叶支气管、肺段支气管肺癌的称为中央型肺癌，发生于肺段支气管以下的称为周围性肺癌。肺癌的组织病理类型有：鳞状细胞癌（简称鳞癌）、腺癌、腺鳞癌、神经内分泌肿瘤、大细胞癌、肉瘤样癌、其他上皮源性肿瘤等。

（二）临床表现

肺癌的临床表现与肺癌的部位、大小、类型、发展阶段、有无并发症或转移有密切关系，主要症状如下。

1. 局部症状　咳嗽、痰中带血或咯血、胸闷、胸痛、声音嘶哑、吞咽困难等。

2. 全身症状　发热、消瘦、恶病质。

3. 肺外症状或转移症状　肺源性骨关节增生症、淋巴结转移、骨转移等。

肺癌患者近半数可发生咯血，多数为间断血痰或痰中带血，如侵蚀大的血管，可导致大咯血。

（三）辅助检查

辅助检查主要有胸部 X 线、CT 扫描、MRI、痰细胞学检查、支气管镜检查等。

（四）治疗原则

1. 肿瘤治疗　根据患者的机体状况、肺癌病理类型、侵犯的范围和发展趋势，积极、合理地选择手术、化疗、放疗等治疗方法。

2. 对症治疗　原则为控制咯血、防止窒息、改善呼吸困难等。

 素质提升

吸烟与肺癌

吸烟是引起肺癌最常见的原因，据统计约85%的肺癌患者有吸烟史，与从未吸烟者相比较，吸烟者发生肺癌的危险性平均高10倍，大量吸烟者可达10～25倍。如果已经戒烟，患肺癌的危险性与那些持续吸烟者比较会有所降低，但与从未吸烟者相比，其患癌风险仍高出9倍。开始吸烟的年龄越小，吸烟时间越长，吸烟量越大，肺癌的发病率和死亡率相应越高。此外，环境烟草烟雾（二手烟）也是肺癌的病因之一。

《健康中国 2030 规划纲要》是贯彻落实党的十八届五中全会精神、保障人民健康的重大举措，对全面建成小康社会、加快推进社会主义现代化具有重大意义。纲要明确指出，"要坚持预防为主，推行健康文明的生活方式，营造绿色安全的健康环境，减少疾病发生。""到 2030 年，将我国 15 岁以上人群吸烟率降低到20%。"因此，作为一名医学生，应当具备成为"人民健康守门人"的理想信念，在学习和生活中，远离烟草，倡导文明健康的生活习惯，积极宣传吸烟的危害，规劝身边的人戒烟，如发现公共场所有人吸烟，应主动劝阻。

目标检测

答案解析

选择题

[A1/A2 型题]

1. 大咯血的定义为日咯血量大于（　　）

A. 100ml　　　　　　　　　B. 200ml　　　　　　　　　C. 300ml

      D. 500ml   E. 1000ml

2. 肺部疾病中，临床上常见伴咯血的疾病是（　）

      A. 肺梗死   B. 肺结核   C. 肺炎

      D. 肺脓肿   E. 恶性肿瘤肺转移

3. 抢救大咯血窒息时最关键的措施是（　）

      A. 立即进行人工呼吸

      B. 立即使用呼吸中枢兴奋剂

      C. 立即鼻导管高浓度给氧

      D. 立即输液或输血

      E. 立即解除呼吸道梗阻的措施

4. 患者，女，38 岁，突然咯血 2 小时，红色鲜血，可见血块。查体 BP 132/80mmHg，双肺呼吸音清，未闻及罗音。HR 89 次/分，未闻及杂音，胸片未见异常。应当首先进行的是（　）

      A. 痰找结核菌   B. 行纤维支气管镜检查

      C. 判断是否是上呼吸道出血   D. 肺通气灌注扫描

      E. 胸部 CT

5. 患者，男，65 岁，干咳 1 个月余，痰中带血丝 5 天。吸烟 40 年，1 包/日。查体未见明显异常。胸片示左肺门增大。最可能的诊断是（　）

      A. 肺结核   B. 肺炎   C. 肺癌

      D. 慢性支气管炎   E. 肺血管畸形

6. 患者，男，38 岁，间断咳嗽、咳痰 20 余年，痰多为脓性痰，量较多，3 天来再次出现上述症状，伴大咯血，每日约 600ml。查体：左下肺可闻湿啰音，有杵状指。最可能的诊断是（　）

      A. 慢性支气管炎   B. 支气管扩张

      C. 肺癌   D. 左下叶肺炎

      E. 慢性肺脓肿

7. 咯血是指从何部位出血而经口排出（　）

      A. 全呼吸道   B. 咽部以下呼吸道

      C. 喉部以下的呼吸道   D. 隆突以下的支气管

      E. 肺部

8. 咯血时出血部位不可能位于（　）

      A. 气管   B. 肺   C. 胃

      D. 喉   E. 以上均不是

9. 引起咯血最常见的心脏疾病是（　）

      A. 风湿性二尖瓣狭窄   B. 心包炎

      C. 心肌梗死   D. 肺心病

      E. 高血压

10. 咯血直接致死的重要原因为（　）

      A. 肺部感染   B. 窒息   C. 肺不张

      D. 失血性休克   E. 以上均有

PPT

第四节　呕　血

≫≫ 情境导入

情境描述　患者，男，26岁，近5年经常于餐后3~4小时出现上腹疼痛并向右肩放射，严重时常夜间睡眠时痛醒，伴反酸、嗳气、上腹烧灼感，多逢春秋复发，每次发作持续1周左右，自服西咪替丁后症状缓解，3天前因大量饮酒后上腹疼痛持续不缓解，服法莫替丁片无效，8小时前突然疼痛消失，但自觉头晕、眼花、无力、出虚汗、欲吐、便血，在去卫生间途中跌倒，被家人发现而扶起，继而呕吐暗红色血约1200ml，内混少许食物残渣而急诊，来院途中又呕血400ml。体格检查：体温37.2℃，脉搏120次/分，血压82/60mmHg，神志清楚，面色苍白，四肢厥冷，周身大汗，呼吸急促，略烦躁不安，双肺呼吸音清晰，心音钝，心律齐，心率120次/分，腹部平软，肝脾未触及，肠鸣音亢进但未听到气过水音。辅助检查：Hb 148g/L，RBC 4.5×10^{12}/L，大便潜血（＋＋＋＋）。

讨论　1. 诊断及诊断依据是什么？

　　　　2. 治疗原则是什么？

一、概述

呕血是从口腔呕吐鲜血或咖啡样血液，多为由十二指肠、胃和食管引起的上消化道出血，或因邻近的肝、胆、胰病和外伤后血经口腔呕出。

（一）病因

上消化道出血的病因很多，最常见的病因是消化性溃疡，其他如黏膜损害、食管胃底静脉曲张和肿瘤。

1. 上消化道疾病

（1）食管　外伤，食管癌，食管道炎症，食管溃疡、异物、静脉曲张。

（2）胃　消化性溃疡，急慢性胃炎，胃异物、肿瘤、结核。

（3）十二指肠　十二指肠溃疡、肿瘤、炎症。

2. 其他疾病　过敏性紫癜，血管瘤，肝、胆、胰疾患，血友病，药物引起的病变。

（二）临床表现

患者多在上腹不适后呕出红色或咖啡色物质，并混有食物残渣样，食管病变时可呕出鲜红色血液。若出血量大，循环血容量迅速减少，静脉回心血量相应不足，心排血量明显降低，可引起一系列周围循环衰竭表现，如头晕、心悸、出汗、恶心、黑矇或晕厥等，所以患者常因有便意而至卫生间在排便时或便后起立时晕倒在地，应特别加以注意，患者可出现脉搏细速，血压下降，收缩压在80mmHg以下，呈休克状态，抢救不及时，可危及生命。

（三）辅助检查

上消化道出血后均有急性失血后贫血，在出血早期，血红蛋白测定、红细胞计数与红细胞压积均无明显变化，有些因血容量暂时性浓缩反而会升高，因此血象检查不能作为早期诊断和病情观察的依据，在出血3~4小时或以上组织液渗入血管内，血液稀释才出现贫血。上消化道出血后2~5小时，血白细胞一过性升高，2~3天恢复正常。胃镜检查或X线检查可明确病因。血尿素氮升高，止血后逐渐正常。

（四）诊断与鉴别诊断

根据病史、症状及体征，对多数患者可以做出病因诊断，明确诊断出血部位和病因须依靠特殊检查方法，如胃镜（根据表 5 - 3 评分决定是否检查）、X 线检查等，暂时无法明确病因者，应注意判断出血量及呕血是否停止，以便对症处理。

表 5 - 3 急性上消化道出血 Blatchford 评分

项目	检查结果	评分	项目	检查结果	评分
收缩压（mmHg）	100 ~ 109	1	血红蛋白（g/L）	男性 120 ~ 129	1
	90 ~ 99	2		100 ~ 119	3
	<90	3		<100	6
				女性 100 ~ 119	1
				<100	6
血尿素氮（mmol/l）	65 ~ 79	2	其他表现	脉搏≥100 次/分	1
	80 ~ 99	3		黑便	1
	100 ~ 249	4		晕厥	2
	≥250	6		肝脏疾病	2
				心力衰竭	2

注：评分用于在内镜检查前预判患者是否需要接受输血、内镜检查或手术等后续干预措施，取值范围 0 ~ 23 分。评分≤1 分无需胃镜检查，>1 分需检查，<6 分为低危，≥6 分为中高危，中高危患者应做急诊胃镜检查。

1. 出血量的判断 呕血常伴黑便等表现。超过 500ml 开始出现全身症状，超过 1500ml 可表现为休克。

（1）出血量占循环血容量 10% 以下时，患者一般无明显临床表现。

（2）出血量占循环血容量 10% ~ 20% 时，可有头晕、无力等症状，多无血压、脉搏等变化。

（3）出血量达循环血容量的 20% 以上时，则有冷汗、四肢厥冷、心慌、脉搏增快等急性失血症状。

（4）若出血量在循环血容量的 30% 以上，则有神志不清、面色苍白、心率加快、脉搏细弱、血压下降、呼吸急促等急性周围循环衰竭的表现。

2. 判断是否持续出血 有如下情况之一者可判断仍在出血：①呕血反复不止且呕量较多；②排黑便次数仍较多或从柏油样转为紫红色；③虽已补充血容量，患者仍头晕、心悸、冷汗等；④心率未减慢；⑤血压未见上升或经输血、输液后回升但减缓输入速度又趋于下降；⑥红细胞计数、血红蛋白量及红细胞比容进行性下降；⑦如无严重脱水和肾功能减退，血尿素氮持续上升。

3. 呕血停止的判断 经数小时对呕血者的观察，无新的呕血与便血，脉搏、血压平稳或只呕血一次，在 48 小时再无继续呕血，可能出血停止，不能仅从有无黑便来判断出血是否停止。但如果出血后次日起 3 天内无黑便或黑便次数减少，质地由稀转为稠厚成形或由软转为硬，可初步判断出血逐渐停止。

4. 鉴别诊断

（1）与咯血鉴别 咯血前常有喉痒感，血为咯出，呈鲜红色，常混有痰液、泡沫，大咯血停止后常出现痰中带血。

（2）与假性呕血鉴别 假性呕血常见于拔牙后、鼻出血、扁桃体切除术后，可通过询问病史，检查口腔、鼻腔以明确。

（3）常见病因鉴别 常见的消化性溃疡、急性胃黏膜损害、食管胃底静脉曲张等疾病需要结合病史、症状特点、体征及辅助检查综合判断。

（五）急救处理

迅速评估血流动力学状态，维持有效循环血容量，确定病因，止血、预防出血复发。

1. 一般救治　须卧床休息，保持安静，严密观察血压、脉搏、出血量和尿量，建立静脉通路，呕血者禁食，24 小时后未再呕血者可进清淡、流质饮食，但宜为凉或冷食，仅黑便者可不禁食，但宜进流食。

2. 积极补充血容量　应及时补充血容量，视病情给予输液、输血，最好使血红蛋白保持不低于 90～100g/L，肝硬化患者宜输新鲜血。

3. 止血措施

（1）药物治疗　根据病因、病情可选用去甲肾上腺素、垂体后叶素、西咪替丁、雷尼替丁、奥美拉唑、凝血酶、奥曲肽、生长抑素等。

（2）气囊管压迫止血　适用于食管胃底静脉曲张破裂出血，置管 24 小时后宜放出气囊空气以防压迫过久导致黏膜糜烂，必要时可重复充盈气囊，止血 24 小时后放出气体，观察 24 小时如无再出血可拔管。

（3）内镜下止血　内镜下止血方法较多，可选用：①1% 去甲肾上腺素；②孟氏液；③凝血酶；④硬化剂；⑤激光止血；⑥微波止血；⑦电凝止血。

（4）动脉灌注药物　在选择性动脉造影明确出血仍在继续后，由导管输注血管升压素，如不能止血者，应考虑栓塞疗法或手术治疗。

（六）快速诊断处理流程及转诊要求

1. 快速诊断处理流程　见图 5-4。

2. 转诊要求　经一般处理及积极治疗原发病无缓解，应在保持生命体征稳定前提下及时转入上级医院诊治。

二、消化性溃疡出血

》》 **情境导入**

情境描述　患者，男，46 岁，因间断上腹痛 10 年，加重伴呕血 3 小时急诊入院。患者 10 年前开始出现上腹部胀痛，空腹时明显，进食可缓解，有夜间疼痛，无放射痛，伴反酸、嗳气，每年春冬季节易发病。3 小时前，因饮酒后自觉腹痛加重，伴呕吐暗红色胃内容物，量约 300g。体格检查：体温 37.6℃，脉搏 128 次/分，血压 110/60mmHg，神志清楚，双肺呼吸音清晰，心音钝，心律整，心率 128 次/分，腹部平软，肝脾未触及，肠鸣音 6 次/分。辅助检查：Hb 110g/L，RBC 4.9×10^{12}/L，大便潜血（＋＋＋）。

　　讨论　1. 诊断及诊断依据是什么？

　　　　　　2. 治疗原则是什么？

消化性溃疡（peptic ulcer，PU）泛指胃肠黏膜在某种情况下被胃酸/胃蛋白酶消化而造成的溃疡，主要指发生在与胃酸接触的部位如胃和十二指肠，也可发生于食管下段、胃空肠吻合口附近及 Meckel 憩室。是一种多发病、常见病，因胃溃疡（gastric ulcer，GU）或十二指肠溃疡（duodenal ulcer，DU）最常见，故一般所谓的消化性溃疡是指和 GU 或 DU。其临床特点为多数患者有周期性、节律性上腹部疼痛的临床表现，好发于秋冬和冬之交。溃疡出血是最常见的并发症，出血是由血管受到溃疡的侵蚀、破裂等所致，原来的溃疡症状在出血前可加重，出血后可减轻。X 射线钡餐和（或）胃镜检查能确诊本病。

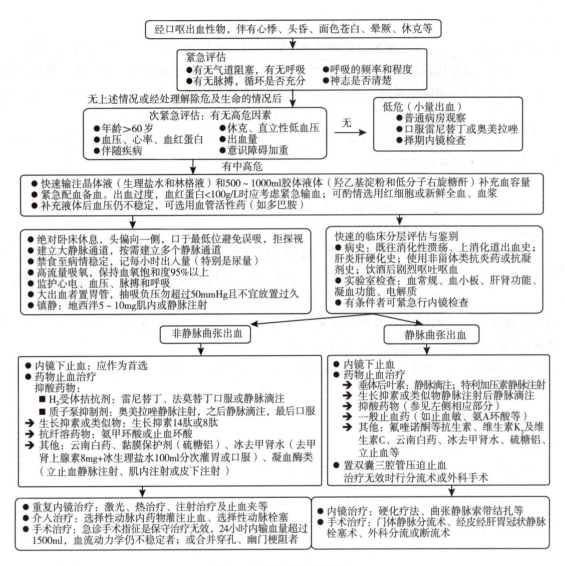

图 5 - 4 呕血的抢救流程

（一）临床表现

出血是消化性溃疡最常见的一种并发症。10%～15%以上消化道出血为首发症状，表现为呕血、黑便、休克、心悸、头晕等表现。出血时有上腹痛加剧的症状，出血后因血液对胃酸稀释，原来的溃疡症状随之减轻或者缓解。

1. 呕血与黑便 取决于病变性质、部位、出血的量及速度，出血量的多少与被侵蚀的血管大小相一致，小量出血仅表现为粪便隐血、大量出血表现为呕血和（或）黑便。

2. 失血性周围循环衰竭 失血性休克表现，失血量达到体循环液体量10%以上时常伴随有休克表现，如面色苍白、四肢厥冷，头晕、心悸、四肢无力，血压下降，严重者循环衰竭，尿量减少或无尿，呼吸心搏骤停、神志昏迷。

3. 贫血和血象变化 见概述。

4. 发热 中度或大量出血病例于24小时内发热，持续数日至一周不等，多在37.5～38.5℃。

5. 氮质血症（肠源性氮质血症） 3～4天降至正常。

（二）辅助检查

1. 胃镜检查 首选，可明确病变部位、病因、出血情况，宜在出血后24～48小时内进行。X线钡餐检查一般在出血停止数天后进行，可进一步明确病情，并了解胃动力情况，也可根据病情进行选择性动脉造影、ECT、吞线试验及小肠镜等其他检查。

2. 大便隐血试验　常呈隐血阳性，经积极治疗，一般 1 ~ 2 周可转阴，可作为判断出血是否好转的参考指标。若持续阳性，需要注意考虑是否存在癌变合并出血可能。

（三）诊疗处理

根据病史、临床表现及实验室检查不难诊断，确诊后一般急救措施包括使患者卧床休息，保持呼吸道通畅，给予吸氧、心电监护，严重者禁食，尽早输液、输血，积极补充血容量，止血措施多选择药物止血，如 PPI、生长抑素，必要时应用血管加压素，也可直接通过内镜下喷洒、注射、热凝或机械疗法止血。根据病情也可选择血管栓塞的介入治疗，内科治疗无效应转外科手术治疗。

 素质提升

持之以恒，方得始终

1906 年，克里尼茨和卢格尔通过人体解剖首次报道人胃内有螺旋体微生物定居，但并未引起注意。1980 年，澳大利亚病理科医生罗宾·沃伦通过电子显微镜在胃溃疡患者的胃黏膜病理标本里发现了螺旋状细菌。后来胃肠专科学者巴里·马歇尔和罗宾·沃伦一起研究，最终在 1982 年培养成功这种螺旋状细菌。而后马歇尔亲自口服了约 10ml 纯培养的弯曲杆菌悬液并出现饱胀、呕吐等症状，经胃镜和活检证实患上了胃炎，后应用抗生素治疗好转。该研究结果随后被发表在《柳叶刀》上，引起了学术界的轰动。到 1989 年，该细菌正式命名为幽门螺杆菌，并得到了国际医学界的广泛认可和接受。这一成果具有里程碑价值，打破了当时流行的医学教条，最终两位科学家因此获得了 2005 年诺贝尔医学奖。

通过对幽门螺杆菌研究历程我们知道对疾病的认识是一个曲折的探索过程；科学发现是偶然性和必然性的结合统一；科学研究需要耐得住寂寞，持之以恒；科学需要创新，循规蹈矩不可能创造任何奇迹；科学是一种社会活动，需要良好的合作和互助。

三、食管–胃底静脉曲张破裂出血

食管–胃底静脉曲张破裂出血是最常见的消化系统急症之一，主要由肝硬化门脉高压引起，门静脉、脾静脉、肝静脉病变也可导致，食管胃底静脉曲张首次出血者死亡率高达 50%，易发生再次出血，反复出血者死亡率更高。

（一）临床表现

常为上消化道大出血，一般很急，来势很猛，一次出血量常达 500 ~ 1000ml，出现呕血、黑便、失血性周围循环衰竭（头晕、肢体冷感、心率加快、血压降低），亦可有贫血、发热、氮质血症。体格检查可见蜘蛛痣、肝掌、腹壁皮下静脉曲张、肝脾肿大、腹水、巩膜黄染等表现，有肝病病史者辅助检查可有肝功能异常、血氨升高。

（二）诊疗处理

出血 12 ~ 24 小时之内行胃镜检查是确诊的可靠方法，内镜下可见曲张静脉活动性出血（渗血、喷血）、在未发现其他部位有出血病灶但有明显静脉曲张的基础上发现有血栓头。B 超、CT、MRI 肝弹性检测可用于临床门静脉高压症的辅助诊断。

急性食管–胃底静脉曲张出血的治疗包括药物治疗、内镜治疗、三腔二囊管压迫止血、经颈静脉肝内门-体静脉分流术（TPIS）、外科手术。

1. 药物治疗 包括一般处理、血容量恢复、早期降低门静脉压药物的应用（血管加压素及其类似物、生长抑素及其类似物）、抗菌药物的应用、质子泵抑制剂的应用等。生长抑素及其类似物、加压素疗效相似，为一线治疗方法，一般应用不超过72小时。抗菌药物可降低食管-胃静脉曲张再出血率及出血相关病死率，作为肝硬化急性食管胃静脉曲张出血的辅助治疗。

2. 内镜及分流术 药物治疗失败者，根据医院现有的技术条件和医师的经验，实施内镜或TIPS治疗。

3. 三腔二囊管压迫止血 可作为经药物或内镜治疗失败或无条件进行内镜/TPIS治疗的挽救治疗方法。

4. 外科手术 药物或内镜治疗失败者，早期外科手术仍是控制急性食管胃静脉曲张出血的有效方法。

 素质提升

肝硬化的主要病因及预防

肝硬化是一种肝组织弥漫性纤维化、假小叶和再生结节形成为特征的慢性肝病。早期由于肝脏功能代偿可无明显症状，后期则出现多系统受累，以肝功能损害以及门脉高压为主要临床表现，常出现消化道出血、肝性脑病、继发感染、癌变等严重并发症威胁生命。

引起肝硬化的病因很多，在我国以病毒性肝炎所致肝硬化最为常见，在国外则以酒精性肝硬化常见。病毒性肝炎以乙型、丙型、丁型肝炎病毒感染为主，经过慢性病程演变发展，最终出现严重肝功能损害、门静脉高压等肝硬化表现。长期大量饮酒，乙醇的中间代谢产物乙醛对肝脏直接损害，可导致酒精性肝炎，最终出现肝硬化。

慢性病毒性肝炎与肝硬化存在明确相关性，作为医护工作者，一定要注意个人卫生及防护，积极控制传染源，切断传播途径，保护好易感人群，做到有效阻断病毒性肝炎传播。

饮酒与肝硬化之间存在着明确的关系，开始饮酒的年龄越小，饮酒时间越长，饮酒量越大，肝硬化的发病率和死亡率就越高。因此，青少年应远离酒精，倡导文明健康的生活习惯。

目标检测

答案解析

选择题

[A1/A2 型题]

1. 关于呕血，下列哪项不正确（　　）

    A. 病因最多见于消化性溃疡

    B. 出血方式为呕出

    C. 血中混有食物残渣、胃液

    D. 酸碱反应为碱性

    E. 出血前有上腹部不适、恶心、呕吐

2. 呕血最常见的疾病是（　　）

    A. 消化性溃疡

    B. 食管静脉曲张破裂出血

    C. 胃癌

    D. 急性胃粘膜病变

    E. 急性出血性胃炎

3. 呕血是指（　　）
　　A. 屈氏韧带以上的消化器官　　　　　　B. 幽门以上的器官
　　C. 十二指肠以上的消化器官　　　　　　D. 小肠以上的消化器官
　　E. 结肠以上的消化器官

4. 呕血的颜色是（　　）
　　A. 出血量大时咖啡色　　　　　　　　　B. 出血速度快时咖啡色
　　C. 出血量大出血速度快时鲜红　　　　　D. 出血量小是鲜红
　　E. 出血速度慢时鲜红

5. 肝硬化常见的并发症是（　　）
　　A. 上消化道出血　　　　B. 原发性肝癌　　　　C. 肝性脑病
　　D. 感染　　　　　　　　E. 肝肾综合征

6. 消化性溃疡最常见的并发症是（　　）
　　A. 出血　　　　　　　　B. 穿孔　　　　　　　C. 幽门梗阻
　　D. 癌变　　　　　　　　E. 消化不良

7. 消化性溃疡并出血首选检查是（　　）
　　A. 胃镜　　　　　　　　B. 钡餐　　　　　　　C. 大便常规
　　D. 血常规　　　　　　　E. 凝血常规

8. 可作为经药物或内镜治疗失败或无条件进行内镜/TPIS 治疗的挽救治疗方法是（　　）
　　A. 血管加压素及其类似物、生长抑素及其类似物　　B. 抗菌药物的应用
　　C. 质子泵抑制剂　　　　　　　　　　　D. 三腔二囊管压迫止血
　　E. 止血药物

9. 患者，女，64 岁，进硬食后突然呕血 800～1000ml，色红，呕血喷射状，当时心率 110 次/分，BP 90/50mmHg，既往有慢性肝病病史，平时常有肝区疼痛并伴有腹胀。应考虑为（　　）
　　A. 食管静脉曲张破型出血　　　　　　　B. 急性糜烂出血性胃炎
　　C. 反流性食管炎出血　　　　　　　　　D. 食管贲门黏膜撕裂综合征
　　E. 消化性溃疡出血

10. 患者，男，52 岁，20 年前患乙型肝炎，近 3 个月腹胀。3 年前曾因鱼刺发生上消化道出血。体检：面色晦暗，结膜苍白，胸前可见蜘蛛痣，腹部隆起，移动性浊音阳性。来诊次日呕鲜血约 50ml，黑便 2 次，每次约 200ml。体检：BP 105/70mmHg，HR 102 次/分，肝肋下未及，脾肋下 5cm，急查血 Hb 75g/L，ALT 256IU/L，此患者上消化道出血原因首先考虑（　　）
　　A. 食管静脉曲张破裂出血　　　　　　　B. 十二指肠溃疡出血
　　C. 胃溃疡出血　　　　　　　　　　　　D. 胃癌出血
　　E. 急性胃炎出血

二、思考题

患者，男，60 岁，反复中上腹部隐痛 10 年余，餐后明显，X 餐钡检查提示胃小弯部龛影。3 天前出现呕血，咖啡色，约 100g，伴黑便，3 小时前，出现呕吐鲜红色血液，约 500ml，伴头晕、乏力，遂来急诊就诊。体格检查：BP 90/50mmHg，贫血貌，心率 125 次/分，中上腹部压痛，肠鸣音活跃。血常规：血红蛋白 75g/L。请问：
　　（1）最可能诊断是什么？
　　（2）治疗措施包括哪些？

PPT

第五节　少尿与无尿

≫≫ 情境导入

情境描述　患者，男，32 岁，因恶心、呕吐伴乏力 3 天，发现血肌酐升高半天。患者 3 天前进食海鲜后出现恶心、呕吐，呕吐多量胃内容物，腹泻 2 次，为水样、便，伴全身乏力、畏寒来院急诊。体格检查：体温 37.3℃，中上腹有压痛。辅助检查：血常规白细胞 16.8×10^9/L，中性粒细胞 88.9%，血钾 3.2mmol/L，血、尿淀粉酶及腹部 B 超等检查未见异常。初步诊断为"急性胃肠炎"，予头孢拉定、环丙沙星抗感染及补液、补钾治疗 3 天后，患者畏寒、腹泻等症状缓解，但仍时有恶心、呕吐及全身乏力，伴腰酸痛，无肉眼血尿、泡沫尿，无皮疹、关节痛，复查血钾 3.8mmol/L，血肌酐 432μmol/L，自患病以来，食欲较差，自感尿量减少，体重减轻 2kg。

讨论　1. 患者尿少、肌酐增高的原因是什么？
　　　　2. 需要进一步检查什么项目？

一、概述

健康成年人 24 小时尿量为 1000～2000ml，少尿指 24 小时尿量少于 400ml 或每小时尿量持续少于 17ml，无尿指成年人 24 小时尿量少于 100ml 或 12 小时内完全无尿，又称尿闭。

（一）病因

可根据引起少尿与无尿的病因分为肾前性、肾性、肾后性、其他。

1. 肾前性

（1）有效循环血量减少　多种原因引起的休克、重度失水、大出血、肾病综合征和肝肾综合征，大量水分渗入组织间隙和浆膜腔，血容量减少，肾血流减少，肾小球滤过率降低。

（2）心脏排血功能下降　各种原因所致的心功能不全，严重的心律失常，心肺脑复苏后体循环功能不稳定，血压下降所致的肾血流减少。

2. 肾性

（1）肾血管病变　肾血管狭窄或炎症，肾病综合征，狼疮性肾炎，长期卧床不起的肾动脉栓塞血栓形成，高血压危象，妊娠期高血压等引起肾动脉持续痉挛，肾缺血导致急性肾衰。

（2）肾小球病变　重症急性肾炎，急进性肾炎和慢性肾炎因严重感染，血压持续增高或肾毒性药物作用引起肾功能急剧恶化。

（3）肾小管病变　急性间质性肾炎包括药物性和感染性间质性肾炎，生物毒或重金属化学毒所致的急性肾小管坏死，严重的肾盂肾炎并发肾乳头坏死。

3. 肾后性

（1）机械性梗阻　结石、血凝块、坏死组织阻塞输尿管、膀胱进出口，或后尿道等肿瘤、腹膜后淋巴瘤、特发性腹膜后纤维化、前列腺肥大等梗阻。

4. 其他　输尿管手术后，结核或溃疡愈合后瘢痕挛缩，肾严重下垂或游走肾所致的肾扭转，神经源性膀胱尿道功能障碍，磺胺、甲氨蝶呤、阿昔洛韦等药物的影响。

（二）临床表现

在原发病基础上，大多数患者在乏力、倦怠、水肿等先驱症状后出现少尿、无尿，根据体内蛋白、肌酐、离子及酸碱平衡改变情况，可出现以下表现：

1. 消化系统　恶心、呕吐、厌食、呃逆及腹泻等。

2. 呼吸系统　呼吸深而快，常有气促，甚至发生 Kussmaul 呼吸，易合并感染。

3. 循环系统　血压不同程度升高，重者可发生高血压脑病，发生心包炎时左胸剧烈疼痛，常伴有心包摩擦音，甚至发生心脏压塞，晚期可出现心脏扩大、各种心律失常和心力衰竭等。

4. 血液系统　大多数患者出现贫血，一般为正细胞、正色素性贫血，随着肾功能减退而加重，发生贫血的原因主要与肾脏分泌促红细胞生成素减少，血中存在抑制红细胞生成的物质、红细胞寿命缩短、造血物质（铁和叶酸）缺乏、继发感染等因素有关。

5. 神经系统　患者可有头晕、烦躁不安、思维不集中、失眠或嗜睡、周围神经病变，自主神经症状等亦较多见，严重者可出现意识障碍、抽搐、震颤及肌阵挛等。

6. 皮肤表现　患者可有面色萎黄、水肿，皮肤可干燥、脱屑、无光泽，可出现色素沉着、瘀斑、感染，顽固性皮肤瘙痒常见，与尿素及钙盐沉着等有关。

7. 性腺功能障碍　甲状腺、性腺功能低下。

（三）辅助检查

1. 尿液检查

（1）尿比重　对肾前性与肾性少尿或无尿有鉴别诊断意义，肾前性少尿或无尿比重增高，急性肾小管坏死尿比重一般低于 1.014.

（2）尿量　完全无尿提示两侧完全性尿路梗阻、肾皮质坏死、严重肾小球肾炎及两侧肾动脉栓塞，无尿与突然尿量增多交替是尿路梗阻的特征性表现之一。

（3）尿沉渣　检查尿呈酸性，可见各种管型，尿中含大量病理成分提示为肾性少尿。

（4）尿肌酐及尿素氮测定　尿中排泄量减少。

（5）尿钠　肾前性氮质血症时尿钠显著降低，常为 5mmol/l，而少尿型急性肾小管坏死时约 25mmol/l。

（6）尿渗透压　尿渗透压与血渗透压比值小于 1∶1，表明肾浓缩功能低下。

2. 肾功能检查　血尿素氮和肌酐升高。

3. 血液检查　红细胞及血红蛋白均下降，白细胞增多，血小板减少，可有高钾血症、低钠血症、高镁血症、高磷血症、低钙血症等，二氧化碳结合力亦降低。

4. 滤过钠排泄分数测定　对病因诊断有一定意义，测值 >1 为急性肾小管坏死，见于非少尿型急性肾小管坏死及尿路梗阻，测值 <1 为肾前性氮质血症及急性肾小球肾炎。

5. 中心静脉压测定　鉴别肾前性与急性肾小管坏死有意义，而且对指导治疗亦有作用。

6. 影像学检查　尿路 X 线、超声、CT 及膀胱镜等检查有助于对病因诊断。

7. 肾图　对评价尿路梗阻引起的肾功能受损程度比静脉肾盂造影灵敏。

（四）诊断与鉴别诊断

根据病史、体格检查和必要的辅助检查，做出病因诊断。

选择不同的辅助检查方法可进行鉴别诊断，鉴别肾实质性或肾后性少尿，应选择 B 超或 CT 检查，必要时可进行肾活检，鉴别血容量不足和心力衰竭引起的肾前性少尿可选择中心静脉压测定，还可以对相关疾病进行鉴别检查，如怀疑有糖尿病应进行血糖检测，怀疑溶血性疾病应进行免疫学检查，怀疑中毒应进行毒物分析，怀疑感染性疾病应进行病原学检查等。

（五）急救处理

1. 紧急处理　优先处理危及生命的严重液体过量或水不足、高钾血症。

（1）收入透析室或转诊上级医院，目前透析疗法是常用的肾脏替代治疗，即采用人工方法替代肾脏排泄功能，使血液达到净化。透析指征为：慢性肾衰竭患者出现尿毒症症状，应开始透析。终末期尿毒症以及存在难以纠正的水肿、高血压、心力衰竭、严重代谢性酸中毒和高钾血症等，均应透析治疗。

同时在 ICU 监测生命体征和中心静脉压（CVP），评估血容量是否充足，血容量不足时补液，轻度可口服补液，重度可静脉补液，但是要注意补液的速度和补液量。血容量充足（CVP > 10cmH$_2$O 时），给予呋塞米利尿，血容量过多，有严重高血压、少尿、水肿、心力衰竭等，应严格限制液体入量，可紧急行血液滤过或透析，并给予吸氧、呋塞米、硝酸酯类药物改善心功能。

（2）积极处理高血钾　可通过补液、补碱、利尿、补充钙剂等降低血钾，可给予 10% 葡萄糖酸钙 10 ~ 20ml 缓慢静脉注射，10% 葡萄糖 250ml 加入普通胰岛素 5 ~ 8U 静脉滴注，纠正酸中毒，必要时可行血液透析治疗。

2. 进一步治疗　紧急处理后，治疗酸中毒、低钠血症、高磷血症、脓毒症等。

3. 病因治疗　尽快完成相关检查以明确引起少尿或无尿的病因，处理原则是标本兼治，紧急者优先治疗，肾前性者针对病因予以治疗，如补充血容量，纠正脱水及休克，改善循环，纠正心力衰竭等。肾实质性者根据其原发病给予不同处理，可在补液后使用利尿药物。肾后性少尿或无尿有明确引起梗阻原因者及时解除梗阻，必要时行手术治疗。

（六）快速诊断处理流程及转诊要求

1. 快速诊断处理流程　见图 5 – 5。

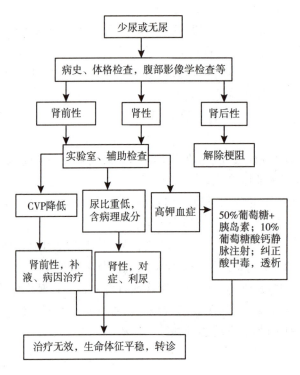

图 5 – 5　少尿无尿的诊疗流程

2. 转诊要求　经补液、利尿等紧急处理症状无缓解，应在保持生命体征稳定前提下及时转入上级医院诊治。

二、急性肾损伤

急性肾损伤（AKI）是内科常见急症，是多种病因引起的短时间内（几小时至几天）肾功能突然下降而出现的临床综合征，表现为血肌酐上升或尿量下降，以往称为急性肾衰竭，近年国际肾脏病和急救医学界将其改为 AKI，以更好反映疾病的病理生理学本质进行早期诊断、早期干预争取改善预后，AKI 可发生在原来无肾脏疾病的患者，也可发生在原有慢性肾脏疾病的患者。

（一）病因和分型

1. 病因　根据发生病变的解剖部位不同分为肾前性、肾性、肾后性三大类（见本书概述），AKI 以急性肾小管坏死（ATN）多见，常由于肾缺血或肾毒性物质（包括外源性毒素如生物毒素、化学毒素、抗生素、对比剂等，内源性毒素如血红蛋白、肌红蛋白等）损伤肾小管上皮细胞引起。

2. 分型　根据表现分少尿型、非少尿型、高分解型。

（1）少尿型　一般经过起始期、维持期（少尿期）、恢复期（多尿期）。

（2）非少尿型　尿量不少，短时间内生肌酐清除率迅速降低。血尿素氮（BUN）和肌酐（Cr）迅速升高，病情较轻，预后好。

（3）高分解型　血 BUN 上升速度每日 >14.3mmol/l，血肌酐上升速度每日 >132.6mmol/l 出现尿毒症脑病。

（二）临床表现

各系统临床表现参见概述，感染是常见而严重的并发症，在病程中可合并多个脏器衰竭，死亡率高。

（三）诊断与分期

按照 2012 年改善全球肾脏病预后组织发布的诊断及分期标准 AKI 诊断标准为：肾功能在 48 小时内突然减退，血清肌酐绝对值升高 ≥0.3mg/dl（26.5μmol/L）或 7 天内血清肌酐增至 ≥1.5 倍基础值，或尿量 <0.5ml/（kg·h）持续时间 >6 小时。

（四）鉴别诊断

1. 急性肾小管坏死（ATN）与慢性肾脏病（CKD）基础上的 AKI 鉴别　后者有 CKD 病史或存在老年、高血压、糖尿病等 CKD 易患因素，双肾体积缩小，明显贫血、肾性骨病和神经病变等提示 CKD 基础上的 AKI。

2. ATN 与肾前性 AKI、肾后性 AKI 等鉴别。

（五）急救处理

尽早识别及纠正可逆病因、维持内环境稳定、营养支持、防治并发症及肾脏替代治疗

1. 去除病因　停用可能具有肾毒性、导致过敏和影响肾脏血流动力学的药物，控制感染，改善心功能等。

2. 维持体液平衡　监测尿量和体重、每日出入液量，入液量 = 前日尿量 +500ml。

3. 饮食和营养　补给充足能量主要由碳水化合物和脂肪供应，蛋白质的摄入量应限制在 0.8g/（kg.d），减少钠、钾、氯的摄入。

4. 纠正酸中毒　碳酸氢钠 1g，3 次/天。

5. 监测肾功能、电解质等指标

6. 替代治疗　适于严重高钾血症（>6.5mmol/l）、代谢性酸中毒（pH <7.15）、容量负荷过重对利尿剂治疗无效、心包炎和严重脑病等情况。

（六）快速诊断处理流程及转诊要求

1. 快速诊断处理流程　见本书概述部分。

2. 转诊要求　各期经紧急处理症状无缓解，应在保持生命体征稳定前提下及时转入上级医院诊治。

知识链接

饮水与排尿

　　水是机体生命活动必不可少的物质，体液的主要成分是水和电解质，水平衡，即水的摄入与排出之间的动态平衡，正常人每天饮水 1000～1500ml，食物含水约 700ml，内生水约 300ml，即每日总入量约 2000～2500ml，同时，机体也通过不同的方式排出一定量的水分，以保证体液平衡，其中通过排尿 1000～1500ml，排便 150ml，呼吸蒸发 350ml，皮肤蒸发 500ml。

　　成人每天产生固体代谢产物 35～40g，尿液的溶解度约 7%，即每天排出有毒的固体代谢产物需要至少尿量 500ml，此时肾脏负担很重，若正常人每日尿量保证在 1000～1500ml 时，肾脏负担明显降低。

　　正常人保证足够的水摄入，可维持正常的体液需求，有利于体内代谢产物通过尿液排出从而降低体内毒物的潴留。按需饮水、按时补水、避免缺水，养成良好的饮水习惯，是机体维持正常生命活动的重要环节。

三、急性尿潴留

　　尿潴留是尿液在膀胱内不能自行排出，急性发作者膀胱胀痛，尿液不能排出，称为急性尿潴留，多见于前列腺肥大的老年患者，缓慢发生者经常有少量持续排尿，可无疼痛，称为慢性尿潴留，又称假性尿失禁。

（一）病因

　　引起急性尿潴留的原因很多，主要有尿道梗阻性疾病、膀胱疾病或功能障碍、神经因素和一些药物作用，可以归纳为以下两大方面。

　　1. 机械性梗阻　膀胱颈部和尿道的任何地方梗阻性病变都会引起尿潴留，如前列腺增生症、前列腺肿瘤、前列腺炎、尿道损伤、尿道狭窄、膀胱尿道结石、肿瘤及异物阻塞膀胱颈或尿道而发生，乳糜尿产生乳糜块也可以引起阻塞产生潴留。

　　2. 动力性梗阻　排尿功能障碍所引起，如麻醉或下腹部手术，中枢或周围神经系统损伤以及各种原因引起低钾血症、高热及昏迷，个别患者因不习惯卧床排尿引起，也可由膀胱过度充盈（如麻醉、饮酒过量、憋尿等）膀胱逼尿肌弛缓导致，某些药物如抗组胺药、抗胆碱能药物、解痉药、三环类抗抑郁药等也可引发。

（二）临床表现

　　患者排尿困难，尿流变细或滴沥状，甚至尿流中断，排空感不明显或无尿意，体格检查耻骨上方可扪及巨大包块、边缘光滑、压之疼痛，叩诊浊音，经导尿后包块消失，膀胱破裂是尿潴留的严重并发症，当患者突然发生腹痛，腹膜刺激征阳性时应考虑膀胱破裂的可能性。

（三）辅助检查

　　可选择肾功能检查和尿液分析，血尿提示存在感染、肿瘤或结石，肾动脉造影、膀胱 X 线平片检查、B 超、尿道及膀胱镜、CT、MRI 有助于病因诊断，此外，在患者急性尿潴留解除、能自行排尿后 B 超还可以测定残余尿量。

（四）诊断与鉴别诊断

　　根据病史、症状、体征及辅助检查不难确诊，女性尿潴留最常见的原因是由于常年憋尿导致的膀胱逼尿肌弛缓并失代偿，年轻人出现的尿潴留很可能是神经系统病变的早期表现，对于有轻、中度膀胱颈梗阻的老年人，某些药物可直接或间接引起尿潴留，50 岁以上的男性在除外良性前列腺增生引起的尿潴留以后，要考虑前列腺肿瘤、继发性感染或外伤、膀胱弛缓症或神经性原因。

（五）急救处理

导尿可快速而有效缓解症状，导尿困难可行膀胱穿刺术或超声定位下行膀胱造瘘术，采用热敷、针灸、按摩、火罐等中医疗法也有一定效果，一旦发生膀胱破裂，应立即进行手术治疗，合并感染者应用抗生素。症状缓解后，要积极治疗原发病。

（六）快速诊断处理流程及转诊要求

1. 快速诊断处理流程　积极分析病因并予以处理，诱导排尿如听流水声，膀胱区域局部按摩、热敷，必要时留置导尿，严重情况予以膀胱穿刺术、造瘘术。

2. 转诊要求　经紧急处理症状无缓解，应在保持生命体征稳定前提下及时转入上级医院诊治。

目标检测

答案解析

一、选择题

[A1/A2 型题]

1. 少尿及无尿的标准分别为（　）
    A. ＜4000ml/24h、＜17ml/24h
    B. ＜400ml/24h、＜100ml/24h
    C. ＜1000ml/24h、＜100ml/24h
    D. ＜500ml/24h、无尿
    E. ＜100ml/24h、＜50ml/24h

2. 最常引起完全无尿的是（　）
    A. 肾前性肾功能衰竭
    B. 肾后性肾功能衰竭
    C. 肾性肾功能衰竭
    D. 大出血、休克
    E. 甲亢

3. 急性肾功能衰竭少尿或无尿期可造成患者死亡的常见原因是（　）
    A. 酸中毒
    B. 高钾血症
    C. 高镁血症
    D. 低钠血症
    E. 低氯血症

4. 患者，男，60 岁，急性肾损伤，血钾 6.9mmol/L，下列治疗措施有原则性错误的是（　）
    A. 补钾
    B. 补碱
    C. 呋塞米利尿
    D. 透析
    E. 补充钙剂

5. 肾后性无尿常见的病因是（　）
    A. 大出血、休克
    B. 双侧输尿管结
    C. 广泛烧伤
    D. 感染性休克
    E. 饮水过多

6. 尿潴留患者叩诊耻骨上部呈（　）
    A. 鼓音
    B. 实音
    C. 浊音
    D. 清音
    E. 啰音

7. 患者，男，60 岁，急性肾损伤患者，血钾 6.9mmol/L，下列治疗措施有原则性错误的是（　）
    A. 补钾 10% 氯化钾 20ml 静脉滴注
    B. 口服钠型树脂 15g，每日三次

C. 山梨醇5g，每小时一次，口服   D. 补碱

E. 透析

8. 前列腺增生伴急性尿潴留治疗不恰当的是（　　）

  A. 导尿并留置尿管   B. 导尿困难者可行耻骨上膀胱穿刺造瘘术

  C. 诱导排尿   D. 梗阻严重者可行前列腺部分切除术

  E. 利尿剂

[A3/A4 型题]

9 ~ 10 题共用题干

患者，男，45 岁，因上吐下泻住某医院，每天通过静脉途径给庆大霉素 24 万单位，共 9 天，近 5 天无尿，眼结膜水肿，腹水，下肢水肿，实验室检查：BUN 42mmo/了，血清肌酐 1.04mmol/L，血清钾 6.8mmol/L。

9. 该患者应诊断为（　　）

  A. 庆大霉素过敏反应   B. 庆大霉素肾中毒导致急性肾损伤

  C. 前列腺肥大   D. 原发病导致缺水

  E. 水中毒

10. 最好的治疗方法是（　　）

  A. 透析治疗   B. 呋塞米利尿

  C. 离子交换树脂及山梨醇保留灌肠   D. 5% 碳酸氢钠溶液静脉注射

  E. 无治疗价值

二、思考题

患者，男，30 岁，工作时不慎跌入沸水池中致全身烫伤，2 小时后急诊入院。体格检查：患者神志清楚，烦躁不安，体温 37.3℃，脉搏 100 次/分，呼吸 26 次/分，血压 100/60mmHg，检查发现沸水烫伤面积达 100%，其中Ⅲ度 52%，深Ⅱ度 43%，浅Ⅱ度 5%。WBC 31.4×10^9/L，RBC 6.88×10^9/L，患者持续少尿直至无尿，血尿素氮从 7.1mmol/L 上升到 22.0mmol/L，立即给予输液、吸氧、抗休克、抗感染、持续心电监护及血液透析等综合治疗后，血尿素氮降至 5.6mmol/L，病情开始好转。请问：

（1）患者少尿及无尿的原因是什么？

（2）治疗原则是什么？

PPT

第六节　急性腹痛

≫ 情境导入

情境描述　患者，男，48 岁。持续性腹痛 6 小时。患者 6 小时前高脂餐后出现上腹部持续性疼痛，向腰背部放射。发病以来尿量、尿色正常。有排气、排便。既往体健。偶少量饮酒。查体：T 37.1℃，P 82 次/分，R 20 次/分，BP 120/80mmHg。巩膜无黄染。双肺未闻及干湿性啰音，心界不大，心率 72 次/分，律齐，各瓣膜听诊区未闻及杂音。上腹部压痛，无反跳痛，肝脾肋下未触及，移动性浊音（－），肠鸣音 4 次/分。双下肢无水肿。辅助检查：血常规示：Hb 130g/L，RBC 3.8×10^{12}/L，WBC 10.5×10^9/L，N 0.78，Plt 220×10^9/L。血淀粉酶 690U/L。

讨论　1. 该患者腹痛是由于什么疾病引起的？

      2. 如何缓解患者的腹痛？

一、概述

急性腹痛是急诊患者最常见的情况之一，多数由腹部器质性疾病引起，也可由腹外脏器病变引起，急性腹痛的特点是起病急骤、病因复杂、发展快、变化多，病情严重程度不一，需要及时做出诊断和处理。如果诊断不及时或处理不当可能产生严重后果，甚至可能危及患者生命。

（一）分类及临床特点

1. 按常见病因分类

（1）炎症性腹痛　腹痛、发热、压痛或腹肌紧张如急性阑尾炎、急性胆囊炎等。

（2）脏器穿孔性腹痛　突发持续性腹痛、腹膜刺激征、气腹征，如胃十二指肠溃疡穿孔、伤寒肠穿孔等。

（3）梗阻性腹痛　阵发性腹痛、呕吐、腹胀、排泄障碍，如胆道系统结石、输尿管结石、肠梗阻等。

（4）出血性腹痛　腹胀、腹痛、隐性出血或显性出血、失血性休克，如异位妊娠破裂出血、腹主动脉瘤破裂出血等。

（5）缺血性腹痛　持续腹痛、随缺血坏死而出现的腹膜刺激征，如肠系膜动脉栓塞、卵巢囊肿蒂扭转等。

（6）损伤性腹痛　外伤、腹痛、腹膜炎或内出血症候群，如车祸导致的肝、脾等实质性脏器破裂或胃、肠等空腔脏器破裂。

（7）功能紊乱性或其他疾病所致腹痛　无明确定位的腹痛、精神因素和全身性疾病史，如肠易激综合征、慢性重金属中毒、糖尿病酮症酸中毒等。

2. 按腹痛类型分类

（1）内脏性腹痛　痛觉由内脏神经感觉纤维传导，痛觉迟钝，对机械性刺激不敏感，对牵拉、痉挛及缺血、炎症刺激敏感。过程缓慢、持续，痛感弥散，定位不准确。

（2）躯体性腹痛　即腹壁痛。是来自腹膜壁层以及腹壁的痛觉信号，经体神经传至到脊神经根，反映到相应脊髓节段所支配的皮肤。定位通常比较准确，可以在腹部一侧。疼痛比较剧烈尖锐，还伴有局部的腹肌强直。如麦氏点疼痛。

（3）牵涉性疼痛（牵涉痛）　又称放射性疼痛（放射痛），是指某些内脏器官病变时，在体表一定区域产生感觉过敏或疼痛感觉的现象。表现为患者感到身体体表某处有明显痛感，而该处并无实际损伤。

3. 按专科分类
不同专科的急性腹痛有各自不同的特点，但也不能严格划分。一般内科疾病引起的急性腹痛会有先发热或先呕吐的表现，疼痛、压痛的部位多不固定，程度轻，无腹膜刺激征。外科疾病引起的急性腹痛，腹痛是最先出现或最主要的症状，部位固定，程度重，以病灶部位最为显著，压痛明显，可伴发热，但多在腹痛之后出现。妇科疾病引起的腹痛，疼痛部位以下腹部或盆腔内为主，常与月经周期有关，妇科检查通常可明确病因。腹外器官引起的腹痛常出现症状、体征不相符的情况，而且腹痛通常都由严重的腹外器官病变引起，因此需要格外注意此类情况。

（二）诊断与鉴别诊断

1. 诊断

（1）炎症性病变　通常见于有胆石症、泌尿系结石症的患者。起病较缓，腹痛由轻至重，呈持续性钝痛或隐痛，若持续性伴阵发性加剧多提示炎症与梗阻并存；有固定压痛点，伴反跳痛、肌紧张；还有一些特殊表现，如急性阑尾炎可有转移性腹痛；胆绞痛可向右肩背部放射；胰腺炎引起的疼痛可放射至左腰背部；肾绞痛可向大腿内侧及会阴部放射等。此类腹痛会伴体温升高、白细胞计数和中性粒细胞计数升高，急性胰腺炎可有血、尿淀粉酶升高。

（2）穿孔性病变　通常见于有溃疡病和慢性胃痛史，加之暴饮暴食或情绪、季节变化等诱因后发病。腹痛较突然，呈刀割样持续性剧痛；迅速出现腹膜炎征，波及全腹，病变处最为显著；腹式呼吸减弱或消失，肝浊音界缩小或消失，移动性浊音阳性，肠鸣音减弱或消失；腹腔穿刺可抽到胃液、胆汁、肠液或食物残渣，约80%的患者可在腹部立位X线检查见膈下游离气体。

（3）梗阻性病变　婴幼儿及儿童多由急性肠套叠、消化道蛔虫病引起；成年人多见于有腹部手术史、腹膜炎史者等。起病急，阵发性绞痛为著，初期多无腹膜刺激征；伴随呕吐、腹胀、排便与排气不畅、粪便性状异常、黄疸等。肠梗阻腹胀明显，可有肠型和肠蠕动波，X线可见液平面，若出现绞窄，则腹痛剧烈难以忍受，腹腔穿刺可抽到血性液体；胆道和输尿管梗阻，疼痛剧烈，患者痛苦难忍，面色苍白，胆绞痛发作时常伴黄疸或陶土样大便，肾绞痛发作时常伴血尿，B超提示梗阻以上部位扩张，约95%的泌尿系结石患者可在平片上发现结石影。

（4）出血性病变　患者多有外伤史。腹痛多在外伤后迅速发生，以失血为主的全身表现较腹痛重，常早期就出现失血性休克，移动性浊音阳性，腹腔穿刺抽出不凝血；直肠指诊可有直肠前壁触痛性包块或指套染血。育龄期的女性要注意询问月经史，已婚妇女可行阴道后穹窿穿刺或腹壁阴道双合诊。

（5）缺血或绞窄性病变　病变迅速，持续性腹痛阵发性加剧，程度重；易出现腹膜刺激征或发生休克；可有黏液血便或腹部局限性固定浊音区等。急性肠系膜上动脉闭塞是肠缺血最常见的原因，患者有冠心病或房颤史，初始即发生剧烈的腹部绞痛，难以用一般药物缓解。症状重、体征轻是急性肠缺血的特征。

2. 鉴别诊断

（1）性别与年龄　婴幼儿及儿童急性腹痛，常见于肠套叠、蛔虫病、肠系膜淋巴结炎等。青年人多见于急性阑尾炎、溃疡急性穿孔、急性胰腺炎等。中老年妇女右上腹痛多见于胆囊炎或胆石症。育龄期妇女急性腹痛多见于异位妊娠破裂或卵巢囊肿蒂扭转。

（2）既往史及诱因　有胆道疾病、溃疡病史，暴饮暴食后突发上腹部疼痛，考虑急性胰腺炎、急性胃十二指肠穿孔。有泌尿系结石史，突发侧腰部绞痛，考虑输尿管结石。有生食蔬果、肉类，或有排蛔虫、吐蛔虫史，突发钻顶样疼痛，考虑蛔虫病。有腹部手术史、腹膜炎史，发生急性腹部绞痛并伴有排气排便不畅，考虑粘连性机械性肠梗阻。

（3）病变脏器　根据出现不同的临床特点，常可初步判断是空腔脏器病变还是实质脏器病变，见表5-4。

表5-4　实质脏器与空腔脏器病变特点

	实质脏器	空腔脏器
病理	内出血	细菌感染
腹痛	较轻	较重
腹膜刺激征	较轻	较重
休克类型	失血性休克	感染性休克
休克出现	较早	较迟
腹腔穿刺	不凝血	消化液、脓液
腹腔穿刺液涂片	红细胞为主	脓细胞为主
血常规	RBC↓、Hb↓	WBC↑

（三）急救处理

首先要对患者全身情况、腹部情况进行判断，是否属于危重情况，需要作何紧急处理。无论诊断是否明确，均应考虑患者有无急诊手术，包括开腹探查的适应证，根据病情变化随时调整治疗方案。

1. 保守治疗

（1）适应证　①暂难肯定诊断，但患者全身状况良好者；②一般状态极差，不能耐受手术者；③诊断明确，病理损害较轻，炎症较局限，全身状况良好，临床症状不明显者。

（2）方法　①禁饮禁食，并给予有效的胃肠减压。②取半卧位，可缓解腹部肌紧张，减轻疼痛，有利于腹腔液体引流至盆腔，减少发生膈下积液感染的机会；伴有休克者采用休克体位，即头和躯干抬高15°～30°、下肢抬高15°～20°以增加回心血量。③积极补液，纠正水、电解质及酸碱平衡，必要时输血。④应用有效抗生素控制感染。⑤对症处理，高热时采用物理降温或解热镇痛剂；一般腹痛可给予解痉镇痛，对于未能明确诊断的急性腹痛禁用吗啡类止痛剂；不能排除肠坏死或肠穿孔前，禁用导泻或灌肠。⑥对危重患者应行重症监测，包括呼吸功能、血气、肝肾功能等。根据血流动力学监测随时调整用药、给氧的速度和量、补液成分。留置尿管，详细监测出入量。对有手术指征或有失血的患者，应做输血的准备。对短期内不能恢复进食的患者，早期给予胃肠道外营养。

2. 手术治疗

（1）手术指征　①诊断明确的需要急诊手术的常见疾病，如急性阑尾炎、化脓性梗阻性胆总管炎、化脓性胆囊炎、溃疡病急性穿孔伴有弥漫性腹膜炎、绞窄性肠梗阻、肝癌破裂出血等。②诊断不明但腹痛持续性加重者。③经积极的非手术治疗不能遏制病情发展的患者。④症状和体征不相符者，如腹膜刺激征不典型，但腹胀严重、体温和白细胞计数上升或出现意识淡漠、血压下降、皮肤湿冷等休克早期征象者，应尽快行剖腹探查术。

（2）手术方法　①切除病灶：如阑尾、坏死肠管、破裂严重的肝脾等；②穿孔修补：如胃、肠穿孔或输卵管破裂修补术；③造瘘减压：如胆囊造瘘、肠造瘘等；④腹腔清洗引流：灌洗腹腔，去除异物，吸尽积液，放置引流物并持续观察；⑤术后处理：如营养支持、预防感染、动态观察病情、健康教育等。

（四）快速诊断处理流程及转诊要求

1. 快速诊断处理流程　见图5-6。

2. 转诊要求　经一般处理及积极治疗原发病无缓解，应在保持生命体征稳定前提下及时转入上级医院诊治。

二、急性阑尾炎

急性阑尾炎是临床上最多见的外科急腹症。无特定发病年龄及发病人群，大部分急性阑尾炎患者具有典型的症状和体征，但部分特殊人群如幼儿、老年人、孕妇、肥胖者、盲肠后位阑尾者等，症状可不典型，若延误诊治，可引起严重并发症，需格外小心。

阑尾起于盲肠根部，附于盲肠后内侧壁、三条结肠带汇合点。体表投影麦氏（McBurney）点，即右髂前上棘至脐连线中外交点处。但阑尾尖端游离，位置多变。

阑尾动脉：系回肠动脉的分支，是一条无侧支的终末动脉，发生血运障碍时，易致阑尾坏死。

阑尾静脉：最终回流至门静脉，阑尾炎时，菌栓脱落，可导致门静脉炎和细菌性肝脓肿。

（一）病因

1. 阑尾管腔阻塞　最常见。

（1）引起阻塞最常见的原因是淋巴滤泡明显增生，约占60%。

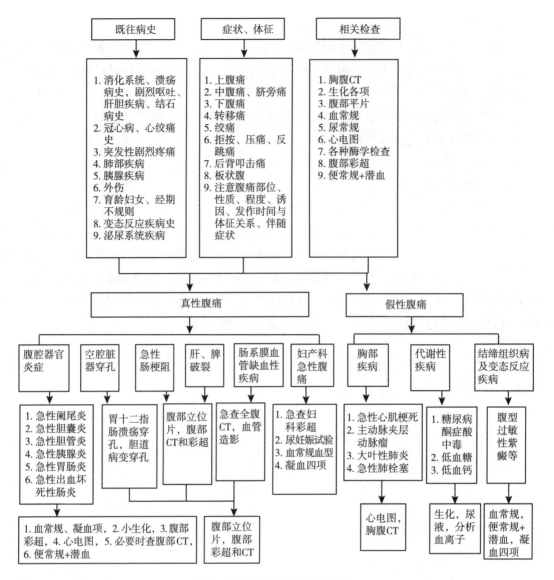

图 5-6 急性腹痛的诊疗流程

（2）异物嵌顿常见粪石，约占 35% 。其余还见于炎性狭窄、食物残渣、蛔虫、粪石、肿瘤等。

2. 细菌入侵 毒素→损伤黏膜上皮形成溃疡→细菌侵入肌层→阑尾管壁压力升高→血运障碍→坏死。

（二）临床病理分型

1. 急性单纯性阑尾炎 属轻型或早期，病变局限于黏膜和黏膜下层。阑尾轻度肿胀，表面充血，浆膜失去光泽，腔内少量渗液。

2. 急性化脓性阑尾炎 又称急性蜂窝织炎性阑尾炎。病变到达肌层和浆膜层，阑尾肿胀、充血明显，腔内大量积脓，表面覆盖脓性分泌物，引起局限性腹膜炎。

3. 坏疽性及穿孔性阑尾炎 属重型，管壁坏死，穿孔多位于根部或尖端，引起弥漫性腹膜炎。

4. 阑尾周围脓肿 重型阑尾炎被大网膜包裹、粘连，炎症局限形成阑尾周围脓肿。转归：①炎症消退→慢性阑尾炎；②炎症局限化，如阑尾周围脓肿；③炎症扩散，如弥漫性腹膜炎、门静脉炎、感染性休克等。

（三）诊断

1. 症状

（1）腹痛 始于中上腹→脐周6～8小时后→疼痛转移并局限在右下腹→典型转移性右下腹痛（70%～80%可出现）。不同位置阑尾炎，疼痛部位不同。不同类型阑尾炎，疼痛性质如下。①急性单纯性阑尾炎：轻度隐痛。②急性化脓性阑尾炎：阵发性胀痛、剧痛。③坏疽性阑尾炎：持续性剧烈腹痛。④穿孔性阑尾炎：穿孔后腹痛可暂时减轻，出现腹膜炎后又加剧。⑤阑尾周围脓肿：持续性腹痛，部分患者可不明显。

（2）胃肠道症状 早期可伴恶心、呕吐、腹泻、厌食等。盆腔位阑尾炎可有里急后重和尿频尿急、尿痛症状。继发腹膜炎可有腹胀等麻痹性肠梗阻症状。

（3）全身症状 轻型阑尾炎体温轻度升高，一般不超过38℃；若体温达39℃以上，则提示阑尾化脓、坏疽、穿孔；腹膜炎时可有畏寒、高热；发生门静脉炎还会出现寒战、高热、黄疸。

2. 体征

（1）右下腹压痛 是最重要的体征。通常位于麦氏点，可随阑尾位置变异、炎症扩散而改变，但压痛点始终固定在阑尾部且最为明显。

（2）腹膜刺激征 当阑尾化脓、坏疽、穿孔时，由于炎症刺激腹膜壁而出现压痛、反跳痛和肌紧张，但需注意幼儿、老年人、孕妇，以及肥胖、盲肠后位阑尾患者，腹膜刺激征可不明显。

（3）右下腹包块 右下腹若有压痛、固定、边界不清的包块，结合阑尾炎病史，提示阑尾周围脓肿。

（4）其他体征 ①结肠充气试验：先用左手压患者降结肠，再以右手压升结肠，右手逐步沿降结肠移动至横结肠，将气体赶向盲肠和阑尾，引起右下腹疼痛为阳性。②腰大肌试验：患者取左侧卧位，将右下肢向后过伸，引起右下腹痛为阳性。表面阑尾位置在盲肠后近腰大肌处。③闭孔内肌试验：患者仰卧，右髋、右大腿及膝关节前屈90°并内旋，右下腹痛为阳性。表明阑尾位置较低，靠近闭孔内肌。④直肠指检：当炎症波及盆腔时，直肠前壁可有触痛；阑尾周围脓肿形成有时可触及痛性肿块。

3. 实验室检查 白细胞计数一般可升高，化脓或坏疽性阑尾炎可高达（18～20）×10⁹/L、中性粒细胞比例可达90%以上。育龄期女性应查β－hCG，以排除异位妊娠。

4. 影像学检查 多用于鉴别诊断。

（1）腹部X线平片 可见盲肠扩张、气液平面，偶见钙化粪石、异物影等。

（2）腹部B超 可见肿大的阑尾或脓肿。

（3）腹腔镜 既可诊断，又可在镜下切除阑尾。

（四）鉴别诊断

1. 胃十二指肠溃疡穿孔 患者有溃疡病史，突发上腹部刀割样疼痛，腹部立位X线片见膈下游离气体影。

2. 右侧输尿管结石 侧腰部剧烈绞痛并向大腿内侧及会阴部放射，尿常规示大量红细胞，B超或X线片在输尿管走形部位可见结石影。

3. 妇产科疾病 有月经史，阴道后穹窿穿刺和腹部B超可确诊。

4. 急性肠系膜淋巴结炎 儿童多见。多有上呼吸道感染史，压痛点广泛且不固定。

（五）治疗

绝大多数急性阑尾炎一旦确诊，应尽早行阑尾切除术。目前手术方式有开腹阑尾切除术、腹腔镜辅助下阑尾切除术、腹腔镜下阑尾切除术。如阑尾穿孔已被包裹形成阑尾周围脓肿，病情稳定，宜应用抗生素治疗或联合中药治疗促进脓肿的吸收，也可在超声引导下穿刺抽脓或置管引流。

（六）特殊类型阑尾炎

1. 婴幼儿急性阑尾炎

（1）临床特点 ①病情发展较快且重，早期即出现高热、呕吐等；②右下腹体征不明显，很少有局部明显的肌紧张；③穿孔率可达30%，并发症及死亡率也较高。

（2）处理原则 早期手术，并配合输液、纠正脱水、应用广谱抗生素等。如有穿孔可用抗生素溶液冲洗腹腔，充分引流。

2. 老年人急性阑尾炎

（1）临床特点 ①临床表现轻，体征不典型，很容易延误诊治；②穿孔和其他并发症的发生率都较高；③因常伴发心血管病、糖尿病、肾功能不全等，使病情更加复杂、严重。

（2）处理原则 及时手术治疗，同时注意老年患者内科疾病的处理。

3. 妊娠期急性阑尾炎

（1）临床特点 ①妊娠时因盲肠被子宫推压上移，故压痛点偏向上外侧；②因腹肌被伸直而使压痛和肌紧张等体征不够明显；③因子宫增大，腹膜炎不易局限而在上腹部扩散；④炎症发展后易导致流产和早产。

（2）处理原则 ①以阑尾切除为主，妊娠后期的感染难以控制，应早期手术；②手术切口需偏高，操作要细致，尽量不用引流管，减少对子宫的刺激；③临产期的急性阑尾炎如合并穿孔或全身感染症状严重时，可考虑行剖宫产术，同时切除病变阑尾。

三、异位妊娠

凡受精卵在子宫体腔以外的任何部位着床者，均称为异位妊娠，习惯称为宫外孕，是妇产科最常见的急腹症之一，是孕妇孕早（中）期死亡的主要原因。近年来有发病率上升的趋势。根据受精卵着床部位不同，有输卵管妊娠、卵巢妊娠、腹腔妊娠、宫颈妊娠及子宫残角妊娠等。其中，以输卵管妊娠最多见，占95%左右。

输卵管妊娠的发病部位以壶腹部最多，占55%~60%；其余依次为峡部，占20%~25%；伞端，占17%；间质部妊娠最少，仅占2%~4%。

（一）病因

1. 输卵管结构和功能异常

（1）输卵管炎症 是异位妊娠发病的主要原因。炎症使输卵管内膜粘连，导致管腔狭窄，管壁蠕动减弱，使卵子在输卵管内受精，而受精卵却不能回到宫腔。

（2）输卵管功能异常 受内分泌和精神因素影响使得受精卵提前着床。

2. 输卵管及其他盆腔手术 如输卵管妊娠、输卵管整形、绝育术等。

3. 输卵管发育不良或畸形 结扎后再通，使受精卵运行受到阻碍，而停留于输卵管内着床并发育。

4. 子宫内膜异位症

5. 盆腔肿瘤 如子宫肌瘤、卵巢肿瘤压迫或牵引，使输卵管移位或变形，阻碍受精卵通过。

6. 受精卵游走 孕卵在一侧输卵管受精后，沿着伞端能游到对侧输卵管，由于时间延长，尚未走到子宫腔内就具备了着床能力，而形成异位妊娠。

（二）临床表现

1. 症状

（1）停经史 70%~80%的患者有停经史，一般为6~8周，也有部分患者无明显停经史。

（2）腹痛　为最常见的症状，90%以上的患者主诉腹痛，可为隐痛、胀痛、坠痛、绞痛或撕裂样的痛，常突然发作，持续或间歇出现。

（3）阴道流血　典型出血为量少、点滴状、色暗红，持续性或间歇性。少数患者有似月经量的出血，可伴有蜕膜碎片排出。有的患者无阴道流血。

（4）晕厥与休克　由于腹腔内急性出血及剧烈腹痛，轻者晕厥，重者出现休克。出血越多越快，症状出现也越迅速越严重，但与阴道流血量不成比例。

（5）腹部包块　当输卵管妊娠流产或破裂所形成的血肿时间较久者，因血液凝固与周围组织或器官（子宫、输卵管、卵巢、肠管或大网膜等）发生粘连形成包块，包块较大或位置较高者，可于腹部触得。

2. 体征

（1）一般情况　腹腔内出血较多时，呈贫血貌。大量出血时，患者可出现面色苍白、脉快而细弱、血压下降等休克表现。体温一般正常，出现休克时体温略低，腹腔内血液吸收时体温略升高，但不超过38℃。

（2）腹部检查　有明显内出血时，下腹有压痛及反跳痛，尤以患侧为著，但腹肌紧张轻微，出血较多时，叩诊有移动性浊音。若反复出血并积聚粘连包裹，可形成包块并不断增大变硬，下腹部可触及包块。

（3）妇科检查　①输卵管妊娠未发生流产或破裂者，除子宫略大较软外，可能触及胀大的输卵管并有轻度压痛。②输卵管妊娠流产或破裂者，阴道后穹窿饱满有触痛，宫颈举痛或摇摆痛明显，子宫稍大而软，内出血多时，检查子宫有漂浮感。③子宫一侧或其后方可触及形状不规则肿块，边界不清楚，触痛明显。病变持续较久时，肿块机化变硬。④输卵管间质妊娠时，子宫大小与停经月份基本符合，但子宫不对称，一侧角部突出，破裂所致内出血征象极为严重。

（三）诊断与鉴别诊断

根据临床表现，结合实验室检查结果，不难确诊。

1. 诊断

（1）血、尿 hCG 测定　是目前早期诊断异位妊娠的重要方法。

（2）孕酮测定　血清孕酮水平低于 10ng/ml（放射免疫法测定），常提示异常妊娠，其准确率在90%左右。

（3）超声诊断　腹部 B 超检查对异位妊娠的诊断尤为常用，阴道 B 超检查较腹部 B 超检查准确性更高。

（4）诊断性刮宫　在不能排除异位妊娠时，可行诊断性刮宫术，获取子宫内膜进行病理检查。

（5）阴道后穹窿穿刺或腹腔穿刺　穿刺辅助诊断异位妊娠被广泛采用，常可抽出不凝血。若未抽出液体，也不能排除异位妊娠的诊断。

（6）腹腔镜检查或剖腹探查　诊断金标准。在腹腔镜直视下进行检查，可及时明确诊断，并可同时行手术治疗。

2. 鉴别诊断

（1）先兆流产　先兆流产腹痛一般较轻，子宫大小与妊娠月份基本相符，阴道出血量少，无内出血表现。B 超可鉴别。

（2）卵巢黄体破裂出血　黄体破裂多发生在黄体期，或月经期。但有时也难与异位妊娠鉴别，特别是无明显停经史，阴道有不规则出血的患者，常需结合 β - hCG 进行诊断。

（3）卵巢囊肿蒂扭转　患者月经正常，无内出血征象，一般有附件包块病史，囊肿蒂部可有明显压痛。经妇科检查结合 B 超即可明确诊断。

（4）急性盆腔炎 急性或亚急性炎症时，一般无停经史，腹痛常伴发热，血象、血沉多升高，B 超可探及附件包块或盆腔积液，尿 HCG 可协助诊断。

（5）外科情况 急性阑尾炎，常有明显转移性右下腹疼痛，多伴发热、恶心呕吐、血象增高。输尿管结石，下腹一侧疼痛常呈绞痛，伴同侧腰痛，常有血尿。结合 B 超和 X 线检查可确诊。

（四）治疗

1. 手术治疗 异位妊娠的发生率，近年有上升趋势，对其治疗原则是以手术治疗为主，方式有剖腹手术和腹腔镜手术。腹腔镜手术以其手术创伤小，脏器功能干扰轻，患者痛苦小，皮肤瘢痕小或无，术后恢复快，住院天数短等优点基本替代了开腹手术。

2. 非手术治疗 对于早期异位妊娠、要求保留生育功能的年轻患者，无药物治疗禁忌证，输卵管妊娠未破裂且包块直径≤4cm，血 $\beta-hCG < 1000U/L$，无明显内出血，可给予前列腺素、米非司酮、甲氨蝶呤以及中药治疗。

四、急性肠梗阻

急性肠梗阻是任何原因引起的肠内容物不能正常运行、顺利通过肠道。成年人以腹腔手术或腹膜炎后引起粘连性肠梗阻多见；新生儿肠梗阻以肠道畸形多见；2 岁以内儿童以肠套叠多见；老年人以粪石堵塞多见。

（一）病因和分类

1. 机械性肠梗阻 最常见。

（1）肠腔阻塞 寄生虫、粪石、异物等。

（2）肠管受压 扭转、嵌顿性疝、肿瘤压迫等。

（3）肠壁病变 先天性肠道闭锁、肠肿瘤等。

2. 动力性肠梗阻 由神经反射、毒素刺激引起，无器质性肠腔狭窄，如急性弥漫性腹膜炎、大手术所致的麻痹性肠梗阻。

3. 血运行肠梗阻 由肠系膜上动脉栓塞或血栓形成、肠系膜上静脉血栓形成所致。

（二）临床表现

1. 症状

（1）腹痛 多为阵发性绞痛。

（2）恶心、呕吐 梗阻部位越高，呕吐发生越早、越频繁。若低位梗阻，早期可仅有恶心，晚期可吐出粪便样物。

（3）腹胀 高位梗阻腹胀不明显，低位梗阻腹胀明显。

（4）肛门停止排气和排便 高位梗阻者，下段可有少量大便排出，但不排气。

（5）严重者可出现脱水、酸中毒和休克。

2. 体征

（1）视诊 可见肠型和肠蠕动。

（2）触诊 一般腹软，有压痛，或可能摸到肿块。

（3）叩诊 呈鼓音，若腹腔内积液较多时有移动浊音。

（4）听诊 可闻及振水音、气过水声、金属音等。当肠绞窄或肠麻痹时，肠鸣音明显减弱或消失。

3. 直肠指诊 直肠壶腹部有空虚感，或摸到肿块，注意指套有无血染。

4. X 线检查 立位、侧卧位腹膜透析和腹部平片常可见多个阶梯状液平面及胀气肠袢。疑有结肠梗阻者可做钡剂灌肠检查。

(三) 诊断与鉴别诊断

根据典型表现、体格检查和 X 线表现，不难诊断急性肠梗阻。但需进一步明确：是机械性还是动力性；是单纯性还是绞窄性；是完全性还是不全性；是高位还是低位；是什么原因引起。其中，最关键的是要判断是单纯性还是绞窄性，以明确肠管壁有无血运障碍。尚需要与以下疾病进行鉴别。

1. 急性胆囊炎、胆石症 为右上腹阵发性疼痛或持续性阵发性加剧，可向右肩及背部放射，可触及肿大的胆囊，墨菲征阳性，腹部 X 线平片可见胆囊周围炎性刺激产生肠管积气，但无液平，B 超检查可发现胆囊胆道病变及结石影。

2. 卵巢囊肿扭转 下腹部有持续性疼痛伴阵发性加剧，有压痛、反跳痛，可触及肿大的包块，B 超可提示卵巢囊肿，妇科检查可明确诊断。

3. 急性胰腺炎 上腹部疼痛，持续性向腰背部放射或向双肩部放射，常有胆石症病史或有暴饮暴食病史，血、尿淀粉酶及血清脂肪酶均有明显升高，B 超有胰周水肿和胰周积液，增强 CT 扫描可明确诊断。

4. 胃十二指肠穿孔 上腹部剧痛，一般有胃溃疡或者十二指肠溃疡的病史，腹部肌肉高度紧张，呈板样。腹部立位 X 线片可以看到膈下游离气体。

5. 急性阑尾炎 典型的疼痛部位是右下腹痛或者右下腹局限性压痛，也有部分患者刚发病时出现全腹部的疼痛，进而转为右下腹疼痛，如果并发穿孔，则出现全腹痛和腹膜炎体征。腹部影像学检查可鉴别。

(四) 治疗

治疗原则是矫正因肠梗阻所引起的全身生理功能紊乱和解除梗阻。

1. 保守治疗 对麻痹性及部分单纯性肠梗阻有效。

(1) 胃肠减压。

(2) 积极补液和电解质，并及时纠正水、电解质紊乱和酸碱平衡失调。

(3) 应用抗生素防止感染。

2. 手术治疗 绞窄性、完全性、外疝性、肿瘤性及血管性肠梗阻应首先考虑手术疗法。手术方法以简便、快速、有效为原则，具体方法则根据梗阻的原因、性质、部位和患者全身情况决定，如肠粘连松解术、肠部分切除术、肠短路吻合术等。

五、急性胰腺炎

急性胰腺炎（AP）只是指由多种病因引起自身胰酶被激活，继以发生胰腺局部及全身性炎症反应。临床以急性上腹痛、恶心、呕吐、发热和血胰酶增高等为特点。病变程度轻重不等，轻者以胰腺水肿为主，又称为轻症急性胰腺炎。少数重者的胰腺出血坏死，常继发感染、腹膜炎和休克等，称为重症急性胰腺炎（SAP），是急性胰腺炎最严重的临床类型，多在急性胰腺炎的同时出现一个或多个持续 48 小时以上、不能自行恢复的器官功能衰竭，死亡率极高。

(一) 病因及发病机制

1. 病因 急性胰腺炎的病因及发病过程复杂，常见病因是胆管结石、饮酒、代谢性的疾病，比如患者有尿毒症很容易合并胰腺炎，还有患者长期服用一些药物，比如噻嗪类的利尿药也可以发生胰腺炎。我国最常见的病因是胆源性，50% 以上是由胆道疾病所致，而发达国家则以酒精性为主（>80%），但我国目前由酒精性和高脂性原因引起 SAP 的发病率呈明显上升趋势。

2. 发病机制 胰腺分泌多种消化酶和胰酶因子，多数酶以无活性酶原形式存在，正常情况下胰酶不会对胰腺发生自身消化，当出现胆道炎症，细菌毒素通过胆胰淋巴管交通支到胰腺。由于胆汁或者十二指肠液反流入胰管，胰消化酶原被激活，同时在各种致病因素作用下，胰腺自身消化的防卫功能被削弱，导致胰腺出现自身消化、水肿、出血甚至坏死的炎症反应。临床病理常把急性胰腺炎分为水肿型和出血坏死型两种。

（二）临床表现

1. 症状和体征

（1）腹痛 通常是本病的首发症状或主要表现。多在大量饮酒或饱餐后急性发作。典型者出现中上腹部剧烈绞痛或刀割样疼痛，常持续性伴阵发性加剧。半数患者伴有左肩或腰背部的放射痛。

（2）发热 早期多为中低热，若继发于胆管炎或合并腹膜炎时可有寒战、高热。

（3）黄疸 由于肿大的胰头使胆总管受压或肝损伤所致，黄疸越重，病情也越重。

（4）恶心、呕吐 呕吐物多为胃内容物，重型可为血性；呕吐后腹痛不缓解。晚期有明显腹胀。

（5）低血压或休克 大多数重症急性胰腺炎均会出现不同程度的低血压或休克，甚至猝死。

（6）手足抽搐 血钙降低所致，如血清钙 <1mmol/L 提示病情严重。

（7）皮肤改变 脐周皮肤呈青紫色称为 Cullen 征；前下腹壁及腰部皮肤青紫称为 Grey – Turner 征。是重症胰腺炎的典型改变，但发生率较低。

2. 胰外器官表现 急性胰腺炎发病后，特别是重症胰腺炎，不仅有局部炎症，常是以胰腺为始发点的全身多器官衰竭。①急性呼吸窘迫综合征（ARDS）：是重症胰腺炎的重要并发症；②急性肾衰竭（ARF）；③循环功能衰竭；④胰性脑病（PE）：表现为耳鸣、复视、幻觉、狂躁、语言障碍、肢体僵硬、意识障碍及昏迷等，是重症胰腺炎的危险并发症之一；⑤弥散性血管内凝血（DIC）；⑥全身炎症反应综合征（SIRS）与脓毒症；⑦腹腔间隔室综合征（ACS）。

（三）辅助检查

1. 实验室检查 ①重症胰腺炎患者白细胞计数可达 $20 \times 10^9/L$ 以上，并出现核左移；由于大量体液丢失，还有血细胞比容增高、血红蛋白降低。②肾功能受损时可有蛋白尿、管型尿和血尿。③血清淀粉酶 >500U/L，发病后 3～12 小时开始升高，值越高，诊断率越高，但不一定和病情呈正比；尿淀粉酶 >300U/L，发病后 12～24 小时开始升高，可持续 1～2 周；脂肪酶在发病后 24 小时内开始升高，超过正常值 3 倍以上有诊断意义，且对 SAP 的诊断具有较高的特异性。④SAP 常伴血清钙降低，可 <1mmol/L，其水平及恢复速度可在一定程度上反映病情的轻重。⑤C 反应蛋白（CRP）：发病 72 小时后，CRP >150mg/L 常提示胰腺坏死。

2. 影像学检查

（1）腹部平片 可见肠腔充气，十二指肠或小肠胀气（"警哨肠曲"征），甚至出现膈下游离气体或结肠截断征；还可见胰腺体积增大、密度增高。

（2）腹部 CT CT 扫描是目前推荐作为诊断急性胰腺炎的标准影像学方法。CT 增强可发现胰腺坏死部位密度减低，发病 1 周左右的增强 CT 诊断价值更高，可有效区分液体积聚和坏死的范围，对脓肿和囊肿也有很好的定位作用。

3. 腹腔穿刺 可根据穿刺液的颜色、气味、性质判断疾病的严重程度。

（四）诊断与鉴别诊断

1. 诊断标准 符合以下 3 项中的 2 项，即可诊断为急性胰腺炎（AP）：①与 AP 符合的腹痛（急性、突发、持续、剧烈的上腹部疼痛，常向背部放射）。②血清淀粉酶和（或）脂肪酶至少 > 3 倍正常上限值。③增强 CT/MRI 或腹部超声符合 AP 影像学改变。

2. 鉴别诊断

（1）胃十二指肠穿孔　溃疡病史，突发刀割样腹痛，腹膜刺激征，肠鸣音消失、肝浊音界缩小或消失，X 线见膈下游离气体。

（2）胆道疾病　右上腹绞痛并向右肩背部放射，常伴寒战、高热、黄疸，墨菲征阳性，B 超、X 线片见胆石症、胆囊炎征象。

（3）急性肠梗阻　腹痛、呕吐、腹胀、排气排便障碍，可见肠型、蠕动波，肠鸣音亢进或气过水声，X 线片见多个气液平面。

（4）急性心肌梗死　少数患者表现为上腹剧痛，伴恶心、呕吐，心电图显示急性心肌梗死样改变，血清心肌酶（CK – MB、肌红蛋白、肌钙蛋白）增高，血尿淀粉酶正常。

（5）肾绞痛　侧腰部阵发性剧烈绞痛，可向大腿内侧、会阴部放射，可伴膀胱刺激征及血尿，X 线片或 B 超可见输尿管内结石影。

（6）肠系膜血管栓塞　大多患者有心血管病史，中腹部急性发作的腹胀、腹痛，腹腔动脉造影可见血管栓塞征象。

（五）急救处理

治疗原则：抑制胰酶分泌、缓解疼痛，补充液体，维持水、电解质平衡，抗休克、防治局部及全身并发症。轻型均采用非手术治疗，重型非手术治疗同时严密观察病情，若合并坏死感染者，立即采取手术治疗。

1. 非手术治疗

（1）禁食与胃肠减压　是减少胰腺分泌的重要措施，同时也能减轻呕吐和腹胀。

（2）补液，维持水、电解质酸碱平衡　注意胶体与晶体液的比例，及时补充微量元素和维生素、热量，必要时给予血管活性药物。

（3）解痉镇痛　严禁单用吗啡或哌替啶，可引起 Oddi 括约肌痉挛，宜同时使用解痉药，如山莨菪碱、阿托品。

（4）抑制胰腺分泌制剂及胰酶抑制剂　①抑制消化腺分泌类，如 H_2 受体拮抗剂及质子泵抑制剂可抑制胃酸分泌从而减少胰腺分泌，常用药物有西咪替丁、法莫替丁、奥美拉唑。②生长抑素类，如奥曲肽能有效抑制胰腺外分泌及胃酸分泌。③蛋白酶抑制类，能广泛抑制与 AP 发展有关的胰蛋白酶、弹性蛋白酶、磷脂酶 A 等的释放和活性，减少并发症，主张早期足量应用，常用药物有乌司他丁、加贝酯、抑肽酶。

（5）营养支持　早期禁食，全肠外营养（TPN）。应根据病情早期恢复肠内营养。

（6）防治感染　早期给予抗生素治疗，针对性选择对抗肠道革兰阴性菌的药物，如喹诺酮类、头孢他啶、甲硝唑等。同时预防真菌感染，可用氟康唑等。

2. 手术治疗

（1）手术指征　①非手术治疗，病情恶化；②继发感染或形成脓肿；③并发消化道瘘、大出血等；④不能排除其他急腹症者。

（2）手术原则　①消除胰腺坏死组织；②小网膜囊腔引流及灌洗；③解除胆道梗阻；④必要时"三造口"，即胃、空肠、胆道；⑤胆源性胰腺炎主张早期或急诊手术（72 小时以内）。

六、消化性溃疡穿孔

消化性溃疡主要指发生于胃和十二指肠的慢性溃疡，是多发病、常见病。其发病与多种因素有关，如胃酸、遗传、幽门螺杆菌感染、胃排空障碍、长期服用非甾体类药物、应激等导致胃肠黏膜损伤。急性穿孔是消化性溃疡的常见并发症，起病急、进展快、病情重，需要紧急处理。十二指肠溃疡穿孔较胃溃疡穿孔常见，十二指肠溃疡穿孔90%发生于球部前壁，胃溃疡穿孔60%发生于胃小弯。

（一）病因病理

急性穿孔→胃肠内大量酸性或碱性内容物流入腹腔→化学性腹膜炎→剧烈腹痛、大量腹腔渗出液6~8小时后→细菌繁殖→化脓性腹膜炎（以大肠埃希菌、链球菌和厌氧菌引起的混合性感染多见）→体液丢失和毒素吸收→感染性休克。

（二）临床表现

约70%的患者有溃疡病史，穿孔前症状加重，且多由暴饮暴食、进食刺激性食物、情绪激动、过度劳累等引起。

1. 腹痛　最主要的症状，多在夜间或饱餐后发生。表现为骤起的剑突下或上腹部持续性刀割样疼痛，迅速波及全腹，常伴恶心、呕吐。

2. 休克　早期由于强烈的腹痛所引起，后期为感染性休克。

3. 体格检查　患者表情痛苦难忍，腹式呼吸减弱或消失，全腹压痛、反跳痛、肌紧张，甚至板状腹，以上腹部最为明显。肝浊音界缩小或消失，移动性浊音阳性，肠鸣音消失。

4. 辅助检查　白细胞和中性粒细胞比例均增高。立位腹部X线平片约80%的患者可见膈下新月形游离气体影，此项可确诊。腹腔穿刺可抽到黄色、浑浊、无臭液体，有食物残渣，或抽到气体。

（三）诊断与鉴别诊断

1. 诊断　根据溃疡病史，穿孔时突发的剑突下或上腹部持续性刀割样剧痛，及穿孔后显著的弥漫性腹膜炎表现，X线片见膈下游离气体影即可确诊。腹腔穿刺有助于确诊。

2. 鉴别诊断

（1）急性阑尾炎　典型转移性右下腹痛，右下腹为著的腹膜炎体征，无气腹征，腹腔穿刺抽到稀薄略臭脓液。

（2）急性胆囊炎　右上腹绞痛并向右肩背部放射，墨菲征阳性，B超提示结石或炎症征象，无气腹征、腹腔穿刺阴性。

（3）急性胰腺炎　既往有胆道疾病或发病前有暴饮暴食史，左上腹持续性疼痛向腰背部放射，血、尿和腹腔穿刺液淀粉酶升高，无气腹征，早期腹膜刺激征不明显，B超或CT提示胰腺体积增大、周围积液等。

（四）急救处理

1. 非手术治疗　适于症状轻、体征局限、全身情况稳定的单纯空腹穿孔者。原则是吸净胃内容物，减少消化液外漏，控制腹腔感染，促进穿孔闭合和胃肠功能恢复。方法：患者取半卧位，以缓解腹部紧张，减轻疼痛；禁饮禁食，持续胃肠减压；积极补液，维持水电解质酸碱平衡；应用H_2受体拮抗剂或质子泵抑制剂减少腺体分泌保护黏膜；应用抗生素防治感染；动态观察病情，若非手术治疗6~8小时无效或病情加重，则应立即手术。

2. 手术治疗

（1）手术指征　①饱餐后穿孔；②急性穿孔伴有大出血、瘢痕性幽门梗阻、癌变等其他并发症；③顽固性溃疡穿孔；④非手术治疗无效，或有严重腹膜炎。

（2）手术方式　①单纯穿孔缝合术，为首选术式，尤其适用于穿孔时间较长、腹腔感染严重和全身情况或耐受性较差的患者，术后加强抑酸和抗幽门螺杆菌感染治疗；②彻底行溃疡手术，适用于还有其他并发症、穿孔在 12 小时以内、全身情况基本稳定的患者，较常采用胃大部切除术。

七、泌尿系结石

泌尿系结石是肾、输尿管、膀胱及尿道等部位结石的统称，是泌尿系统的常见疾病之一。泌尿系结石多数原发于肾脏和膀胱，输尿管结石往往继发于肾结石，尿道结石往往是膀胱内结石随尿流冲出时梗阻所致。

（一）病因及病理

1. 病因

（1）原发性结石　原因不明、机制不清的尿结石。

（2）代谢性结石　这类结石最为多见，是由于体内或肾内代谢紊乱而引起，如甲状腺功能亢进、特发性尿钙症引起尿钙增高、痛风的尿酸排泄增加、肾小管酸中毒时磷酸盐大量增加等。形成的结石多为尿酸盐、碳酸盐、胱氨酸黄嘌呤结石。

（3）继发性或感染性结石　主要为泌尿系统的细菌感染，特别是能分解尿素的细菌和变形杆菌，可将尿素分解为游离氨使尿液碱化，促使磷酸盐、碳酸盐以菌团或脓块为核心而形成结石。

2. 病理损害　泌尿系统结石引起的病理损害主要是结石、梗阻和感染三者互为因果。结石引起梗阻，梗阻诱发感染，感染又促成结石，加重梗阻，最终破坏肾组织，损害肾功能。

（二）临床表现

1. 症状　泌尿系统结石临床表现因结石所在部位不同而有异。肾与输尿管结石的典型表现为肾绞痛与血尿，在结石引起绞痛发作以前，患者没有任何感觉，由于某种诱因，如剧烈运动、劳动、长途乘车等，突然出现一侧腰部剧烈的绞痛，并向下腹及会阴部放射，伴有腹胀、恶心、呕吐、程度不同的血尿；膀胱结石主要表现是排尿困难和排尿疼痛。

2. 辅助检查　尿常规检查：尿常规检查是诊断泌尿系统结石的常用方法，通过尿常规检查可以观察有无血尿或者明确有无细菌感染，从而确定尿路是否存在感染炎症。血液检查：测定肌酐值、肾小球滤过率，判断患者是否有肾损伤。影像学检查：主要包括 B 超检查和腹部 X 线检查，这两种检查方法主要针对病情较轻的患者；对来于复杂的泌尿系统结石病例，则可以采用 CT 扫描检查来诊断，如有必要也可以配合膀胱镜检查。

（三）诊断与鉴别诊断

1. 诊断　根据病史、临床表现（肾绞痛、痛性血尿）及辅助检查，本病不难确诊。

2. 鉴别诊断

（1）泌尿道感染　泌尿道结石和泌尿道感染，都可以引起尿频、尿急、尿痛的症状，通过泌尿系超声的检查，可以鉴别泌尿系有无存在结石的情况。

（2）泌尿道肿瘤　泌尿道肿瘤也会出现血尿，需要通过进一步的检查，包括泌尿系超声或者是泌尿系 CT，来进一步明确到底是泌尿系结石或肿瘤的情况。

（四）急救处理

1. 肾绞痛　结石如果嵌顿在输尿管，将引起肾绞痛急性发作，可给予解痉、镇痛治疗，口服解痉止痛药物。

2. 感染高热　给予抗生素、退烧治疗，尽快通过放置输尿管支架或肾穿刺造瘘引流肾脏的脓液。

3. 无尿　如果已经发生尿毒症、身体情况危急，需要进行透析治疗。同时立即通过膀胱镜去除阻塞结石。

八、胆石症

胆石症指胆道系统（胆囊和胆管内）发生结石，分为胆囊结石，胆管结石，是胆道系统的常见病，发病率有逐年增高趋势，随年龄增长发病率逐年增高。胆囊结石发病率较胆管结石高。胆囊结石 40～50 岁高发，多见女性，男女之比 1：2～3，肥胖者及妊娠者多发。高胆固醇饮食地区高发。

（一）胆囊结石

1. 病因 不明，多种综合因素作用所致，与脂类代谢、胆汁浓缩时间、胆囊收缩功能和细菌感染等有关。

2. 临床表现

（1）胃肠道症状 右上腹或上腹部不适、饱胀、嗳气、呃逆等"胃炎症状"。

（2）胆绞痛 进食油腻食物后出现右上腹或上腹剑下绞痛，呈阵发性加剧，并向右肩背部放射，伴恶心、呕吐。有时为夜间发作。

（3）Mirizzi 综合征 胆囊管或胆囊颈部较大的结石，因持续嵌钝和压迫导致肝总管狭窄、胆囊胆管瘘，反复发作胆囊炎、胆管炎及梗阻性黄疸。

（4）Murphy 征 为急性胆囊炎特殊体征。

（5）其他 继发胆管结石、胆源性胰腺炎、胆石性肠梗阻、胆囊癌、胆囊积液"白胆汁"。

3. 辅助检查 腹部 B 超、CT、核磁共振。这其中腹部 B 超是作为最常见的筛查办法，对胆囊结石的发现率非常高，具有很高的诊断意义。

4. 诊断与鉴别诊断

（1）诊断 典型的临床表现，B 超（无创、快速、简便而准确，确诊率 95％以上）、CT、MRI 可提供帮助。

（2）鉴别诊断

1）消化性溃疡穿孔 表现为上腹部刀割样剧痛，明显腹膜刺激征并迅速波及全腹，气腹征，患者多有溃疡史。

2）急性胰腺炎 表现为上腹部剧烈的绞痛，向腰背部放射，血尿淀粉酶显著升高，患者多有胆道疾病史。

5. 急救处理

（1）胆石可引起胆囊炎症甚至癌变，结石嵌顿可继发感染，首选的方法治疗是胆囊切除术。最好在症状急性发作过后缓解期进行手术。

（2）对一般情况极差而病情危急，不能耐受较长时间手术，或术中局部粘连严重，解剖关系不清时，可先行胆囊造瘘术。

（二）胆管结石

本病按发生部位分为肝外胆管结石和肝内胆管结石。

1. 病因和病理 与胆管先天性异常、胆道感染、胆管梗阻、胆管寄生虫病、代谢因素有关。胆管梗阻继发感染急性梗阻性化脓性胆管炎、脓毒血症胆管壁坏疽、穿孔胆汁性腹膜炎、胆管肠管瘘或胆管肝动脉瘘、胆管门静脉瘘胆道大出血。胆管梗阻和感染导致肝细胞损害，甚至肝细胞坏死、胆源性肝脓肿。胆管炎反复发作可致胆汁性肝硬化、门静脉高压。胆总管壶腹部嵌顿结石可致急性和（或）慢性胆源性胰腺炎。

2. 临床表现

（1）胆管炎症状 继发感染发生急性梗阻化脓性胆管炎典型表现为反复发作腹痛、寒战高热、黄疸（Charcot 三联征）。①腹痛：右上腹或剑突下绞痛或闷痛，呈持续性阵发性加剧，向右肩背部放射，伴恶心、呕吐。②寒战高热：2/3 胆绞痛后出现。③黄疸：发生在胆总管完全梗阻 24 小时后，尿色加深、巩膜皮肤黄染、皮肤瘙痒、陶土色粪便。间歇性发作黄疸为本病特有表现。

（2）体征　皮肤巩膜黄染，剑突下或右上腹深压痛，腹膜炎，肝区叩痛，胆总管下端梗阻可触及肿大胆囊。

3. 辅助检查　白细胞和中性粒细胞升高，血清总胆红素升高（直接胆红素升高明显），碱性磷酸酶，尿胆红素升高，尿和粪中尿胆原减少或消失。B 超示胆管扩张、结石征象。PTC 和 ERCP 有助于了解结石部位、数量、大小等。

4. 诊断与鉴别诊断

（1）诊断　病史、临床表现（Charcot 三联征）和辅助检查。

（2）鉴别诊断

1）急性或慢性胃炎　可以表现为由轻到重的各种不典型上腹部不适或疼痛的症状。很多胆囊结石引起的疼痛部位不再右上腹，而在上腹部正中部位，因此很容易被误诊为胃炎。

2）消化性溃疡　如果有消化性溃疡的病史，上腹痛与饮食规律性有关。胆囊结石及慢性胆囊炎多发生在餐后疼痛或腹胀，尤其在油腻饮食后出现。

5. 急救处理　以手术治疗为主。

（1）手术原则　取尽结石；去处病灶；解除狭窄和梗阻；通畅引流。

（2）手术方法　胆总管切开取石、T 形管引流；胆肠吻合术；Oddi 括约肌成形术；经十二指肠镜 Oddi 括约肌切开及取石术。

目标检测

答案解析

一、选择题

【A1/A2 型题】

1. 成人阑尾炎术后第 1 天出现烦躁、剧烈腹痛，心率 112 次/分，血压 90/60mmHg，腹胀，全腹压痛，肠鸣音弱、为除外腹腔内出血首要的检查是（　）

　　A. B 超　　　　　　　　　　　B. MRI　　　　　　　　　　C. CT

　　D. 腹腔穿刺　　　　　　　　　E. 立位腹平片

2. 腹膜炎典型的三联征是（　）

　　A. 腹痛、腹泻、腹肌紧张　　　　　　　　B. 压痛、反跳痛、腹肌紧张

　　C. 腹痛、腹泻、压痛　　　　　　　　　　D. 压痛、反跳痛、腹部包块

　　E. 腹痛、腹泻、腹部包块

3. 患者，男，30 岁，上腹疼痛 3 小时，其于晚餐后突发上腹剧痛，迅速波及全腹，伴恶心、呕吐。查体：腹膨隆，全腹有肌紧张、压痛和反跳痛，以上腹部为著。叩诊肝浊音界消失，听诊肠鸣音弱。化验：白细胞 15.2×10^9/L，中性粒细胞 85%，淋巴细胞 15%。最可能的诊断是（　）

　　A. 阑尾炎穿孔、腹膜炎　　　　　　　　　B. 胆囊炎穿孔、腹膜炎

　　C. 急性出血性胰腺炎　　　　　　　　　　D. 胃十二指肠溃疡穿孔

　　E. 肠扭转

4. 对十二指肠溃疡急性穿孔的描述，错误的是（ ）

    A. 部分患者既往无溃疡病症状

    B. 男性发病率高于女性

    C. 穿孔部位最多见于十二指肠前壁

    D. 明确诊断后，均应行急症手术治疗

    E. 大部分立位腹部 X 线平片可见膈下游离气体

5. 患者，男，50 岁，胃溃疡病史 25 年，饭后突发上腹剧痛 1 小时，为进一步明确诊断，首选的检查方法是（ ）

    A. 腹腔诊断性穿刺   B. 立位腹部 X 线平片

    C. CT 检查   D. B 超检查

    E. X 线胃肠钡餐检查

6. 下列不是引起机械性肠梗阻的原因的是（ ）

    A. 肿瘤   B. 嵌顿疝   C. 粪块阻塞

    D. 粘连带压迫   E. 弥漫性腹膜炎

7. 患者，女，60 岁、上腹胀痛伴恶心呕吐 2 天，右下腹痛阵发加剧、腹胀半天、查体：T 38 次/分，BP 150/90mmHg，全腹压痛（＋），右下腹明显，有肌紧张，肝浊音界存在，未闻及肠鸣音、实验室检查：WBC 13.0×10^9/L，N 88%、右下腹穿刺抽出黄色混浊液体 2ml，镜检脓细胞（＋＋）、最可能的诊断是（ ）

    A. 重症急性胰腺炎   B. 阑尾炎穿孔并弥漫性腹膜炎

    C. 绞窄性肠梗阻   D. 消化性溃疡穿孔并弥漫性腹膜炎

    E. 伤寒肠穿孔并弥漫性腹膜炎

8. 患者，男，32 岁。右肾绞痛后尿闭 1 天。腹部平片可见双侧输尿管中段各有结石一枚，约 1cm 大小，左肾内还有鹿角形结石。急诊处理应先采用（ ）

    A. 服中药排石   B. 中西医结合解痉排石

    C. 膀胱镜下输尿管插管引流尿液   D. 应用利尿药物

    E. 立即手术输尿管切开取石

9. 患者，男，52 岁。发作性剑突下及右上腹绞痛 3 天，伴寒战，半年前有过类似发作史。查体：39℃，脉搏 110 次/分，血压 150/80mmHg，血常规检查：WBC 13×10^9/L，神志清楚，皮肤、巩膜轻度黄染，右肋缘下扪及肿大的胆囊、触痛。该患者可能的诊断为（ ）

    A. 细菌性肝脓肿   B. 急性化脓性胆囊炎

    C. 肝外胆管结石合并胆管炎   D. 肝内胆管结石合并胆管炎

    E. 急性梗阻性化脓性胆管炎

二、思考题

患者，男，66 岁、既往有慢性便秘史、近期反复发作性腹痛、腹胀，突感腹痛、腹胀加重伴恶心、呕吐 4 天、肛门停止排气、排便 2 天、查体：腹胀明显，尤以左下腹为甚且可扪及囊性包块。请问：

    （1）对该患者最可能的诊断是什么？

    （2）还需进一步做什么检查？

    （3）治疗方法是什么？

PPT

第七节　急性胸痛

 情境导入 ────────────────────────

情境描述　患者，男，60岁。发作性胸痛2天，加重3小时。患者2天前劳累时出现心前区钝痛，放射至颈部和左上臂，持续3~5分钟，舌下含硝酸甘油片6分钟后缓解，未就诊。3小时前上述症状加重，呈持续性压榨样剧痛，伴胸闷、心悸、恶心，无呕吐，含服硝酸甘油1片后无缓解，遂送来急诊。发病以来无发热及咯血，大小便正常，既往无高血压及糖尿病病史。吸烟史45年，约20支/天。查体：T 36.7℃，P 56次/分，R 18次/分，BP 120/70mmHg。神志清楚。口唇无发绀，颈静脉无怒张。双肺呼吸音清，未闻及干、湿性啰音。心界不大，心率56次/分，心律不齐，心音减弱，未闻及杂音。腹平软，肝脾肋下未触及。双下肢无水肿。实验室检查：肌钙蛋T（cTnT）1.0ng/ml（正常＜0.05ng/ml），HDL－C 0.53mmol/L，LDL－C 1.9mmol/L。心电图：窦性心律，P－R间期固定，部分P波后无QRS波群、aVF导联ST段呈弓背向上抬高0.1~0.2mV。

讨论　1. 该患者胸痛是由于什么疾病引起的？
　　　　2. 如何缓解患者的胸痛？

一、概述

胸痛是指感觉到胸廓内外部位疼痛感受及不适的主观感受，是一种常见而又能危及生命的病症，造成胸痛的原因复杂多样。首次医疗接触时，需鉴别急性致命性胸痛，包括急性冠脉综合征、急性主动脉夹层、肺栓塞、张力性气胸等，以免延误治疗。

💡 素质提升 ────────────────────────

畅通绿色通道，为生命保驾护航

"急性胸痛"是急诊科常见的就诊症状，涉及多个器官系统，与之相关的致命性疾病包括急性冠状动脉综合征（ACS）、主动脉夹层等，快速、准确鉴别诊断是急诊处理的难点和重点。由于ACS发病率高、致死致残率高，早期识别和早期治疗可明显降低死亡率、改善远期预后，成为急性胸痛患者需要鉴别诊断的主要疾病。中国急性冠脉综合征临床路径研究显示，我国ACS治疗存在明显不足。为了推动我国胸痛中心的建设以及胸痛救治流程的规范化，提高我国胸痛诊断、鉴别诊断与治疗水平，提高ACS救治效率，改善预后，节约医疗资源。由中华医学会心血管病学分会联合中华医学会放射学分会，邀请相关学科专家共同讨论，根据国外"胸痛中心"制定的急诊胸痛救治流程，结合我国实际，制订我国胸痛中心建设和急性胸痛救治流程，并达成共识。本共识针对的人群是急性非创伤性胸痛患者，目的是及时诊断和治疗急性冠脉综合征、主动脉夹层等疾病，并筛查出低危人群。急诊绿色通道的建立是救治危重症患者最有效的机制，遵循"时间第一，生命至上"的原则，实行优先抢救、优先检查、优先住院，即"先诊治，后结算"的工作流程，真正地体现了"时间就是生命"的具体含义。急诊快速绿色通道的设立，展现了国家和政府对人民生命健康的重视和投入支持。

（一）病因

1. 炎症　胸壁皮肤炎症、带状疱疹、肌炎、非化脓性肋软骨炎、肋间神经炎、肩关节周围炎等，以及胸腔内脏器感染，如胸膜炎、心包炎、纵隔炎、食管炎、膈下脓肿等。

2. 内脏缺血　心绞痛、急性心肌梗死、心肌病、肺栓塞等。

3. 机械压迫、刺激和损伤　胸腔内原发性或继发性肿瘤的压迫；主动脉瘤侵犯胸骨或主动脉夹层外膜的膨胀；肥厚性脊椎炎时增生骨疣压迫脊神经后根；气管、食管内异物的刺激和胸部外伤。

4. 化学刺激　腐蚀剂引起的食管炎；毒气引起的气管、支气管炎及胃酸反流性食管炎等。

5. 自主神经功能紊乱　过度换气综合征、心脏神经官能症、贲门痉挛等。

6. 邻近器官的放射或牵涉　颈肋、前斜角肌病变引起的胸廓上口综合征；肩关节及其周围病变伴胸痛；膈下病变，如肝炎、肝癌、阿米巴肝脓肿、胆道疾患、脾曲综合征、脾梗死等的下胸、上腹部痛并向肩背部放射。

（二）临床表现

1. 胸痛部位　胸壁及肩周疾病的疼痛常固定于病变部位且有明显压痛。胸壁皮肤炎症时，患处皮肤出现红、肿、热、痛等炎症改变，带状疱疹呈多数小水疱群，沿神经分布，有明显的痛感，受损皮肤有节段性感觉减退。非化脓性肋软骨炎多侵犯第1、2肋软骨，患部隆起，疼痛剧烈，但皮肤多无红肿。心绞痛与急性心肌梗死的疼痛常位于胸骨后或心前区，且放射到左肩和左上臂内侧，食管疾患、膈疝、纵隔肿瘤的疼痛也位于胸骨后。自发性气胸、急性肺炎、肺栓塞常呈患侧的剧烈胸痛。胸膜炎所致的胸痛常在胸廓的下侧部或前部，即胸扩张度较大的部位。膈肌病变所致的胸痛常在肋缘及斜方肌处有放射痛。肝胆疾病或膈下脓肿可引起右下胸痛，侵犯膈肌中央时疼痛向右肩部放射。

2. 胸痛性质　肋间神经痛呈灼痛、刺痛或刀割样痛。肌痛呈酸胀痛。骨痛呈酸痛、锥痛。心绞痛和心肌梗死常呈压榨样痛可伴有窒息感。主动脉瘤侵及胸壁时呈锥痛。气胸或血气胸在发病初期有撕裂样痛。原发性肺癌和纵隔肿瘤可有胸部隐痛和闷痛。食管炎呈灼痛或灼热感。膈疝呈灼痛或膨胀感。

3. 胸痛影响因素　胸壁及肩周疾病引起的疼痛在深呼吸、咳嗽、举臂时加重，局部有明显压痛，止痛药可减轻，在痛点作局部麻醉则缓解。肌痛常在肌肉收缩时加剧，骨源性疼痛或肿瘤所致疼痛呈持续性。脊神经后根疼痛发生于身体转动或弯曲时。心绞痛常在用力或精神紧张时诱发，呈阵发性，持续3～5分钟，休息或舌下含服硝酸甘油可在1～2分钟内缓解；急性心肌梗死则常呈持续性剧痛，可持续数小时甚至数天，含服硝酸甘油无效。心脏神经官能症所致胸痛则常因运动反而好转。胸膜炎、自发性气胸、心包炎所致胸痛常在深吸气及咳嗽时加重，停止呼吸运动则疼痛减轻或消失。食管疾病所致胸痛多在进食时发作或加剧。过度换气综合征用纸袋回吸呼气后胸痛可缓解。

（三）辅助检查

1. 实验室检查　白细胞升高、血沉增快、血清心肌酶增高、血尿肌红蛋白增高对判断急性心肌梗死有价值。白细胞计数及分类的变化对诊断炎症有帮助。

2. 痰的细菌学检查　可以确定肺炎及肺结核的病原菌。疑有肿瘤存在，痰脱落细胞或纤维支气管镜刷取的标本找肿瘤细胞有助诊断；纤维支气管镜下取活检、淋巴结活检、胸膜穿刺活检、经皮肺穿刺，胸腔及心包穿刺液的细菌学及细胞学检查，利于肿瘤与结核鉴别。

3. 器械检查

（1）心电图　心电图检查有助于区分心绞痛和急性心肌梗死的诊断。

（2）影像学检查　B超检查对肝脓肿、胸腔积液定位最有帮助。超声心动图能直接看到心脏解剖和功能变化，对各种瓣膜病的鉴别、心房肿块、肥厚型心肌炎和心包积液的诊断及观察积液量有重要意义。胸部 X 线片检查对肺炎、肺结核、肺梗死、肺癌、胸膜病变、气胸等的诊断有价值，CT 有助于纵隔内病变、肺门增大，以及肺内微小病灶及胸膜病变的鉴别，MRI 三维成像更利于病变的显示和定位。CT 和 MRI 利于发现小肿瘤，以及脊柱旁、心脏后和纵隔病变，加用增强剂可显示主动脉瘤、主动脉夹层和心室动脉瘤，MRI 可看到动脉硬化斑。选择性冠状动脉造影可显示狭窄的情况和部位。放射性核素扫描对肺栓塞、肺内占位病变、心肌梗死或局限性室壁瘤有诊断作用。

（3）介入检查　心导管检查对诊断先天性心血管病、心脏瓣膜病、心包疾病和心肌病等有重要意义。纤维支气管镜可深及段和亚段支气管，直视下活检和刷检，可同时肺活检和支气管肺泡灌洗，灌洗液作微生物学、细胞学、免疫学、分子生物学检查，对肺部疾病的病因和病理诊断很有帮助。胸腔镜检查对原因不明的胸腔积液和胸膜、肺、膈肌、纵隔、心包等部位疾病的诊断，顽固性气胸的病因及治疗，胸膜腔内取异物均具实用价值。

（四）诊断与鉴别诊断

引起胸痛的病因众多，临床差别很大，故必须详细询问胸痛的部位及性质、时间、诱发和影响因素，伴发症状，结合体格检查、实验室和特殊器械检查，综合分析和判断。应根据病情的危重度（分为危重症、急症或非急症）进行临床判断，详见表 5－5，明确胸痛可能由何种疾病所致，着重考虑是否需要紧急处理。如果患者生命指征不稳定，须立即给予急诊处理，以稳定病情，同时查找可能致病的直接原因。

表 5－5　胸痛的鉴别诊断分度

器官/系统	急重症	急症	非急症
循环系统	急性心肌梗死	不稳定型心绞痛	心脏瓣膜病
	主动脉夹层	心肌炎	二尖瓣脱垂
	心脏压塞		肥厚型心肌病
呼吸系统	肺栓塞	气胸	肺炎
	张力性气胸	纵隔炎	胸膜炎
			肿瘤
消化系统	食管撕裂	食管损伤	食管痉挛
		胆囊炎	食管反流
		胰腺炎	消化性溃疡
			胆囊炎
运动系统			肌肉劳损
			肋骨骨折
			肿瘤
			肋软骨炎
			非特异性胸壁痛
神经系统			脊神经根受压
			胸廓出口综合征
			带状疱疹
其他			心理性过度通气

（五）急救处理

医师接诊后立即行心电图、呼吸、血压、氧饱和度监测，给予吸氧，并建立静脉通道。针对各种病因进行治疗是关键。表现为张力性气胸的症状和体征，则立即给予胸腔穿刺排气；怀疑为心肌缺血原因所致，生命体征平稳的情况下，可使用硝酸甘油缓解疼痛，首次舌下含服，无凝血功能障碍、无明确过敏史，可给予阿司匹林，过敏者可应用氯吡格雷。

（六）快速诊断处理流程及转诊要求

快速诊断处理流程及转诊要素　详见图 5 – 7。

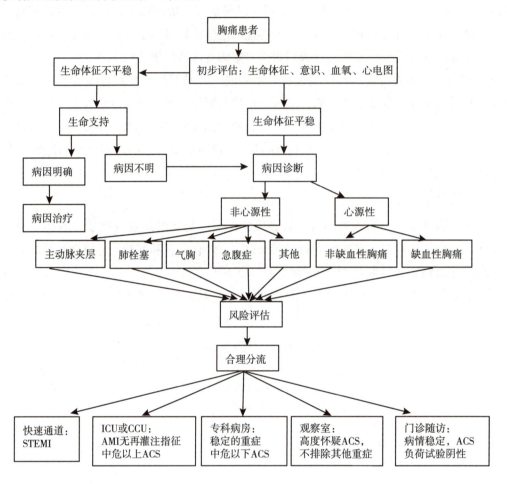

图 5 – 7　胸痛诊断处理流程

二、急性冠脉综合征

急性冠脉综合征（ACS）是以冠状动脉粥样硬化斑块破裂或侵袭，继发完全或不完全闭塞性血栓形成为病理基础的一组临床综合征，包括 ST 段抬高型心肌梗死（STEMI）、非 ST 段抬高型心肌梗死（NSTEMI）和不稳定型心绞痛（UA），其中 NSTEMI 与 UA 合称为非 ST 段抬高型急性冠脉综合征（NSTE – ACS）。血小板激活在其发病过程中起着非常重要的作用。ACS 是成人心脏猝死的最主要原因。

（一）临床表现

1. 症状　突然发作胸痛或胸部不适，胸痛发作频繁或逐渐加重。胸痛以胸前区为主，可向下颌、颈部、左肩、左臂、背部、上腹部放射。可伴呼吸困难、烦躁不安、出冷汗，面色苍白、恶心呕吐、头晕目眩、乏力等。

2. 体征　口唇、末梢发绀，痛苦面容。心率多增快，少数可减慢，心界增大，第一心音减弱，出现第三、四心音等。两肺可闻及湿啰音。心源性休克患者可出现休克相关体征。

（二）辅助检查

1. 心电图

（1）STEMI　①损伤区导联 ST 段呈弓背向上抬高；②坏死区导联宽而深的 Q 波（病理性 Q 波）；

③缺血区导联 T 波倒置。心电图对心肌梗死的确诊和定位有特殊诊断价值，表 5-6。

表 5-6　心电图导联与心室部位及冠状动脉供血区域的关系

导联	心室部位	供血的冠状动脉
$V_1 \sim V_3$	前间壁	前降支
$V_3 \sim V_5$	前壁	前降支
$V_1 \sim V_6$	广泛前壁	前降支
$V_7 \sim V_9$	正后壁	前降支
I 、aVL、V_5、V_6	侧壁	前降支的对角支或回旋支
II 、III 、aVF	下壁	右冠脉或回旋支

（2）NSTE-ACS　ST-T 波动态变化是最有诊断价值的心电图异常表现。症状发作时可记录到一过性 ST 段改变（常表现 2 个或以上相邻导联 ST 段下移≥0.1mV 症状缓解后 ST 段缺血性改变改善。初始心电图正常或临界改变，不能排除 NSTE-ACS 的可能性，应多次记录心电图对比，注意 ST-T 波的动态变化。

2. 心肌损伤标志物　AMI 时心肌损伤标志物增高水平与心肌梗死范围及预后明显相关。高敏感方法检测的心肌肌钙蛋白 cTnI/T 称为高敏肌钙蛋白（hs-cTn），为首选检测指标。且其增高水平与心肌梗死范围及预后明显相关。①肌钙蛋白 I（cTnI）或 T（cTnT）起病 3~4 小时后升高，cTnI 于 11~24 小时达高峰，7~10 天降至正常，cTnT 于 24~48 小时达高峰，10~14 天降至正常。肌钙蛋白增高是诊断心肌梗死的敏感指标；②肌酸激酶同工酶 CK-MB 起病后 4 小时内增高，16~24 小时达高峰，3~4 天恢复正常。

如果结果阴性，应间隔 1~2 小时再次检测，与首次比较，若结果增高超过 30%，应考虑急性心肌损伤。若两次检测结果仍不能明确诊断而临床提示 ACS 可能，则在 3~6 小时后重复检查。在 AMI 早期 cTn 升高阶段，CK-MB 对于判断再梗死有益。

3. 影像学检查　超声心动图检查 AMI 及严重心肌缺血时可见室壁节段性运动异常，有助于评价心室功能，诊断室壁瘤和乳头肌功能失调等。冠状动脉造影仍是诊断冠心病的重要方法，可以直接显示冠状动脉狭窄程度，对决定治疗策略有重要意义。胸部 CT 增强扫描可及时准确显示出血管病变程度，近年来广泛应用到临床。

（三）诊断与鉴别诊断

根据症状、体征、辅助检查，确诊不难，但需与以下疾病相鉴别。

1. 稳定型心绞痛　典型的心绞痛常在相似的条件下重复发生。疼痛出现后常逐步加重，然后在 3~5 分钟内渐消失。休息或舌下含用硝酸甘油能在几分钟内缓解，查心电图和心肌坏死标记物可鉴别。

2. 主动脉夹层　胸痛一开始即达高峰，常放射到背、肋、腹、腰和下肢，两上肢的血压和脉搏可有明显差别，偶有意识模糊和偏瘫等神经系统受损症状。但无血清心肌坏死标记物升高。二维超声心动图检查、X 线或磁共振体层显像有助于诊断。

3. 急性肺动脉栓塞　可发生胸痛、咯血、呼吸困难和休克。但有右心负荷急剧增加的表现如发绀、肺动脉瓣区第二心音亢进、颈静脉充盈、肝大、下肢水肿等。心电图示 I 导联 S 波加深，III 导联 Q 波显著 T 波倒置，胸导联过度区左移，右胸导联 T 波倒置等改变，可鉴别。

4. 急腹症　急性胰腺炎、消化性溃疡穿孔、急性胆囊炎、胆石症等，均有上腹部疼痛，可能伴休克。仔细询问病史、作体格检查、心电图检查、血清心肌酶和肌钙蛋白测定可协助鉴别。

（四）诊疗处理

根据病史典型的心绞痛症状、典型的缺血性心电图改变以及心肌损伤标志物测定，可以做出

UA/NSTEMI诊断。诊断未明确的不典型的患者而病情稳定时，可以在出院前做负荷心电图或负荷超声心动图、胸部 CT 增强扫描、冠状动脉造影等检查。在心肌坏死的血清心肌标志物浓度的动态演变基础上，具备以下四种情况之一即可确诊 STEMI：缺血性胸痛的临床病史、心电图 ST 动态演变或新出现完全左束支传导阻滞、心电图新的 Q 波出现、心肌活力丧失或区域性室壁运动异常的影像学证据。对老年患者，突然发生严重心律失常、休克、心力衰竭而原因未明，或突然发生较重而持久的胸闷或胸痛者，都应考虑本病的可能。宜先按 AMI 来处理，并短期内进行心电图、血清心肌坏死标志物测定等的动态观察以确定诊断。对 NSTEMI，血清肌钙蛋白测定的诊断价值更大。ACS 患者的诊治需要多学科包括院前急救、急诊科、心内科、心外科、检验科和影像学科的合作。胸痛患者及（或）目击者呼叫院前急救体系，或是胸痛患者首诊于急诊科，皆应在首次医疗接触（FMC）后尽可能短的时间内做出初始诊断并给予相应治疗。若患者出现心搏骤停或血流动力学不稳定等危急情况，应立即行心肺脑复苏或血流动力学支持。常规处理包括心电监护、吸氧、开放静脉通道，查验血生化、心脏功能标志物（BNP 或 NT - proBNP）、D - 二聚体及凝血功能、肝肾功能等。

急救措施：发生疑似急性缺血性胸痛症状时应立即停止活动、休息，并尽早向急救中心呼救。对无禁忌证的 ACS 患者应立即舌下含服硝酸甘油，每 5 分钟重复 1 次，总量不超过 1.5mg。对于 STEMI 患者，采用溶栓或介入治疗（PCI）方式尽早地开通梗死相关动脉可明显降低死亡率、减少并发症、改善患者的预后。

（五）快速诊断处理流程及转诊要求

快速诊断处理流程及转诊要求　详见图 5 - 8。

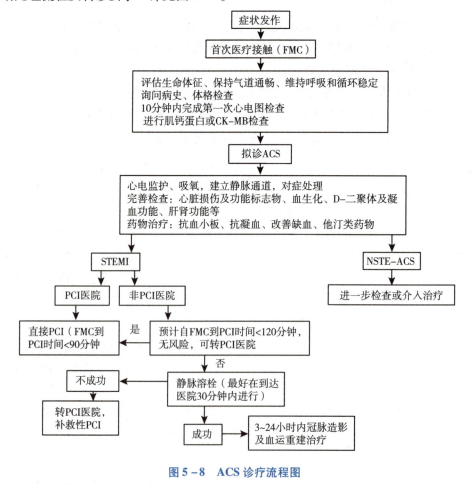

图 5 - 8　ACS 诊疗流程图

三、主动脉夹层

主动脉夹层（AD）是指主动脉腔内的血液从主动脉内膜撕裂口进入主动脉中膜，并沿主动脉长轴方向扩展，造成主动脉真假两腔分离的一种病理改变，是心血管疾病的灾难性危重急症，如不及时诊治，48 小时内死亡率可高达50%。主要致死原因为主动脉夹层动脉瘤破裂至胸、腹腔或者心包腔，进行性纵隔、腹膜后出血，以及急性心力衰竭或者肾衰竭等。临床特点为急性起病，突发剧烈疼痛、休克和血肿压迫相应的主动脉分支血管时出现的脏器缺血症状。高血压、动脉粥样硬化和年龄增长为主动脉夹层的主要易患因素。

（一）临床表现

多见于中老年患者，以突发前或胸背部持续性、撕裂样或刀割样剧痛为常见首发症状，可放射到肩背部，多沿肩胛间区向胸、腹部以及下肢等处放射。突发疼痛与集中在胸腹中线是其特征。另一个特点是，出现休克的末梢表现而血压仍高。

其他表现取决于主动脉夹层动脉瘤的部位、范围和程度、主动脉分支受累情况、有无主动脉瓣关闭不全以及向外破溃等并发症。如果剥离侵及主动脉弓和头臂血管时，则可发生颈与下颌疼痛，应注意与心肌梗死相鉴别；头颈动脉因外压或内膜剥离的压迫，则出现头晕、晕厥，重者则出现运动及神志障碍、语言障碍等脑卒中表现；锁骨下动脉受侵则可出现脉弱或无脉，两侧肢体血压也会出现差异；升主动脉的内膜剥离可逆向剥离而影响冠状动脉的血流，产生心肌供血不足的症状及体征；夹层动脉瘤的扩大压迫喉返神经和颈星状神经节可出现声音嘶哑、声带麻痹，或 Horner 综合征；降主动脉的主动脉内膜剥离可压迫气管、支气管而致呼吸不畅，压迫食管而致咽下困难；急性剥离严重影响肋间动脉或脊髓根大动脉，则可发生截瘫或下半身轻瘫；急性剥离影响腹腔动脉、肾动脉血流而出现腹痛（似急腹症）、肾衰（少尿或无尿）以及伴有血胰淀粉酶升高者，均应注意鉴别。

（二）辅助检查

1. 心电图　无特异改变。病变累及冠状动脉时，可出现心肌急性缺血甚至急性心肌梗死改变，但 1/3 的患者心电图可正常。

2. 胸片检查　胸片见上纵隔或主动脉弓影增大，主动脉外形不规则，有局部隆起。

3. 超声心动图　诊断升主动脉夹层很有价值，且能识别心包积血、主动脉瓣关闭不全和胸腔积血等并发症。

4. CT 检查　通过增强扫描可显示真、假腔和其大小，以及内脏动脉位置，同时还可了解假腔内血栓情况。

5. 磁共振成像（MRI）　是检测主动脉夹层分离最为清楚的显像方法。被认为是诊断本病的"金标准"。

6. 主动脉造影术　选择性主动脉造影曾被作为常规检查方法。对 B 型主动脉夹层分离的诊断较准确，但对 A 型病变诊断价值小。

7. 血管内超声（IVUS）　IVUS 直接从主动脉腔内观察管壁的结构，能准确识别其病理变化。对动脉夹层分离诊断的敏感性和特异性接近角100%。但同属侵入性检查，有一定危险性，不常用。

（三）诊断与鉴别诊断

根据临床表现和辅助检查结果，诊断不难，但需与以下疾病相鉴别。

1. 急性心肌梗死　常表现为急性胸背部疼痛，不能自行缓解，血压可变化，但心电图可表现为急性心肌梗死的表现，心肌酶谱可升高，CTA 或冠状动脉加主动脉造影可鉴别。

2. 急性肺栓塞　可表现为胸背部疼痛，可伴有血压的变化，但患者多有血液高凝危险相关因素，如手术后、长期卧床或者骨折病史等，可同时伴有呼吸困难、血氧下降、D - 二聚体升高，肺动脉造影可鉴别。

3. 急性肾功能不全　表现为少尿、无尿等，生化检测可表现为血肌酐升高，但主动脉夹层引起的肾功能不全一般既往无泌尿系统相关症状，超声或 CTA 可鉴别。

(四) 诊疗处理

根据病史、体检结果，怀疑主动脉夹层后，及时给予辅助检查，可明确诊断，注意与急性心肌梗死和急性肺栓塞相鉴别。一旦确诊，患者应绝对卧床休息，强效镇静与镇痛，必要时静脉注射较大剂量吗啡或冬眠治疗，静脉滴注硝普钠，将收缩压控制在 100 ~ 120mmHg，平均压在 60 ~ 70mmHg，心率控制在 60 次/分以下。严密监测血流动力学指标，包括血压、心率、心律及出入液量平衡；有心衰或低血压者还应监测中心静脉压、肺毛细血管楔压和心排血量。如果出现主动脉破裂的先兆或剥离侵及冠状动脉的先兆，主动脉瓣关闭不全、心包压塞或影响生命器官等，应立即考虑手术治疗。病情稳定者，可考虑择期介入或外科治疗。

急性期患者无论是否采取介入或手术治疗，均应首先给予强化的内科药物治疗（硝普钠、β 受体拮抗剂、他汀类降压药、血管紧张素转换酶抑制剂、利尿剂等）。升主动脉夹层特别是波及主动脉瓣或心包内有渗液者宜急诊外科手术。降主动脉夹层急性期病情进展迅速，病变局部血管直径≥5cm 或有血管并发症者，应争取介入治疗植入支架（动脉腔内隔绝术）。

(五) 快速诊断处理流程及转诊要求

快速诊断处理流程及转诊要求详见图 5 –9。

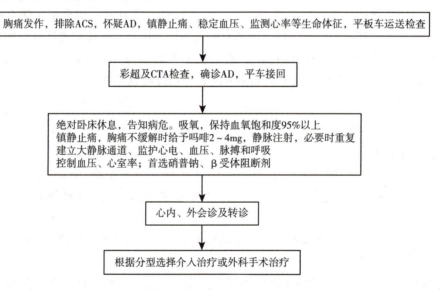

图　5 –9　主动脉夹层诊断处理流程

目标检测

答案解析

一、选择题

【A1/A2 型题】

1. 急性胸痛伴低血压休克不应考虑（　　）

　　A. 急性心肌梗死　　　　　　　　　　　　　　B. 急性肺梗死

C. 主动脉夹层动脉瘤破裂　　　　　　　　　D. 急性心包压塞

E. 带状疱疹

2. 胸痛并向左肩左前臂放射，最可能的诊断是（　　）

A. 急性心包炎　　　　　　　　　　　　　　B. 纵隔疾病

C. 急性胸膜炎　　　　　　　　　　　　　　D. 心绞痛

E. 食管炎

3. 下述不属于急性冠脉综合征的是（　　）

A. 初发劳累心绞痛　　　　　　　　　　　　B. 变异型心绞痛

C. 急性非 ST 段抬高型心肌梗死　　　　　　D. 急性 ST 段抬高型心肌梗死

E. 稳定劳累性心绞痛

4. 主动脉夹层并发胸、腹、心包积血、出血等症，最佳治疗方案为（　　）

A. 积极内科保守治疗

B. 积极内科治疗后效果欠佳者可考虑手术治疗

C. Ⅰ、Ⅱ型主动脉夹层转化为Ⅲ型后方考虑手术治疗

D. 急诊手术

E. 内科保守治疗的同时，密切观察有无向Ⅲ型转化的可能，如有转化趋势，此时需手术治疗

5. 心绞痛发作的典型部位为（　　）

A. 心前区　　　　　　　　　　　　　　　　B. 胸骨中、上段胸骨后

C. 胸骨下段　　　　　　　　　　　　　　　D. 心尖部

E. 剑突下

6. 急性胸痛中危险性最高的四个疾病是（　　）

A. 急性心肌梗死、急性胸膜炎、主动脉夹层动脉瘤、张力性气胸

B. 急性心肌梗死、急性肺栓塞、主动脉夹层动脉瘤、张力性气胸

C. 急性心肌梗死、急性心包炎、急性胸膜炎、张力性气胸

D. 急性肺栓塞、主动脉夹层动脉瘤、急性心包炎、急性胸膜炎

E. 急性心肌梗死、急性肺栓塞、急性胸膜炎、肋软骨炎

7. 患者，女，64 岁，因 2 小时前心绞痛发作，含服硝酸甘油不能缓解而急诊，检查：血压 90/60mmHg，心律不齐，频发室性期前收缩，心音低，天门冬氨酸氨基转移酶增高，心电图 V_1、V_2、V_3 导联有深而宽的 Q 波 ST 段抬高，对其诊断是（　　）

A. 心绞痛　　　　　　　　　　　　　　　　B. 急性心包炎

C. 急性前间壁心肌梗死　　　　　　　　　　D. 急性下壁心肌梗死

E. 急性广泛前壁心肌梗死

8. 患者，男，50 岁，1 周前心前区剧烈疼痛，随后心悸、气促，怀疑急性心肌梗死，为确诊最有帮助的酶学检查是（　　）

A. LDH　　　　　　　B. GOT　　　　　　　C. CPK

D. 肌钙蛋白 T　　　　E. 同工酶

9. 患者，男，68 岁，2 周来反复胸痛，发作与劳累及情绪有关，休息可以缓解，3 小时前出现持续性疼痛，进行性加剧，并气促，不能平卧，血压 110/70mmHg，心率 120 次/分，律齐，心尖部可闻及 3/6 级收缩期杂音，双肺散在哮鸣音及湿性啰音，根据上述临床表现，对该患者的诊断最可能是（　　）

    A. 风湿性二尖瓣关闭不全

    B. 扩张型心肌病

    C. 支气管哮喘

    D. 支气管肺炎

    E. 急性心肌梗死并发左心衰竭

二、思考题

患者，男，66岁，反复胸骨后疼痛，饱餐后步行1000米左右即可发作，休息1~2分钟可自行缓解，每年发作7~8次，未就诊，1天前晨起无诱因，胸骨后疼痛30分钟，疼痛较前剧烈，今晨再次胸痛，剧痛，伴大汗、恶心、呕吐，胸痛持续7小时未缓解就诊。查体：血压75/45mmHg，心率32次/分，神志模糊，痛苦表情，双肺呼吸音清，心音低钝，心尖部可闻及2/6级收缩期杂音，腹软，双下肢不肿。血常规：白细胞 12×10^9/L，cTnI 阳性。请问：

（1）对患者最可能的诊断是什么？

（2）第一步如何处理？

第八节 头 痛

PPT

▶▶ 情境导入

情境描述 患者，男，45岁。突发剧烈头痛3小时入院。患者于3小时前与他人吵架后突然出现剧烈头痛，如爆裂样难以忍受，伴有恶心呕吐，大小便失禁。既往高血压病史10年，未予正规治疗。体格检查：体温37.2℃，脉搏100次/分，呼吸20次/分，血压230/140mmHg。推入病房，神志清楚，精神差，呈嗜睡状态，甲状腺无肿大，气管居中，双侧呼吸动度正常，听诊双肺呼吸音清，未闻及干湿性啰音。心界叩不出，心率100次/分，心律规整。腹软、无压痛，肝脾未触及，双下肢无水肿。双侧病理征阴性，颈部有抵抗感，克尼格征及布鲁津斯基征阳性。辅助检查：头颅 CT 可发现左外侧裂池弥散性高密度影，腰椎穿刺抽取的脑脊液可见均匀血性脑脊液。

讨论 1. 诊断及诊断依据是什么？

      2. 治疗原则是什么？

一、概述

头痛是指额、顶、颞及枕部的疼痛是临床常见的急诊症状。头痛可以是单一的疾病，大多数是功能性的，但反复发作或突然加重的持续头痛，可能是某些严重器质性疾病的信号，应引起高度警惕。

（一）病因

1. 颅脑病变

（1）感染 各种脑膜炎、脑膜脑炎、脑炎、脑脓肿、颅内真菌感染等。

（2）血管病变 蛛网膜下隙出血、脑出血、脑血栓形成、脑栓塞、高血压脑病、脑血管畸形、风湿性脑动脉炎和颅内静脉系统血栓形成等。

（3）占位性病变 如脑肿瘤、颅内转移瘤、颅内囊虫病或包虫病等。

（4）颅脑外伤 如脑震荡、脑挫伤、硬膜下血肿、脑外伤后遗症。

（5）其他 如偏头痛、丛集性头痛、腰椎穿刺后及腰椎麻醉后头痛。

2. 颅外病变

（1）颅骨疾病 颅底凹入症、颅骨肿瘤。

（2）颈部疾病 颈椎病及其他颈部疾病。

（3）神经痛 三叉神经痛、舌咽神经痛及枕神经痛。

（4）其他 如眼、耳、鼻等五官疾病所致的头痛。

3. 全身性疾病

（1）急性感染 流感、伤寒、肺炎等发热性疾病。

（2）心血管疾病 高血压、心力衰竭。

（3）中毒 铅、酒精、一氧化碳、有机磷、药物（如颠茄、水杨酸类）等中毒。

（4）其他 尿毒症、低血糖、贫血、肺性脑病、系统性红斑狼疮、月经及绝经期头痛、中暑等。

4. 神经症 如神经衰弱及癔症性头痛。

（二）发病机制

头痛的发病机制复杂，主要有下列几种情况：①血管因素，如各种原因引起的颅内外血管的收缩、扩张以及血管受牵引或伸展（颅内占位性病变对血管的牵引、挤压）；②脑膜受刺激或牵拉；③具有痛觉的颅神经（Ⅴ、Ⅸ、Ⅹ三对颅神经）和颈神经被刺激、挤压或牵拉；④头、颈部肌肉的收缩；⑤五官和颈椎病变引起；⑥生化因素及内分泌紊乱；⑦神经功能紊乱。

（三）临床表现

1. 起病方式 颅内感染性疾病急性起病伴发热者常为感染疾病所致，蛛网膜下隙出血、脑出血、脑外伤表现为突发急剧的持续头痛、伴有不同程度的意识障碍而无发热，偏头痛、丛集性头痛、癫痫、高血压等为慢性间歇性发作头痛，慢性进行性头痛伴颅内高压者应考虑颅内占位性病变，青壮年慢性头痛，但无颅内压增高，伴随焦虑、紧张情绪，多为肌收缩性头痛（或称肌紧张性头痛）。

2. 疼痛部位 偏头痛及丛集性头痛多在一侧。高血压引起的头痛多在额部或整个头部。全身性或颅内感染性疾病的头痛，多为全头部痛。蛛网膜下隙出血或脑脊髓膜炎除头痛外尚有颈酸痛。眼源性头痛为浅在性且局限于眼眶、前额或颞部。鼻源性或牙源性也多为浅表性疼痛。深在性头痛则多为脑脓肿、脑肿瘤、脑膜炎、脑炎等的症状，疼痛多向病灶同侧的外面放射。

3. 疼痛程度与性质 头痛的程度一般分为轻、中、重，但与病情的轻重并无平行关系，三叉神经痛、偏头痛、脑膜刺激所致头痛最剧烈。脑肿瘤的痛多为中度或轻度。高血压性、血管性及发热性疾病的头痛，往往带搏动性。神经痛多呈电击样痛或刺痛，肌肉收缩性头痛多为重压感、紧箍感或钳夹样痛。精神性头痛则性质多变、部位不定。

4. 出现与持续时间 颅内占位病变往往清晨加剧，鼻窦炎的头痛经常发作于清晨和上午，女性偏头痛常与月经周期有关，夜间发作的常为丛集性头痛，神经症性头痛以病程长、明显的波动性与易变性为特点。

5. 诱发和缓解因素 咳嗽、打喷嚏、摇头、俯身可使颅内高压性头痛、血管性头痛、颅内感染性头痛及脑肿瘤性头痛加剧。丛集性头痛在直立时可缓解。而低颅压性头痛直立位时加重，平卧减轻。颈肌急性炎症所致的头痛可因颈部运动而加剧，慢性或职业性的颈肌痉挛所致的头痛，可因活动按摩颈肌而逐渐缓解，偏头痛在应用麦角胺后可获缓解。

6. 伴随症状 头痛伴剧烈呕吐者提示为颅内高压，头痛在呕吐后减轻者可见于偏头痛，头痛伴眩晕者可见于小脑肿瘤、后循环缺血，慢性进行性头痛伴精神症状者应注意颅内肿瘤，慢性头痛突然加剧并有意识障碍者提示可能发生脑疝，头痛伴视力障碍者可见于青光眼或脑瘤，头痛伴脑膜刺激征者提示脑膜炎或蛛网膜下隙出血，头痛伴癫痫发作者可见于脑血管畸形、脑内寄生虫或脑肿瘤。

7. 查体　评估检查生命体征，心、肺、腹部脏器的常规检查，重点检查有无颈强直、颈背部肌肉痉挛，头颅有无外伤、颅骨有无凹陷或隆起，鼻窦有无压痛、颞动脉有无怒张或压痛。

8. 神经系统检查　对头痛的诊断和鉴别诊断有重要意义，除常规检查外，重点检查有无脑膜刺激征、视神经盘水肿、视网膜出血及局灶性神经系统定位体征。

9. 心理评估　有无抑郁、焦虑紧张等情况。

（四）辅助检查

1. 实验室检查　血常规、尿常规、肝肾功能、电解质检查及其他必要的生化检查、免疫学检查、血沉检查（怀疑颞动脉炎）、碳氧血红蛋白检查（怀疑一氧化碳中毒），腰椎穿刺、颅内压力监测及脑脊液常规、生化及细胞学、病理学检查等。

2. 影像学检查　头颅 CT、CTA 及 MRI 或 MRA 对颅内肿瘤、脑血管病、脑寄生虫病、脑脓肿等疾病可帮助明确病变部位和性质，脑电图检查对头痛型癫痫、脑炎及脑膜炎的诊断有一定的帮助，经颅多普勒诊断颅内外血管阻塞病变，以了解侧支循环是否良好。

（五）诊断与鉴别诊断

1. 诊断　头痛的病因复杂，必须详细询问病史，了解患者的精神心理状态、睡眠状况、职业、中毒史及家族史等，进行全面细致的体格检查和必要的辅助检查。首先除外引起头痛的严重病因，如蛛网膜下隙出血、脑内出血、硬膜外血肿、脑肿瘤、脑脓肿、脑膜炎、颞动脉炎、高血压脑病、青光眼等，并注意患者的年龄、头痛出现的时间、持续时间、部位及性质、有无先兆、有无诱发因素、伴随症状及如何缓解等。

2. 鉴别诊断

（1）蛛网膜下隙出血　起病急骤，剧烈头痛、难以忍受，为炸裂样，查体可见脑膜刺激征及意识障碍。如已确诊，头痛突然加重，需考虑再出血、梗阻性脑积水等可能，脑脊液检查可见均匀一致血性脑脊液。

（2）颅内感染性疾病　近期有感染史，急性起病，弥漫性深部胀痛，伴有恶心呕吐和意识障碍，查体可见脑膜刺激征，一般没有局灶性神经系统定位体征，脑脊液检查有助于诊断。

（3）偏头痛　常为搏动性头痛，反复发作，多单侧疼痛，常伴有恶心、呕吐。多在青春期发病，部分有家族史，劳累、情绪紧张时加重，偶有局部神经定位体征。

（4）紧张性头痛　20 岁左右起病，随年龄增长患病率增加，女性多见。特征是几乎每日双侧枕部有非搏动性头痛，通常为持续性钝痛，像一条带子紧束头部或呈头周缩箍感、压迫感或沉重感，不伴恶心、呕吐、畏光或畏声、视力障碍等前驱症状。

（5）丛集性头痛　头痛发作似成群而来，表现为一连串密集的头痛发作。发作呈周期性，无前驱症状。发作时疼痛从一侧眼窝周围开始，急速扩展至额颞部，呈钻痛或灼痛，可于睡眠中痛醒。特征性的伴发症状有颜面潮红、出汗、患侧流泪、结膜充血、鼻塞。

（六）急救处理

1. 一般治疗　密切监测患者生命体征，建立静脉通路，保持气道通畅，给予吸氧，必要时进行心电监护，神经内科或神经外科医师会诊。

2. 积极治疗原发病，对症治疗

（1）颅内高压患者给予脱水、利尿剂，低颅压患者，静脉补充低渗液。

（2）高血压性头痛应积极进行合理降压治疗。

（3）如为感冒所致，给予解热止痛剂，如非甾体抗炎药。

（4）感染性头痛针对病原进行积极的抗感染治疗。

（5）颅内肿瘤、脑脓肿、硬膜下（外）血肿应采取手术治疗。

（6）五官科疾病所致头痛应作相应的积极治疗。

（7）扩张性头痛给予麦角胺，松弛收缩的肌肉给予按摩、热疗、普鲁卡因痛点封闭等。

（8）对焦虑烦躁者可酌情加用镇静剂，有抑郁症状者可加用抗抑郁剂。

（七）快速诊断处理流程及转诊要求

快速诊断处理流程及转诊要求详见图5－10。

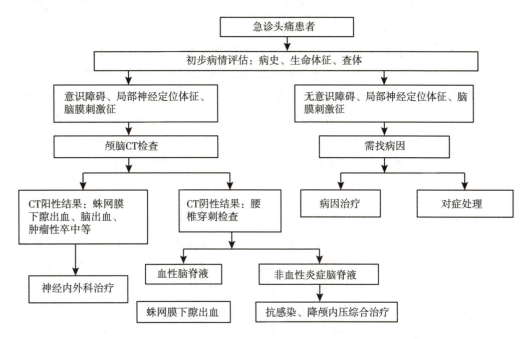

图5－10 头痛的诊治流程

二、蛛网膜下隙出血

蛛网膜下隙出血（subarachnoid hemorrhage，SAH）是指各种原因引起脑底部或脑表面血管破裂后，血液流入蛛网膜下隙引起相应临床症状的一种脑卒中，又称原发性蛛网膜下隙出血。该病预后较差，发病最初数月内病死率高达50%～60%。

（一）病因与危险因素

1. 病因 其中颅内动脉瘤最常见，占全部病例的50%～85%，脑血管畸形主要是动静脉畸形（AVM），青少年多见，约占2%，脑底异常血管网病约占1%，其他有夹层动脉瘤、血管炎、颅内静脉系统血栓形成、结缔组织病、血液病、颅内肿瘤、凝血障碍性疾病、抗凝治疗并发症等。

2. 危险因素 颅内动脉瘤破裂出血的主要危险因素包括高血压、吸烟、过量饮酒、既往有动脉瘤破裂史、动脉瘤较大（如大于7mm）、多发性动脉瘤，以及应用拟交感神经药物（如可卡因）等。吸烟者与不吸烟者相比其动脉瘤更大，且更常出现多发性动脉瘤。

素质提升

动脉瘤破裂引起蛛网膜下隙出血的发现

　　JohnBlackall（1771—1860 年）是英国医生，他是发现颅内动脉瘤破裂导致蛛网膜下隙出血的第一人。Blackall 接诊了一个名叫 E.J. 的 20 岁女性，因"受凉"三个月来就诊。他发现该患者皮肤苍白肿胀，双腿水肿，头痛，意识迟钝，耳鸣耳聋，尿液浑浊且尿中有血丝。患者下肢水肿和异常的尿液引起了 Blackall 的兴趣和关注。当在患者头上放置水蛭（放血疗法的一种）来治疗头痛时，患者突然出现呕吐和腹泻，主诉极度剧烈头痛，颅骨似有从内部被掀开的感觉，同时视物不清、畏光。患者清醒与昏迷交替，在痛苦中挣扎了几天。Blackall 又做了上肢放血疗法和血泡治疗，但对缓解症状无效。患者出现"卒中持续性昏迷"，于一天后死亡。Blackall 不言放弃，努力寻找原因，尸检发现大脑皮层静脉充血，两侧脑室中有新鲜凝固积血，血块进入第三、第四脑室，脑组织有广泛炎症表现。沿着血迹，Blackall 追踪到基底动脉，发现在近分叉处有个"蚕豆"大小的动脉瘤。动脉瘤口破入第三、第四脑室的连接处，延髓上布满凝固的血块，向下通入脊髓。除了动脉瘤之外，其他脑动脉完全正常。Blackall 完美的把基底动脉瘤破裂和蛛网膜下隙出血以及患者的死亡联系在了一起，解开了患者死亡的原因。通过这个故事引导学生应具有努力钻研，不断探究，追根到底的科研精神，应具有为事业献身的牺牲精神。

（二）临床表现

1. 出血后症状与体征　　发病年龄以青壮年多见，常在体力劳动或激动时发病，主要表现为突然发生剧烈头痛，呈胀痛或爆裂样疼痛，常为有生以来最严重的一次，难以忍受。可为局限性或全头痛，有时上颈段也可出现疼痛，持续不能缓解或进行性加重，多伴有恶心、呕吐，可有意识障碍或烦躁、谵妄、幻觉等精神症状，可出现局灶性神经功能缺损体征，如动眼神经麻痹、轻偏瘫、失语或感觉障碍等。脑膜刺激征阳性是本病最具特征性的体征，部分患者检眼镜检查发现玻璃体膜下出血、视神经盘水肿或视网膜出血，部分患者，特别是老年患者，头痛、脑膜刺激征等临床表现常不典型，精神症状可较明显，容易误诊。

2. 出血后并发症　　一次出血患者可完全恢复，部分患者出血后可发生急性脑积水、再出血、正常颅压脑积水、继发脑血管痉挛等并发症。

　　（1）急性脑积水　　发生率约为20%，指出血后数小时至 7 天以内的急性或亚急性脑室扩大所致的脑积水。主要为蛛网膜下隙或脑室内的血凝块阻塞脑脊液循环通路所致。头颅 CT、MRI 显示脑室系统扩大。

　　（2）再出血　　再出血的发病率为11% ~15.3%，是蛛网膜下隙出血致死、致残的主要原因之一。临床表现为在病情比较稳定的情况下突然出现剧烈头痛、烦躁不安、恶心、呕吐或意识障碍加重，原有神经体征如动眼神经麻痹、视觉障碍、肢体抽动等加重或再现，缓解或消失的脑膜刺激征再加重或出现新的症状和体征，腰椎穿刺脑脊液有新鲜出血现象，头颅 CT 扫描发现新的高密度区。

　　（3）正常颅压脑积水　　发病率为10% ~30%，多发生于病后的 4 ~6 周，发病机制可能是出血后引起蛛网膜下隙纤维变性，影响脑脊液回流，脑脊液通过扩大了的脑室膜转移至脑室周围白质，达到新的代偿性脑脊液循环。起病隐袭，表现为痴呆、步态异常、尿失禁及脑室扩大，而脑脊液压力正常。

　　（4）脑血管痉挛　　发生率为30% ~50%，继发脑缺血、脑梗死是蛛网膜下隙出血后常见而且危险的并发症。根据痉挛发生的时间可分为急性痉挛和迟发性痉挛。急性脑血管痉挛常在蛛网膜下隙出血后立即出现，持续时间短，多在 24 小时之内缓解，临床表现为短暂的意识障碍和一过性神经定位体征。

迟发性脑血管痉挛常发生于出血后的 4～12 天，并持续数日至数周，临床表现为病情稳定后又出现神经系统定位体征及意识障碍或在原有基础上加重，此症状和体征多不稳定，大多数在 1 个月内恢复正常。

（三）辅助检查

1. 头颅 CT　是诊断 SAH 的首选方法。在 SAH 发病后 24 小时内，CT 的敏感度高达 90%～95%，发病后 5 天内敏感度可达 85%，发病后 2 周后敏感度低于 30%。CT 可发现脑池和脑沟内的弥散性高密度影，有时脑室也有高密度出血影。但出血 10 天后或出血量较少时，CT 检查可阴性。

2. 头颅 CTA　CTA 诊断动脉瘤的敏感度为 77%～100%。动脉瘤的大小、部位和影像设备质量影响 CTA 检查的敏感度及特异度。当动脉瘤直径≥5mm 时，CTA 的敏感度可达 95%～100%，若动脉瘤直径＜5mm，则敏感度仅为 64%～83%。

3. 头颅 MRI 和 MRA　MRI 也是确诊 SAH 的主要辅助诊断技术。MRI 在急性期的敏感度与 CT 相近，但随着病程的进展，其敏感度优于 CT。MRA 诊断颅内动脉瘤的敏感度可达 55%～93%。

4. DSA　是明确 SAH 病因、诊断颅内动脉瘤的"金标准"。SAH 脑血管造影有助于明确出血部位和性质（动脉瘤、动静脉畸形）。首次 DSA 检查结果为阴性的患者占 20%～25%，1 周后再行 DSA，有 1%～2% 患者发现之前未发现的动脉瘤。

5. 脑脊液检查　若怀疑 SAH，且急性期 CT 阴性，可行腰椎穿刺检查，如存在均匀血性脑脊液，可协助诊断少量的 SAH。

6. 心电图检查　有助于发现 SAH 引起的心肌受损，如 P 波高尖、Q-T 间期延长和 T 波增高。

（四）诊断与鉴别诊断

1. 诊断　突发剧烈头痛，并伴有恶心、呕吐、意识障碍、癫痫、脑膜刺激征阳性及头颅 CT 检查发现蛛网膜下隙呈高密度影，即可确诊 SAH。若头痛不严重，脑膜刺激征不明显，头颅 CT 检查未发现异常，但仍怀疑 SAH，则尽早行腰椎穿刺检查，腰椎穿刺可见均匀血性脑脊液，亦可确诊 SAH。若 CT 或腰椎穿刺提示 SAH，及早请神经外科医师会诊，以确定进一步的治疗方案，包括是否行血管造影等。

2. 鉴别诊断

（1）脑出血　深昏迷时与 SAH 不易鉴别，脑出血多有高血压，伴有偏瘫、失语等局灶性神经功能缺失症状和体征。原发性脑室出血、小脑出血、尾状核头出血等因无明显肢体瘫痪易与 SAH 混淆，仔细的神经系统检查、头颅 CT 和 DSA 检查可鉴别。

（2）高血压脑病　患者可急性起病，表现为头痛、呕吐、意识障碍、抽搐，检查发现血压升高，无脑膜刺激征，亦无神经系统局灶体征。经腰椎穿刺脑脊液压力可增高，但不含血。经治疗血压下降则症状很快缓解。

（3）颅内感染　各种类型的脑膜炎如结核性、真菌性、细菌性和病毒性脑膜炎等，虽有头痛、呕吐和脑膜刺激征，但常先有发热、脑脊液黄变、白细胞增加，也应注意与结核性脑膜炎鉴别，但后者头颅 CT 正常。

（五）急救处理

治疗原则包括控制继续出血和防止再出血，解除血管痉挛，祛除病因，防治并发症。一般对于由高血压脑动脉硬化、血液病、颅内炎症及不明原因等引起的蛛网膜下隙出血者，以及病重不能耐受手术或手术困难，或发病早期病情尚未稳定，病变部位未定和老年的患者均采取内科治疗。

1. 一般治疗　绝对卧床，一般为 4～6 周，过早离床活动，有导致再出血的危险。要监测生命体征和神经系统体征变化，积极给予对症处理，保持气道通畅，昏迷者应留置导尿，剧烈头痛、烦躁不安者可用镇静止痛剂，有癫痫发作者给予抗癫痫治疗。

2. 抗纤溶药物止血 目前主要用抗纤溶制剂，目的是阻止动脉瘤破裂处血栓溶解，预防再出血。如无禁忌证，发3天内给予6-氨基己酸、氨甲苯酸静脉滴注。

3. 降血压 血压过高是促发再出血的危险因素，适当应用降压药如钙离子通道阻滞剂、β受体阻断剂或ACEI类。一般血压正常的患者使收缩压维持在90~100mmHg，高血压患者血压维持在160/95mmHg。

4. 降颅内压 对有颅内压增高者，适当限制液体摄入量，防治低钠血症等有助于降低颅内压。临床常用脱水剂甘露醇、呋塞米、甘油果糖等降颅压，也可以酌情选用白蛋白。

5. 脑血管痉挛的防治 常用口服药物尼莫地平30~40mg，3次/日，硝苯地平10mg，3次/日。可选用尼莫地平注射液50mg，1次/日，缓慢滴注，注意低血压副作用。

6. 脑积水的防治 轻度急慢性脑积水可给予乙酰唑胺0.25g，3次/日，减少脑脊液分泌，内科治疗无效者可行脑室穿刺脑脊液外引流术、脑脊液置换或脑脊液分流术。

7. 外科治疗 经血管造影发现颅内动脉瘤或动静脉畸形时，如患者无手术禁忌，均应考虑手术治疗，目的是防止再出血的潜在危险。对于脑内血肿体积较大患者，可手术清除血肿，降低颅内压以抢救生命。

8. 介入治疗 如患者条件允许应尽早行脑血管造影，以明确出血原因并及早治疗，如情况允许，应尽早行动脉瘤介入治疗。

（六）快速诊断处理流程及转诊要求

快速诊断处理流程及转诊要求详见图5-11。

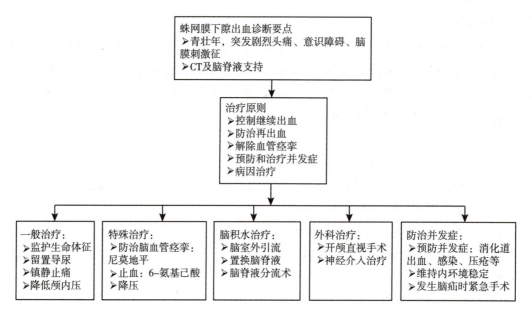

图5-11 蛛网膜下隙出血诊治流程

三、高血压脑病

高血压脑病是指当血压突然升高超过脑血流自动调节的阈值（中心动脉压>140mmHg）时，脑血流出现高灌注，毛细血管压力过高，渗透性增强，导致脑水肿和颅内压增高，甚至脑疝的形成，引起的一系列暂时性脑循环功能障碍的临床表现。若治疗不及时或治疗不当则可导致不可逆的脑损害及其他严重并发症，甚至导致死亡。

（一）发病机制

高血压脑病的发病机制尚不明确，主要包括两个过程：①功能性改变，即脑血管扩张，脑血流过多的灌注脑组织引起高血压脑病；②器质性改变，即动脉壁急性损伤，呈纤维蛋白样坏死。这两个过程发生在血压急剧升高之后，尚无肾素或其他体液参与时。当平均动脉压 >180mmHg，血压自动调节机制丧失，收缩的血管突然扩张，脑血流量过多，液体从血管溢出，导致脑水肿和高血压脑病。

（二）临床表现

急骤起病，病情发展非常迅速。

1. 血压 血压突然升高，升高幅度较大，病程进展急剧。一般收缩压为 220～240mmHg，舒张压在 120～130mmHg 或以上。

2. 交感神经强烈兴奋 表现为发热、出汗、心率加快、皮肤潮红、口干、尿频、排尿困难及手足颤抖等。

3. 靶器官急性损害的表现

（1）头痛 常是高血压脑病的最初表现，约占70%，多数为全头痛或额顶部疼痛明显，咳嗽、活动用力时头痛明显，伴有恶心、呕吐。当血压下降后头痛可得以缓解。

（2）查体 可见神经系统定位体征，如一过性感觉障碍、偏瘫、失语，严重后表现为烦躁不安或嗜睡等意识障碍。视物模糊、视力丧失、眼底检查可见视网膜火焰状出血、渗出、视神经盘水肿。

（三）辅助检查

1. 常规检查 血常规、尿常规、肝肾功能、电解质、心肌酶学、心肌损伤标志物和心电图等。头颅 CT 为首选，必要时行颅脑 MRI 等检查。

2. CT 检查 主要表现为局部或弥漫性的白质水肿，累及灰质少见，可有占位效应。亦可从阴性、可逆性后部白质水肿发展至弥漫性脑水肿，甚至合并出血、脑疝。

3. 眼底检查 可见不同程度的高血压性眼底，视网膜动脉痉挛、硬化，甚至视网膜有出血、渗出物和视神经盘水肿。

（四）诊断与鉴别诊断

1. 诊断 根据高血压患者急骤的血压与颅内压升高的症状，当具备以下条件时应考虑高血压脑病。①高血压患者突然出现血压迅速升高，其中以舒张压大于120mmHg 为其重要的特征；②临床上出现以颅内压增高和局限性脑组织损害为主的神经精神系统异常的表现：突然剧烈的头痛，常伴有呕吐、黑朦、抽搐和意识障碍，一般在血压显著升高后 12～48 小时内发生；③患者经紧急降压治疗后，症状和体征随血压下降可在数小时内明显减轻或消失，不遗留任何脑实质损害的后遗症。

2. 鉴别诊断 如治疗后血压下降，而脑部症状及体征持续数日不消失，提示存在脑内其他疾病可能，需与其他急性脑血管病相鉴别。

（1）出血或缺血性脑卒中 多见于中老年患者，血压可不高，头痛症状亦可不明显，但有神经系统定位体征，头颅 CT 或 MRI 有明确的病灶，脑电图有局限性脑实质损害征象。

（2）蛛网膜下隙出血 与高血压脑病一样，也可有突发的剧烈头痛、呕吐、脑膜刺激症状，部分患者也可有血压升高，意识障碍通常较轻，极少出现偏瘫，且脑脊液呈均匀性等特点，可与高血压脑病鉴别。

（3）颅内占位性病变 虽有严重头痛，但为缓慢出现，非突然发生，其他颅内压增高症状和局灶性神经体征亦是进行性加重，血压虽可升高，但不及高血压脑病的显著增高，可通过颅脑 CT 或 MRI 等检查加以确诊。

（五）急救处理

基本原则是在遇到血压显著升高的患者时，首先并不是盲目给予降压处理，而是通过病史采集、体格检查以及必要的实验室检查对患者进行评估，查找引起血压急性升高的原因和诱因，评估是否存在脑部损害、损害的部位以及程度。初步诊断为高血压脑病的患者应及时进行紧急有效的降压治疗，给予静脉降压药物，根据临床情况个体化选择单药或联合用药，积极去除引起血压急剧升高的原因和诱因，在短时间内使病情缓解，预防进行性或不可逆性靶器官损害，降低患者病死率。降压应遵循迅速平稳降低血压、控制性降压、合理选择降压药物原则。

关键是在降压同时保证脑灌注，尽量减少对颅内压的影响，在治疗的同时兼顾减轻脑水肿、降低颅内压。

高血压脑病降压治疗以静脉给药为主，1 小时内将 SBP 降低 20% ～25%，血压下降幅度不可超过50%。降压药物选择拉贝洛尔、乌拉地尔或尼卡地平，硝普钠因可引起颅内压升高，使用时要更加谨慎。颅内压明显升高者可加用甘露醇、利尿剂。合并抽搐的患者同时给予抗惊厥药物。症状控制后，逐步过渡到常规降压药治疗，并对原发病进行治疗，有肾功能衰竭者可行透析治疗。

（六）快速诊断处理流程及转诊要求。

快速诊断处理流程及转诊要求详见图 5－12。

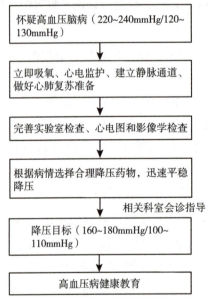

图 5－12 高血压病诊治流程

目标检测

答案解析

一、选择题

【A1／A2 型题】

1. 蛛网膜下隙出血最可靠的诊断依据是（　　）

    A. 头痛、呕吐　　　　　　　　　　　　B. 脑膜刺激征

    C. 腰椎穿刺见均匀血性脑脊液　　　　　D. 一侧动眼神经麻痹

    E. 偏瘫

2. 蛛网膜下隙出血最常见的病因是（　　）

A. 高血压　　　　　　　B. 血液病　　　　　　　C. 脑动脉粥样硬化

D. 先天性颅内动脉瘤　　E. 脑血管畸形

3. 蛛网膜下隙出血需要绝对卧床（　　）

A. 一般为 1~2 周　　　　B. 一般为 2~3 周　　　　C. 一般为 4~6 周

D. 一般为 3~4 周　　　　E. 一般为 5~6 周

4. 高血压脑病降压治疗以静脉给药为主，1 小时内将 SBP 降低（　　）

A. 10%~15%　　　　　　B. 10%~20%　　　　　　C. 20%~25%

D. 30%~40%　　　　　　E. 20%~50%

5. 明确 SAH 病因、诊断颅内动脉瘤的"金标准"是（　　）

A. 腰椎穿刺　　　　　　B. CT 增强造影　　　　　C. MRI

D. DSA　　　　　　　　E. 经颅多普勒

6. 年轻女性，因反复发作一侧搏动性头痛 3 年就诊，头痛发作前常伴有视物变形，物体颜色改变，有时伴面部麻木感。发作时伴恶心呕吐、畏光，且摇头时头痛加重，呕吐及睡眠后头痛可减轻，神经系统检查无异常。该患者最可能的诊断为（　　）

A. 三叉神经痛　　　　　B. 偏头痛　　　　　　　C. 脑肿瘤

D. 肌紧张性头痛　　　　E. 青光眼

二、思考题

患者，男，31 岁，突发剧烈头痛 1 小时，以枕部为著，伴喷射性呕吐 3 次。查体：痛苦面容，全身大汗，脑膜刺激征阳性。请问：

（1）对该患者最可能的诊断是什么？

（2）处理原则是什么？

第九节　晕　厥

PPT

》》 情境导入

情境描述　患者，男，53 岁，因头晕乏力 2 年，突发晕厥 1 次就诊。患者近 2 年自觉头晕乏力，活动后出现黑矇，休息可缓解。20 分钟前患者突然出现意识丧失，持续 2 分钟后缓解，外院心电图提示心动过缓。既往有心律失常病史。查体：血压 90/60mmHg，神志清楚，四肢血压对称无明显差异，颈动脉、锁骨下动脉未闻及血管杂音，肺部未见异常，心尖搏动位置正常，心界无扩大，心率 43 次/分，律齐，各瓣膜区未及杂音。腹部查体未触及明显异常，颈软，双侧病理征（－），心电图检查示窦性心动过缓，心率 43 次/分，T 波低平。超声心动图示各瓣膜活动良好，左心室顺应性差。血常规、电解质、血糖在正常范围。X 线胸片正常。24 小时动态心电图示窦性心动过缓，心率 38~48 次/分，未见异位心律及心律失常。

讨论　1. 诊断及诊断依据是什么？

　　　　2. 治疗原则是什么？

一、概述

晕厥是指一过性全脑供血不足而出现的短暂意识丧失，发作时患者因肌张力消失不能保持正常姿势而倒地，一般为突然发作，迅速恢复，很少有后遗症。意识丧失如果超过 10~20 秒，患者可出现抽搐、大小便失禁。少数患者可因身体失控而发生外伤，以头部损伤较多见。

（一）发生机制与临床表现

1. 血管舒缩障碍

（1）单纯性晕厥　也称血管抑制性晕厥，多见于体弱年轻女性，发作常有明显诱因，如疼痛、情绪紧张、轻微出血、恐惧、各种穿刺及小手术等，在天气闷热、空气污浊、疲劳、空腹、失眠及妊娠等情况下更易发生。晕厥前期有头晕、眩晕、恶心、上腹不适、面色苍白、肢体发软和焦虑等，持续数分钟继而突然意识丧失，常伴有血压下降、脉搏微弱、出冷汗，持续数秒或数分钟后可自然苏醒，醒后定向力和行为随即恢复正常。发生机制是由于各种刺激通过迷走神经反射，引起短暂的血管床扩张，回心血量减少、心输出血量减少、血压下降引起脑供血不足所致。

（2）直立性低血压　也称为体位性低血压，表现为在体位骤变，主要由卧位或蹲位突然站起时发生晕厥。可见于：①某些长期站立于固定位置及长期卧床者；②服用某些药物，如氯丙嗪、胍乙啶、亚硝酸盐类等或交感神经切除术后患者；③某些全身性疾病，如脊髓空洞症、多发性神经根炎、脑动脉粥样硬化、急性传染病恢复期、慢性营养不良等。发生机制可能是由于下肢静脉张力低，血液蓄积于下肢（体位性）、周围血管扩张淤血（服用亚硝酸盐药物）或血循环反射调节障碍等因素，使回心血量减少、心输出量减少、血压下降引起脑供血不足所致。

（3）颈动脉窦综合征　由于颈动脉窦附近病变或受到刺激，如局部动脉硬化、动脉炎、颈动脉窦周围淋巴结炎或淋巴结肿大、肿瘤以及瘢痕压迫或介入治疗颈动脉窦受刺激，致迷走神经兴奋、心率减慢、心排血量减少、血压下降致脑供血不足。常见诱因有用手压迫颈动脉窦、突然转头、衣领过紧等。可表现为发作性晕厥或伴有抽搐。

（4）咳嗽性晕厥　见于慢性肺部疾病患者，剧烈咳嗽后发生。发病机制可能是由剧烈咳嗽时胸腔内压力增加，静脉血回流受阻，心排血量降低、血压下降、脑缺血所致，亦有认为是由剧烈咳嗽时脑脊液压力迅速升高，对大脑产生震荡作用所致。

（5）排尿性晕厥　多见于青年男性，在排尿中或排尿结束时发作，持续 1~2 分钟，自行苏醒，无后遗症。机制可能为综合性的，包括自身自主神经不稳定，体位骤变（夜间起床），排尿时屏气动作或通过迷走神经反射致心排血量减少、血压下降、脑缺血。

（6）其他　如剧烈疼痛、下腔静脉综合征（晚期妊娠和腹腔巨大肿物压迫）、食管疾病、纵隔疾病、胸腔疾病、胆绞痛、支气管镜检时由于血管舒缩功能障碍或迷走神经兴奋，引致晕厥发作。

2. 心源性晕厥
由于心血管病引起心排血量突然减少或心脏停搏，导致脑组织缺氧而发生。部分心源性晕厥患者可发生猝死。常见原因有心律失常致晕厥，以及各种原因（包括药物）导致的心动过缓（心室率 <40 次/分）和快速型室性心律失常（心率 >130 次/分）均可引起急性脑缺血而发生晕厥。表现为突然意识丧失、心音消失（心室扑动或颤动）、抽搐、面色苍白或青紫。心电图或 24 小时心电图动态监测多能明确诊断。再者器质性心脏病致晕厥，如心脏瓣膜病、急性心肌缺血、心肌梗死、肥厚型心肌病、左心房黏液瘤、心包压塞等。超声心动图、心电图和 CT 等检查有助诊断。

3. 脑源性晕厥
由于脑血管或主要供应脑部血液的血管发生循环障碍，引起一时性广泛性脑供血不足所致。如脑动脉硬化引起血管腔狭窄，高血压病引起脑动脉痉挛，偏头痛及颈椎病时后循环缺血，各种原因所致的脑动脉微栓塞、动脉炎等病变均可出现晕厥。由于累及的血管不同而表现各异，如偏瘫、肢体麻木、语言障碍等。

4. 其他

（1）低血糖综合征　由于血糖低而影响大脑的能量供应所致，表现为头晕、乏力、饥饿感、恶心、出汗、震颤、神志恍惚、晕厥甚至昏迷。

（2）过度通气综合征　由于情绪紧张或癔症发作时，呼吸急促、通气过度，二氧化碳排出增加，导致呼吸性碱中毒、脑部毛细血管收缩、脑缺氧，表现为头晕、乏力、颜面四肢针刺感，并因可伴有血钙降低而发生手足搐搦。

（二）辅助检查

1. 常规检查 血常规、血糖、电解质、血红蛋白、心肌损伤标志物等检查有助于鉴别，由低血糖、严重贫血引起的意识障碍。

2. 心电图与24小时心电图监测 可明确有无心率<50次/分或窦房传导阻滞、双束支传导阻滞、有心肌梗死Q波、预激波形、室内传导阻滞、长Q-T间期、莫氏Ⅱ型房室传导阻滞、$V_1 \sim V_3$导联ST段抬高的右束支传导阻滞（Brugada综合征）、右心室心肌病。

3. 超声心动图 可发现心脏器质性病变，如主动脉瓣狭窄、心房黏液瘤、主动脉夹层、肥厚型梗阻性心肌病等。

4. 电生理检查 对于明确窦房结和房室结功能异常、室性或房性快速心律失常等有重要参考价值。

5. 冠脉造影检查 用于排除心肌缺血诱发的心律失常。

6. 脑电图、CT、MRI 检查对单纯晕厥患者，此类检查阳性率不高，但应视有器质性疾病患者具体情况选择性检查。

7. 精神检查 精神性昏厥并不少见，多与焦虑状态引起过度呼吸及血管抑制性反应而导致意识丧失有关。

8. 其他检查 包括颈动脉窦按摩、运动激发试验和直立倾斜试验，对于诊断不明原因晕厥有一定意义。

（三）急救处理

1. 体位 立即将患者置于平卧位，双足稍抬高，松解衣领及腰带。

2. 呼吸 保持呼吸道通畅，给予吸氧，纠正低氧血症。

3. 心律失常与低血压 心率<40次/分者，立即给予阿托品1mg静脉注射。不伴有心动过缓但血压过低者，可立即静脉注射肾上腺素0.5~1mg对抗，或加入生理盐水或5%葡萄糖溶液250ml静脉滴注。

4. 心源性晕厥 对器质性心脏病行病因治疗，如发生心跳、呼吸骤停，立即行心肺脑复苏。

5. 血管迷走神经性晕厥 提高心理适应性，避免心理应激引起的过度通气。适当增加含盐饮食和含盐饮料，防止脱水，加强锻炼，避免或减量应用血管扩张药物。对于心脏抑制型血管迷走神经性晕厥，发作频次>5次/年，或年龄>40岁者应安装起搏器。

（四）快速诊断处理流程及转诊要求

快速诊断处理流程及转诊要求详见图5-13。

二、阿-斯综合征

阿-斯综合征（Adams-Stokes）是指突然发作的严重的、致命的缓慢型或快速型心律失常，使心排血量在短时间内锐减，产生严重脑缺血、意识丧失和晕厥等引起急性脑缺血发作的临床综合征。属于临床急危重症，往往需要紧急救治，要高度警惕，及时发现。

（一）病因

1. 缓慢型心律失常

（1）病态窦房结综合征 包括持久性窦性停搏、严重窦房传导阻滞、慢-快综合征、双结病变等，均易发生心源性晕厥。

（2）高度或完全性房室传导阻滞 当心室率极度缓慢时，可发生心源性晕厥。

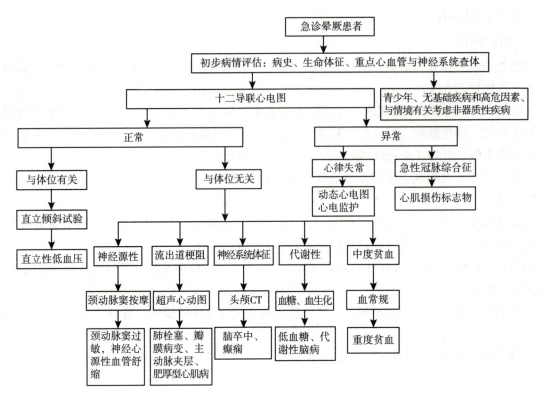

图 5 - 13   晕厥的诊疗流程

2. 快速型心律失常

（1）室上型快速型心律失常   ①阵发性室上性心动过速一般不会引起心源性晕厥。当心室率超过180 次/分且伴有器质型心脏病时则可发生晕厥；②心房扑动和心房颤动、预激综合征参与的快速型室上性心律失常、多条旁路所致房室折返性心动过速、房室结折返性心动过速经旁路下传、房性心动过速伴1：1 旁路下传、心房扑动伴1：1 或2：1 旁路下传及心房颤动经旁路下传等快速型室上性心律失常因常伴有快速心室率而导致心源性晕厥。

（2）室性快速型心律失常   主要有室性心动过速、心室扑动和心室颤动、频发多源室性期前收缩引起心源性晕厥。

3. 急性心脏排血受阻

（1）心肌病变   主要见于原发性肥厚型梗阻性心脏病，部分患者晕厥和猝死与心律失常有关。

（2）心脏瓣膜病变   主要为瓣膜狭窄所致，多见风湿性心脏瓣膜病变、先天性或退行性瓣膜病变、左心房黏液瘤、心腔内附壁血栓、冠心病心肌梗死、大面积肺栓塞、主动脉夹层、心包压塞导致晕厥发作。

4. 先天性心脏病   常见法洛四联症、原发性肺动脉高压、艾森曼格综合征等多在运动或用力时发生晕厥。

（二）临床表现

阿-斯综合征临床表现为短暂意识丧失、面色苍白、发绀、血压下降、大小便失禁、抽搐等。心搏停止2~3 秒可表现为头晕，4~5 秒则表现为面色苍白、神志模糊，5~10 秒则可出现晕厥，5 秒以上则发生抽搐和发绀，可有鼾声及喘息性呼吸，有时可见潮式呼吸。症状的出现和严重程度与起病缓急、患者耐受情况等有关。症状发作时心音消失、脉搏和血压测不到，快速进行血流动力学评价。心电图示窦性静止、室性心动过速、心室颤动或严重窦性心动过缓等。

（三）辅助检查

1. 心电图检查　若心源性晕厥为心律失常所致，心电监护或普通体表心电图可发现心律失常是快速型还是缓慢型，是室上性还是室性，对明确诊断和治疗都极有价值。24小时动态心电图可发现某些相关的心律失常，并可判断心律失常与症状的关系，必要时可作心脏电生理检查以鉴别晕厥的原因。

2. 超声心动图　在发作间歇期病情稳定后可行该项检查，有利于排除因心脏排血受阻的疾病和先天性心脏病导致的心源性晕厥发作。

3. 其他　直立倾斜试验、颈动脉窦按摩、立卧位血压和脉率的测定、瓦氏试验等。

（四）诊断与鉴别诊断

根据患者病史以及发作时心脏听诊、心电图检查可以明确诊断。晕厥的鉴别诊断应将可能引起晕厥的其他疾病如血管迷走神经性晕厥、体位性晕厥、颈动脉窦晕厥、脑源性晕厥、代谢性疾病和血液成分改变所致的晕厥和精神疾病所致的晕厥进行鉴别，并与癫痫发作相鉴别（表5-7），其次还要与癔症、低血糖进行鉴别。

表5-7　痫性发作和晕厥的区别

临床特征	痫性发作	晕厥
发作与体位的关系	无关	多在站立时发作
发作的时间	白天、夜间均发作，睡眠时较多	白天较多
发作时皮肤颜色	青紫或正常	苍白
先兆症状	短，数秒	较长，可数十秒
抽搐	常见	少见
伴有尿失禁或舌咬伤	常见	少见
发作后意识障碍	常见	少见
发作后头痛	常见	无
神经系统定位体征	可有	无
心血管异常	无	常有
发作间期脑电图异常	常有	罕见

（五）急救处理

1. 一般治疗　注意稳定患者生命体征，对于血流动力学不稳定的患者及时处理，卧床休息、给氧，建立静脉通道，防止误吸和摔伤，十二导联心电图和心电监护。发作期间应使患者取头低足高位，使脑部血供充分，并将患者的衣服纽扣解松，头转向一侧以免舌头后倒堵塞气道。

2. 心源性晕厥　①对于从未发生阿-斯综合征严重缓慢型心律失常者，可选用阿托品首剂0.5mg，每隔3~5分钟重复，总量不超3mg，对于QRS波宽大畸形者慎用。如果阿托品无效，也可用异丙肾上腺素10mg舌下含服，每4~6小时1次。必要时可用0.5~1mg稀释至5%葡萄糖溶液500ml持续滴注，维护心室率60~70次/分。过量异丙肾上腺素可明显增快心房率而加重房室传导阻滞，而且还能导致严重室性异位心律。对于由完全性或高度房室传导阻滞、双束支传导阻滞、病态窦房结综合征导致的晕厥及阿-斯综合征发作者应置入起搏器。若为暂时性严重房室传导阻滞应置入临时起搏器。因洋地黄引起的完全性房室传导阻滞，停药后反应良好，以后再用药时宜以更小剂量谨慎地使用，期间可能需要临时起搏。并发于下壁心肌梗死的三度房室阻滞用阿托品有效，通常自动缓解。并发于前壁心肌梗死，提示梗死范围广泛，即刻和远期预后严重。心排血量通常由逸搏的心室起搏点维持，但其逸搏心率可能很慢，节律不稳定，应紧急植入经静脉起搏电极；②对于心动过速性心律失常所致晕厥，如室性心律失常包括频发或多源性室性期前收缩、室性心动过速、心室扑动、心室颤动等通常选用普罗帕酮、胺碘酮、利多卡因等抗心律失常药物，有条件的单位，可首选电复律；③Q－T间期延长引起的尖端扭转型室性心动过速所致晕厥，除可使用利多卡因外，禁忌使用延长复极的抗心律失常药物，包括所有Ⅰa类和Ⅲ类抗心律失常药。通常应给予增加心率的药物如异丙肾上腺素或阿托品，如无效则可行人工心脏起搏治疗，以保证心室率100~120次/分。对于由心肌缺血引起的Q－T间期正常的尖端扭转型室性心动过速所致晕厥，除病因治疗外，可按室性心动过速进行常规治疗。

3. 病因治疗　明确心源性晕厥的病因后，应针对病因治疗，如纠正水、解质及酸碱平衡紊乱以及改善心肌缺血等。对于急性心脏排血受阻所致的晕厥，患者避免剧烈运动，防止晕厥发作，此外，应注意某些急需抢救的疾病，如脑出血、心肌梗死、心律失常和主动脉夹层等，若有手术指征则应尽早行手术治疗。

（六）快速诊断处理流程及转诊要求

快速诊断处理流程及转诊要求详见图5－14。

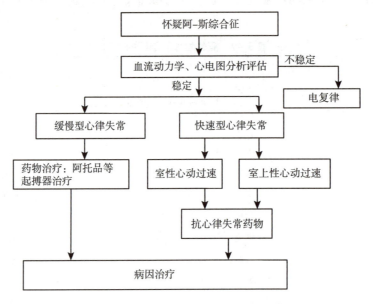

图5－14　阿－斯综合征诊疗流程

三、短暂性脑缺血发作

短暂性脑缺血发作（transient ischemic attack，TIA）是指因一过性脑缺血所致的、不伴急性梗死的短暂性神经功能缺损发作。突然起病，临床症状几分钟达到高峰，多在1~2小时内恢复，不遗留神经功能缺损的症状和体征。

 素质提升

开启生命的绿色通道

TIA指大脑某一部位组织发生血液循环障碍，出现暂时性、可逆性的神经功能受损，持续时间一般小于24小时，即"来也匆匆，去也匆匆"，易被忽视。TIA如秧苗出现暂时的干枯，当血管堵塞时得不到滋润，血供恢复后又重获新生。但如不加干预，也将产生严重的后果。卒中后的风险非常高，一旦患者发生脑卒中，溶栓是关键，时间就是大脑，病情就是警情，风雨无阻迅速达到医院，开启生命绿色通道，挽救患者生命，因此，医务工作者应具有爱岗敬业、精益求精的职业态度与奉献意识。

（一）病因与发病机制

常伴有高血压、糖尿病、血脂异常、动脉粥样硬化和心脏病等脑血管病的危险因素。

1. 微栓塞　微栓子是 TIA 的主要病因，多来源于颈部和脑内大动脉，尤其是动脉分叉处的动脉粥样硬化斑块破裂后栓子脱落或心源性（常见于心房颤动患者）的微栓子脱落，随血液流入大脑，阻塞远端血管引起神经缺损症状。当微栓子崩解或向血管远端移动后，局部血流恢复，症状便消失。

2. 血液成分改变　如真性红细胞增多症、白血病、血小板增多症、贫血、血异常蛋白血症、血纤维蛋白原含量增高和各种原因所致的血液高凝状态等都可能引起 TIA。

3. 血流动力学改变　在各种原因引起的颈部或脑动脉狭窄的基础上，当血压波动或低血压时，狭窄血管远端的血流减少，出现短暂性脑缺血症状，当血压回升后，局部血流恢复，TIA 的症状消失。临床上脑动脉狭窄导致的 TIA 发作多具有短暂、刻板、反复的特点。

4. 其他　颅内动脉炎、脑溢血综合征、脑血管痉挛或受压等可引起脑缺血发作。

（二）临床表现

TIA 多于 50～70 岁发作，男性多于女性。起病突然，迅速出现局灶性神经系统功能缺损，很少出现全脑症状，一般多在 1～2 小时内恢复，不遗留神经功能缺损体征。多有反复发作的病史，每次发作时的临床表现基本相似，具有发作性、短暂性、可逆性、反复性的临床特征。椎 - 基底动脉系统 TIA 更易出现反复发作。TIA 临床症状因受累责任血管而表现各异。

1. 颈内动脉系统 TIA　病变对侧发作性的肢体单瘫、偏瘫、感觉障碍和面瘫，患侧一过性单眼黑矇或失明（眼动脉受累所致），同侧 Horner 征，优势半球受累可出现失语，病灶对侧同向性偏盲（大脑中 - 后动脉皮层支分水岭区缺血，颞 - 枕交界区受累所致）。

2. 椎 - 基底动脉系统 TIA　最常见的症状是眩晕、恶心和呕吐，大多数不伴有耳鸣，为脑干前庭系统缺血的表现。交叉性感觉障碍和脑神经交叉性瘫痪是椎 - 基底动脉系统 TIA 的特征性症状。还可以出现一侧或两侧视力障碍或视野缺损、复视、吞咽困难和构音障碍、共济失调及平衡障碍、意识障碍（脑干网状结构受损）等。脑干网状结构缺血可引起跌倒发作，表现为突然出现双下肢无力而倒地，但可随即自行站起，整个过程中意识清楚。

（三）辅助检查

1. 血液生化检查及心电图　如血常规、血糖、同型半胱氨酸、凝血功能、D - 二聚体和血脂等。心电图及超声心动图有助于判断是否存在心源性栓子。

2. 头部 CT 和 MRI　TIA 患者头部 CT 和 MRI 检查多正常，MRI 弥散加权成像（DWI）有助于发现新发梗死灶，灌注加权成像（PWI）可显示脑局部缺血性改变，但影像学上也没有急性脑梗死的证据。

3. 血管造影　DSA、MRA 和 CTA 可以初步了解脑部血管狭窄部位程度、有无闭塞及侧支循环等情况。

4. 经颅多普勒（TCD）及颈动脉超声 TCD 检查　可监测微栓子，发现狭窄或闭塞的颅内大动脉判断其狭窄程度，了解侧支循环的代偿状况。颈动脉超声可发现动脉硬化斑块并评价斑块性质、血管狭窄的程度及是否存在闭塞。

（四）诊断与鉴别诊断

1. TIA 诊断要点　突然起病，短暂的、局灶性脑或视网膜缺血症状，多在 1 小时内缓解，持续时间不超过 24 小时，可反复发作，发作间期完全恢复正常。为防止 TIA 反复发作及脑梗死发生应寻找病因，做进一步检查，如头部 CT 和 MRI 正常或未显示责任病灶，在排除其他疾病后，即可诊断 TIA。

2. 鉴别诊断

（1）梅尼埃病 表现为反复发作性眩晕伴恶心、呕吐，每次持续数小时，一侧耳鸣，耳内胀满感，随着发作次数的增多，听力逐渐减退。除自发性眼震，中枢神经系统检查正常。

（2）单纯部分性癫痫 一般表现为局部肢体抽动，多起自一侧口角，然后扩展到面部或一侧肢体，或出现为肢体麻木感和针刺感等，持续时间更短，脑电图可有异常。部分性癫痫多由脑部局灶性病变引起，头部 CT 和 MRI 有助于发现病灶。

（3）良性发作性位置性眩晕 其发病女性多于男性，患病率随着年龄增加而增加，是一种与头位变换有关的位置性眩晕，每次发作持续时间短暂，多数 <1 分钟。针对耳石症的手法复位效果较好。

（五）急救处理

治疗原则是积极筛查病因及危险因素，全面评估，积极给予相应干预治疗，应遵循个体化治疗。

1. 病因治疗 是预防 TIA 复发的关键。要积极查找病因，针对可能存在的脑血管病危险因素，如高血压、糖尿病、血脂异常、心脏疾病等进行积极有效的干预治疗。同时应建立健康的生活方式，适度运动，避免酗酒，控制体重等。

2. 药物治疗

（1）抗血小板聚集药物 对非心源性 TIA 患者，建议给予抗血小板治疗而非抗凝治疗。主要包括阿司匹林 50～325mg，每日 1 次；氯吡格雷 75mg，每日 1 次，并注意药物副作用。不推荐一般患者长期进行阿司匹林联合氯吡格雷的双重抗血小板治疗。

（2）抗凝治疗 抗凝治疗不应作为 TIA 患者的常规治疗。对于伴有心房颤动、风湿性二尖瓣病变等的 TIA 患者，建议口服华法林抗凝治疗。一般华法林 1～3mg，每日 1 次，3～5 天后改为 2.5～5mg 维持，并参考国际标准化比值（INR）调整剂量，使 INR 只控制在 2.0～3.0。因该药起效缓慢，如需快速达到抗凝效果，可同时应用普通肝素或低分子肝素，待华法林充分发挥抗凝效果后停用肝素。

（3）钙离子拮抗剂 能阻止细胞内钙超载，防止血管痉挛，增加血流量，改善微循环。尼莫地平 20～40mg，每日 3 次，盐酸氟桂嗪 5～10mg，每日睡前口服 1 次。

（4）其他 可应用中医中药改善循环。如患者血纤维蛋白原明显增高，可以考虑应用降纤药物如巴曲酶、降纤酶等。

3. 手术和介入治疗 常用方法包括颈动脉内膜切除术、动脉血管成形术及血管内支架置入术等。

（六）快速诊断处理流程及转诊要求

快速诊断处理流程及转诊要求详见图 5-15。

四、癔症性晕厥

癔症性晕厥，又称撤病性昏厥、癔症性昏迷、癔症性昏厥，主要是在精神刺激因素作用下发病，是癔症的一种临床类型。患者有癔症史，发作时突然倒地屏气、面色潮红、双目紧闭、全身僵硬或手足不规则舞动，面部表情紧张症状可维持 10 分钟至数小时不等，无口吐涎沫、二便失禁等症状，血压、脉搏等生命体征正常。

（一）病因

病因较为复杂，常因心理因素引起，类似于意识丧失，一般与心理素质、内心冲突、环境刺激因素相关。这些因素使患者感到委屈、气愤、羞愧、窘迫、悲伤、恐惧等，可直接致病，或成为第一次发病的诱因，患者对此具有强烈的创伤性体验而起病。有部分患者多次发病后可无明显诱因，仅通过环境刺激或自我暗示即可发病。晕倒复苏后，受刺激可复发。易发于近期受过重大刺激的人群，如突然被人训

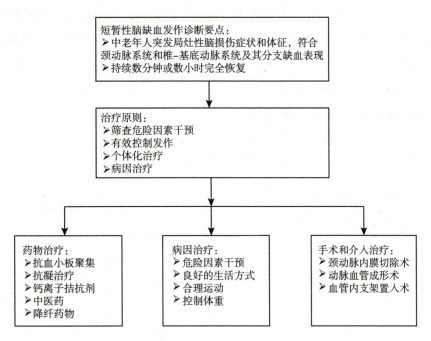

图 5 – 15　短暂性脑缺血发作诊疗流程

斥、凌辱、失恋等。另外，在原有情绪不稳定的基础上，若患者突然经受了外来的情绪刺激，也可诱发癔症性晕厥。

（二）临床表现

发病急，面色苍白、呼之不应，发病前往往有明显的精神刺激因素。发作时常有气管堵塞感、心悸、眩晕、过度换气、手足麻木等，随即出现意识丧失、肢体无规律性的抽搐，且持续时间较长，数分钟至数小时以上，其发作可因暗示而终止或加剧。发作时无口吐涎沫、二便失禁等，血压及脉搏等生命体征往往无改变。

体检时拔开眼睑可见患者眼球活动自如、游走不定，称之癔症性眼球。患者可伴有其他精神症状，既往可有类似的发作史，并可在卧位时发生。但突发癔症性晕厥的患者可有突然倒地引发摔伤等现象。

（三）诊断与鉴别诊断

常见于青年妇女，多在情绪激动时出现突然倒地、呼之不应，但意识清醒，无神经系统病理性体征，排除器质性病变或非依赖性物质所致精神障碍即可诊断。也可通过脑电图、头颅 CT 等检查排除神经系统的器质性疾病，以及其他检查均无异常，确诊本病，并与癫痫大发作相鉴别。

（四）急救处理

患者常在发病前有精神异常表现，随后猝然倒地、呼之不应，出现此类症状患者家属应立即把患者送医。

1. 一般治疗　解开患者衣领及过紧衣服。立即将患者平卧或头部略放低；抬高下肢 15 分钟，以增加回心血量。若有义齿，及时取出。保持呼吸道通畅，将患者头部后仰，打开气道，以保持呼吸道的通畅。

2. 药物治疗　癔症精神发作，兴奋、抽搐状态时需要做紧急处理，可选用 10% 葡萄糖酸钙 10ml 静脉注射，必要时可用镇静剂或抗焦虑药物。待安静后，可口服安定剂。急性期过后精神症状仍然明显者，可用盐酸氯丙嗪。

3. 心理疗法　是癔症性晕厥治疗的首选及主要方法，也是预防病情恶化的关键措施。要对患者进行心理调节（用暗示疗法等），长期维持治疗。引导患者正确认识病因，增强患者治愈信心，加强自我锻炼，促进身心健康。

（五）快速诊断处理流程及转诊要求。

快速诊断处理流程及转诊要求详见图5－16。

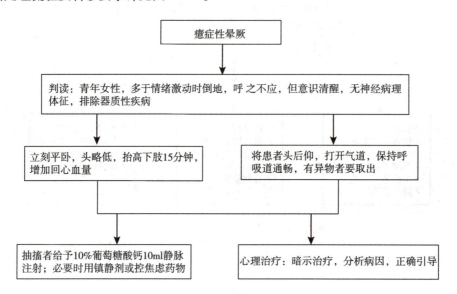

图 5－16　癔症性晕厥诊疗流程

目标检测

答案解析

一、选择题

【A1/A2 型题】

1. 椎－基底动脉系统短暂性脑缺血发作不可能出现的症状是
   A. 失写　　　　　　　B. 眩晕　　　　　　　C. 构音障碍
   D. 复视　　　　　　　E. 交叉瘫

2. 椎－基底动脉系统短暂性脑缺血发作最常见的症状是
   A. 眩晕　　　　　　　B. 耳鸣和耳聋　　　　C. 跌倒发作
   D. 吞咽困难　　　　　E. 复视

3. 72 岁男性，突发不能说话，左上下肢无力，约 10 分钟恢复，反复发作，发作后检查，神经系统正常。首先要考虑的诊断是
   A. 癫痫发作　　　　　B. 脑栓塞　　　　　　C. 癔症发作
   D. 颈内动脉系统 TIA　E. 椎－基底动脉系统 TIA

二、思考题

患者，男，60 岁，因发作性左侧肢体无力 2 小时入院，持续 5 分钟后自行缓解，发作后无短暂意识丧失，无肢体抽搐。既往有高血压病史 20 年，服用血管紧张素转换酶抑制剂（ACEI）类药物和钙离子拮抗剂，血压控制情况不详。查体：R 18 次/分，BP 165/100mmHg，神清，语利，双肺呼吸音清，心律

规整，各瓣膜未闻及杂音，左侧上下肢肌力正常，双侧病理征阴性。颅脑 CT 未见异常。请问：

（1）对该患者最可能的诊断是什么？

（2）第一步如何处理？

PPT

第十节　抽搐与惊厥

▶▶ 情境导入

情境描述　患者，女，17 岁，因突发意识丧失伴肢体抽搐 2 小时入院。2 小时前患者于睡眠时突然意识丧失，全身抽搐，伴眼球上窜、瞳孔散大、口唇青紫、舌咬伤和尿失禁，约持续 5 分钟，发作后入睡，醒后无记忆，既往健康。查体：血压 130/90mmHg，神志清楚，心脏检查无异常，双侧瞳孔直径 3mm，对光反射存在，四肢肌张力、肌力正常，感觉无异常，无病理征阳性，头颅 CT 检查未发现异常，脑电图检查可见棘慢复合波。

讨论　1. 诊断及诊断依据是什么？

　　　　2. 治疗原则是什么？

一、概述

抽搐与惊厥均属于不随意运动。抽搐是指全身或局部成群骨骼肌非自主的抽动或强烈收缩，常可引起关节运动和强直。当肌群收缩表现为强直性和阵挛性时，称为惊厥。惊厥表现的抽搐一般为全身性对称性、伴有或不伴有意识丧失。惊厥的概念与癫痫有相同点也有不相同点。

（一）病因

抽搐的发病原因很多，既可是神经系统的局部原因，也可能为全身疾病的神经系统表现，临床常见原因如下。

1. 大脑功能障碍性　癫痫具有反复发作史，发作表现各异，如大发作、小发作、局限性运动性抽搐。

2. 非大脑功能障碍性　手足搐搦症为间歇性双侧强直性肌痉挛，上肢、手、足最典型，全身型破伤风表现骨骼肌强直性痉挛，角弓反张、苦笑面容、牙关紧闭，但患者意识清醒。

3. 新生儿抽搐　除少数为破伤风，多数由低血糖、低钙血症或颅内病变引起。

4. 发热惊厥　婴幼儿，发热体温 >39℃，多单次全身性强直、阵挛性发作，常持续 <30 秒，一般不超过 10 分钟，主要因急性感染所致。

5. 中毒性抽搐　全身性肌强直痉挛性发作，少数呈局限性抽搐，有的发展为癫痫状态。多见农药、酒精、铅、汞、阿托品、樟脑中毒等。

6. 心源性抽搐　各种原因引起心排血量锐减，大脑血供短期内急剧下降，导致突然意识丧失和抽搐。

7. 急性脑部疾病　常见颅内感染、颅脑外伤、急性脑血管病等，除抽搐外，多伴有脑部局灶或弥散损害征象，如偏瘫、失语、昏迷等。

8. 癔症性抽搐　多为精神刺激发作，伴捶胸顿足、哭笑叫骂等情感反应发作，持续数分钟至数小时，肌收缩不符合强直与阵挛的规律。

9. 代谢、内分泌异常代谢　内分泌病致电解质紊乱，干扰神经细胞膜的稳定性引发的抽搐，如低钙血症、低镁血症、肾上腺危象、黏液性水肿等。

（二）发生机制

抽搐与惊厥发生机制尚未完全明了，认为可能是由于运动神经元的异常放电所致。这种病理性放电主要由神经元膜电位的不稳定引起，并与多种因素相关，可由代谢、营养、脑皮质肿物或瘢痕等激发，与遗传、免疫、内分泌、微量元素、精神因素等有关。根据引起肌肉异常收缩的兴奋信号的来源不同，基本可分为两种情况：①大脑功能障碍，如癫痫大发作等；②非大脑功能障碍，如破伤风、士的宁中毒、低钙血症性抽搐等。

（三）病史采集

询问既往有无发作的病史、首次发作年龄、每次发作持续时间、发作频度及家族中有无类似发作史者，发作前有无先兆及诱因；抽搐的类型，是全身性抽搐还是局限性抽搐；注意有无意识丧失、发热、恶心、呕吐、头痛、视物模糊、头外伤；是否为妊娠高血压，有无心血管、肾脏病变、内分泌及代谢紊乱等，有无用药情况，有无咬伤史。

（四）临床表现

病因不同，抽搐和惊厥的临床表现形式也不同，通常分为全身性和局限性两种类型。

1. 全身性抽搐　以全身骨骼肌痉挛为主要表现，多伴有意识丧失。

（1）癫痫大发作　表现为患者突然意识模糊或丧失，全身强直、呼吸暂停，继而四肢发生阵挛性抽搐，呼吸不规则，大小便失禁、口唇发绀，持续约半分钟自行停止，也可反复发作呈持续状态。发作时可有瞳孔散大、对光反射消失、病理征阳性等，发作停止后不久意识恢复。如为肌阵挛性，一般只是意识障碍。由破伤风引起者为持续性强直性痉挛，伴肌肉剧烈的疼痛。

（2）癔症性发作　发作前常有明显的诱因，如生气、情绪激动或各种不良刺激，发作样式不固定，时间较长，没有舌咬伤和大小便失禁。经他人劝导或给予镇静药物后可终止。

2. 局限性抽搐　以身体某一局部连续性肌肉收缩为主要表现，大多见于口角、眼睑、手足等，而手足搐搦症则表现为间歇性双侧强直性肌痉挛，有以上肢手部呈"助产士手"的典型表现。

（五）辅助检查

1. 实验室检查　可做血、尿常规，血生化（血糖、血钙磷、尿素氮、血脂、电解质等）及大便虫卵检查。必要时做血气分析、肝肾功能检查、内分泌检查、毒物分析等。

2. 脑电图及视频脑电图　在癫痫患者的发作间歇期，80% 有异常脑电图发现。脑电图检查有助于明确发作类型、病灶定位。视频脑电图是鉴别癫痫性抽搐和非痫性抽搐关键的辅助检查，结构影像如头颅 CT、MRI 对脑部疾病引起的抽搐有定位和定性作用。

3. 影像学检查　功能影像如 CT、PET、MRI 不但对有明显脑部结构损害引起的抽搐有定位和定性作用，更重要的是对仅有功能损害的脑部病变仍有定位定性诊断作用。

4. 其他　必要时做脑脊液、肌电图及神经传导速度等检查。原发性癫痫患者的脑脊液正常，继发性癫痫脑脊液多异常。

（六）诊断与鉴别诊断

应注意发病年龄、家族史、服药史、头部外伤史，对 25 岁以上初次发病患者应着重排除继发性抽搐。注意评估生命体征，如脉搏、心率、心律、心音、血压、呼吸、血氧饱和度。神经系统检查注意有无偏盲、偏瘫、失语等。眼底检查有无视神经盘水肿，以了解是否为肿瘤等颅内压增高所引起，如有视网膜血管改变则考虑脑血管病变所致。发作时瞳孔散大和对光反应消失见于各种原因引起的癫痫大发作。局限性神经功能缺失症状如单瘫、偏瘫、感觉障碍、颅神经麻痹、摇头症等的发现，为抽搐的定位、病因做出参考性诊断意见。

（七）急救处理

1. 迅速控制抽搐与惊厥发作 选择速效的抗惊厥药，地西泮 10～20mg 缓慢静脉注射，或苯巴比妥钠 0.1～0.2g 肌内注射，或水合氯醛（通常为 2% 溶液 50ml）或副醛 5～10ml 保留灌肠。25% 硫酸镁 5～10ml 肌内注射，主要用于破伤风和子痫的抗惊厥治疗。

2. 病因治疗 中毒性抽搐，迅速彻底清除毒物，应用特效解毒剂；急性感染性疾病所致者选用相应有效的抗生素；破伤风者须用大量破伤风抗毒素；高热惊厥，首先降温，使体温控制在 38℃ 以下；低血糖发作应立即静脉注射高渗葡萄糖液；水、电解质平衡失调应分别纠正所缺少的钙、钠、镁；心源性抽搐者，应尽快建立有效循环，提高心排血量，治疗原发病；对肝肾功能衰竭者，改善并恢复其功能至关重要；颅内肿瘤、血肿、脓肿、脑寄生虫病及各种原因导致的脑水肿引起抽搐者，必须脱水降颅内压，必要时行外科手术治疗。

3. 并发症治疗 抽搐严重发作，可引起酸中毒、电解质失调等并发症，进而又加重抽搐发作，甚至危及生命。单用抗抽搐药物仍无效时，应注意寻找并处理并发症。适当选用抗生素，以预防和控制并发感染。维持呼吸、循环、体温、水电解质平衡。一旦有脑水肿、呼吸循环衰竭、电解质失调、酸中毒等并发症征象，均须及时有效处理，才能控制抽搐发作，使患者转危为安。

（八）快速诊断处理流程及转诊要求

快速诊断处理流程及转诊要求详见图 5－17。

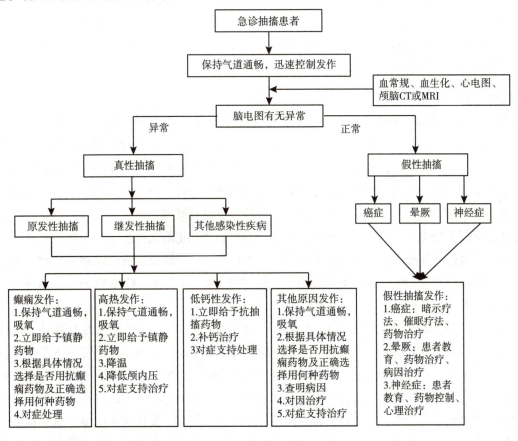

图 5－17 抽搐与惊厥诊疗流程

二、癫痫持续状态

癫痫持续状态是指癫痫频繁发作，以致发作间隙中患者意识未完全恢复又频繁发作，或发作连续超过 30 分钟以上仍未自行停止。是急诊科急危重症之一，任何类型癫痫均可出现癫痫状态，若不及时治疗可能因高热、循环障碍等导致永久性脑损伤或死亡。

 素质提升

不要让癫痫成为成功路上的绊脚石

癫痫发病率很高，在历史上曾出现过很多身患癫痫的伟人，疾病丝毫不能阻碍他们勇攀人生高峰，成就一番事业，获得众人的掌声。其中，诺贝尔奖的创立者——诺贝尔就是一位癫痫患者，他曾在一首诗中描写过癫痫发作时的抽搐和痛苦，但疾病并没有影响诺贝尔的成就，他在炸药的研究方面取得了重大突破。诺贝尔逝世前，将部分遗产作为基金，设立了具有国际性的诺贝尔奖，颁发给物理、化学、生理学医学、文学及和平 5 个领域成就最突出的人。通过诺贝尔虽身患疾病，但不懈努力，取得重大成就的故事告诫学生，在学习工作中可能会遇到各种困难、歧视，让他们觉得做人比别人天生就差了很多，常常情绪低落，甚至有绝望之感。但只要坚持与努力，就会实现自己的理想与愿望，成就自己的事业。

（一）病因与诱因

1. 病因　婴儿、儿童期多为感染、产伤和先天畸形，20～50 岁以颅脑外伤、脑寄生虫、颅内感染和脑肿瘤为常见，50 岁以上多为脑卒中、脑肿瘤、脑外伤和脑变性疾病。

2. 诱因　主要为较低的抗癫痫药物水平（停服、减量或突然换药等），其次为发热、感染、精神心理因素、过度劳累、失眠、脑外伤。其余为孕产、饮酒或戒断、药物中毒如大剂量抗抑郁药或致痫药物如三环类、碳酸锂、西咪替丁、螺内酯等。

（二）临床表现

1. 全面性强直－阵挛性癫痫状态　是临床最常见、最需紧急处置的癫痫状态，主要表现全身肌肉强直和阵挛，伴意识丧失及自主神经功能障碍。发作分三期。①强直期：突然意识丧失，全身骨骼肌强直性收缩，呼吸暂停、发绀，持续 10～30 秒后出现细微的震颤，待震颤幅度增大并延及全身，即进入阵挛期；②阵挛期：肌肉交替性收缩与松弛，阵挛频率由快变慢，逐渐稀疏至发作停止，持续 30～60 秒，这两期可伴明显的自主神经功能紊乱，呼吸道及汗腺分泌物增多，瞳孔散大；③痉挛后期：本期全身肌肉松弛，可发生尿失禁。呼吸首先恢复，血压、心率和瞳孔也随之恢复正常，意识逐渐苏醒，醒后常出现头痛，周身酸痛和疲乏，对发作全无记忆。个别患者在完全清醒前有自动症或暴怒、惊恐等情感反应，强直早期脑电图（EEG）为逐渐增强的广泛性 10Hz 棘波样节律，阵挛期为弥漫性慢波伴间歇发作棘波，痉挛后期呈脑电低平记录。

2. 全面性强直性癫痫状态　多见于儿童或成人，Lennox－Gastaut 综合征患儿最常见，包括三种类型。①轴性强直发作：首先颈肌强直收缩，然后面肌和咬肌强直收缩，眼球向上转，逐步发展到胸腹部肌肉收缩，发作中常伴自主神经症状，呼吸深度和频率改变，心动过速或过缓，瞳孔扩大，面色潮红等。②轴性－干性强直发作：先出现进行性强直性收缩，首先影响上肢近端，极少影响下肢，全身姿势如角弓反张。③球性强直发作：较上两型表现都重，四肢显著收缩。发作常伴明显的自主神经改变，如气喘、呼吸变慢、窒息、心率加快、大汗、流涎、支气管分泌增多、高血压、瞳孔散大、眼球节律性运动、发绀等，发作时意识一直丧失。

3. 全面性阵挛性癫痫状态　占儿童癫痫状态的50%～80%，常合并发热，临床表现反复、发作性双侧肌阵挛，可不对称，有时为非节律性。脑电图表现双侧同步棘波，可出现暴发性尖波或节律恢复后出现棘－慢综合波。

4. 全面性肌阵挛性癫痫状态　表现持续数小时至数日的节律性或非节律性反复全面性抽动，常无意识障碍，特发性肌阵挛发作患者很少出现癫痫状态。

5. 失神性癫痫状态　常见于4岁到青春期患者。在全身发作中失神发作时间延长，典型失神发作持续状态表现发作性突然发作与突然停止的意识丧失，伴脑电图双侧同步的3Hz棘慢复合波发放，无先兆和发作后状态。失神性癫痫状态发作时间从数小时到数天甚至数月，50%的病例发作时间在12小时以内。

（三）诊断与鉴别诊断

主要依据患者发作史，可靠的目击者提供详细发作过程及临床表现，脑电图显示癫痫放电可临床确诊。某些患者无目击者提供病史或夜间睡眠时发作诊断较困难。许多患者发作间期脑电图可见尖波、棘波、尖－慢波或棘－慢波等癫痫样放电，对癫痫诊断具有特异性。神经影像学检查可确定脑结构异常或病变，并做出病因诊断，如颅内肿瘤、灰质异位等。

（四）急救处理

癫痫持续状态治疗原则是保持稳定的生命体征，迅速终止发作，减少癫痫发作对脑神经元损害，寻找病因及诱因，处理并发症。在癫痫持续状态终止后，应给予维持剂量，进行长期的抗癫痫治疗。

1. 一般处理　保持呼吸道通畅，吸氧，必要时行气管切开，进行心电、血压、呼吸监护，定时作血气分析等检查，查找诱发癫痫持续状态的原因并治疗。

2. 控制发作　是治疗的关键，理想的抗癫痫状态药物应具有药代动力学特点及易使用性，如静脉给药，快速进入脑内，控制癫痫发作，无严重不良反应，脑内存留时间长可防止再发。

（1）地西泮　首选地西泮静脉注射（成人10～20mg，儿童0.3～0.5mg/kg，5岁以上儿童5～10mg），数分钟后如复发可重复给药，每分钟以不超过2mg的速度静脉注射，或用地西泮60～100mg溶于5%葡萄糖氯化钠注射液500ml中，于12小时内缓慢静脉滴注。

（2）劳拉西泮　作用较地西泮强5倍，半衰期12～16小时，可用0.1mg/kg以1～2mg/min速度静脉注射，首次剂量不超过5mg。注射3分钟后可控制发作，如未控制5分钟后可重复同样剂量，应注意呼吸抑制。

（3）苯妥英钠　能迅速通过血－脑屏障，用负荷剂量在脑中迅速达到有效浓度，无呼吸抑制和降低觉醒水平副作用，但起效慢，多在30～60分钟起效，约80%的患者在20～30分钟内停止发作，作用时间长（半衰期10～15小时），对全面性强直－阵挛发作（GTCS）持续状态效果尤佳。成人剂量5～10mg/kg，儿童15mg/kg，溶于0.9%氯化钠静脉注射，成人注射速度不超过50mg/min，可与地西泮合用。可引起血压下降及心律失常，需密切观察，心功能不全、心律失常、冠心病及高龄者宜慎用或不用。

（4）咪达唑仑　起效快，1～5分钟显效，5～15分钟出现抗癫痫作用，使用方便，对血压和呼吸抑制作用小，近年来广泛用于治疗难治性癫痫状态，有替代异戊巴比妥标准疗法的趋势。常用剂量首剂静脉注射0.15～0.20mg/kg，然后按0.06～0.60mg/（kg·h）静脉滴注维持。

（5）丙戊酸钠　丙戊酸钠注射剂5～15mg/kg溶于注射用水中，3～5分钟内静脉注射，再用10mg/kg剂量加入0.9%氯化钠500ml静脉滴注，维持24小时，每次滴注时间需超过1小时。平均输注速度1mg/（kg·h），使血浆丙戊酸钠浓度达到75mg/L，并根据临床情况调整静脉滴注速度。通常剂量20～30mg/（kg·h）。

（6）苯巴比妥　主要用于癫痫控制后维持用药，用地西泮等控制发作后可续用苯巴比妥钠 20mg/kg，30mg/min 缓慢静脉滴注或 0.2g 肌内注射，每 12 小时 1 次，对脑缺氧和脑水肿有保护作用。

3. 对症处理　防治脑水肿，20% 甘露醇快速静脉滴注，地塞米松 10～20mg 静脉滴注，选择有效抗生素控制感染和防治各种并发症，高热予物理降温，纠正水、电解质、酸碱平衡紊乱和其他代谢紊乱，其他支持治疗。

4. 维持治疗　癫痫发作控制后，应立即肌内注射苯巴比妥 0.1～0.2g，每 8 小时一次，根据病情及时调整用量，同时鼻饲卡马西平或苯妥英钠，待口服药达到稳态血药浓度后可渐停用苯巴比妥。

（五）快速诊断处理流程及转诊要求

快速诊断处理流程及转诊要求详见图 5－18。

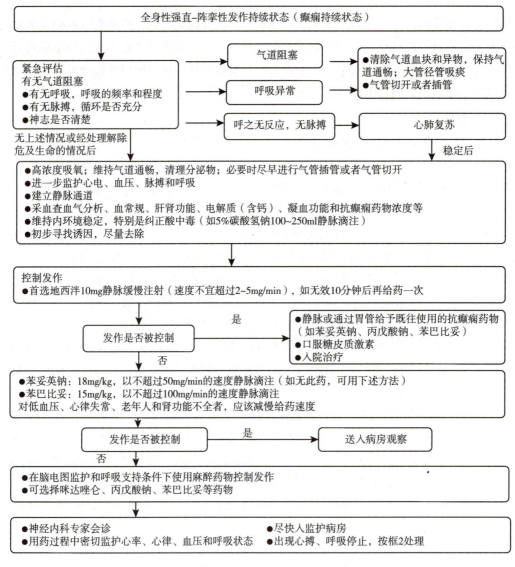

图 5－18　癫痫持续状态处理流程

三、高热惊厥

（一）概述

高热惊厥是指小儿在呼吸道感染或其他感染性疾病早期，体温升高 ≥ 39℃ 时发生的惊厥，并排除颅内感染及其他导致惊厥的器质性或代谢性疾病。主要表现为突然发生的全身或局部肌群的强直性或阵挛性抽搐，双眼球凝视、斜视、发直或上翻，伴意识丧失。高热惊厥分为单纯性高热惊厥和复杂性高热惊厥两种。各年龄期（除新生儿期）小儿均可发生，以6个月至4周岁多见，单纯性高热惊厥预后良好，复杂性高热惊厥预后则较差。

（二）病因

婴幼儿大脑皮层发育未完善，因而分析鉴别及抑制功能、绝缘和保护作用差，受刺激后，兴奋冲动易于泛化；免疫功能低下，易感染而致惊厥；血脑屏障功能差，各种毒素容易透入脑组织；某些特殊疾病如产伤、脑发育缺陷和先天性代谢异常等较常见，这些都是造成婴幼儿期惊厥发生率高的原因。

按病变累及的部位将病因分为颅内与颅外两类。

1. 颅内疾病　病毒感染如病毒性脑炎、乙型脑炎。细菌感染如化脓性脑膜炎、结核性脑膜炎，脑脓肿、静脉窦血栓形成。霉菌感染如新型隐球菌脑膜炎等。寄生虫感染如脑囊虫病、脑型疟疾、脑型血吸虫病、脑型肺吸虫病、弓形虫病。

2. 颅外疾病　高热惊厥、中毒性脑病（重症肺炎、百日咳、中毒性痢疾、败血症为原发病），破伤风等。

（三）临床表现

高热惊厥是多发生在6个月至4周岁的婴幼儿中，约有3%会在发热或体温较高时会产生的一种抽搐现象，俗称抽风，是小儿最常见的急症之一。

主要表现为全身或局部的肌肉发生自己不能控制的收缩，双眼球凝视、斜视、发直或上翻，伴意识丧失。高热惊厥多在发热时发生，时间较短，热退惊厥便停止，人便清醒，且在一次发热中很少发生两次以上惊厥。但可反复发作，一发热便产生惊厥，一次惊厥时间较长，超过15分钟。脑电图多于惊厥后2周恢复正常。若惊厥发作2周后脑电图检查仍异常，提示预后不良，15%～30%的患儿转变为癫痫。

（四）诊断与鉴别诊断

一般有热性惊厥的家族史，再结合病因，发病年龄，典型临床表现以及脑电图检查结果，高热惊厥即可诊断。

（五）急救处理

1. 一般处理　患儿高热惊厥时，首先将患儿平放，使患儿保持俯卧位姿势，由于患儿发热惊厥，昏迷之前会出现恶心、呕吐的症状，因此应将患儿鼻腔、口腔中的异物或呕吐物排除。使患儿下颌微微抬高，迅速将患儿的衣领解开，保持周围空气的流通，避免患儿出现呼吸困难。让患儿咬住筷子，或者压舌板，避免患儿惊厥抽搐时，由于上下磨牙导致患儿咬伤口舌等情况的发生。可适当刺激的人中、合谷、内关等穴位。家长需保持镇定，尽快入院就诊。

2. 药物治疗

（1）首选安定静注，控制惊厥后用苯巴比妥钠或其他药物以巩固和维持疗效。安定有抑制呼吸、心跳及降低血压的副作用，故应准备心肺复苏措施。

（2）异戊巴比妥钠或硫喷妥钠，在以上止惊药物无效才时使用，硫喷妥钠可引起喉痉挛，使用时勿搬动头部以防喉痉挛的发生，一旦发生喉痉挛应即将头后仰，托起下颌，防舌根后坠，并肌内注射阿托品解痉。

（3）惊厥呈持续状态而出现颅内高压时，应采用20%甘露醇、呋塞米等降颅压措施。

（4）高热者多行物理降温或（及）药物降温。

（5）对不同病因的惊厥给予相应的病因治疗。

（五）快速诊断处理流程及转诊要求图。

快速诊断处理流程及转诊要求详见 5 – 19。

新生儿惊厥抢救流程图

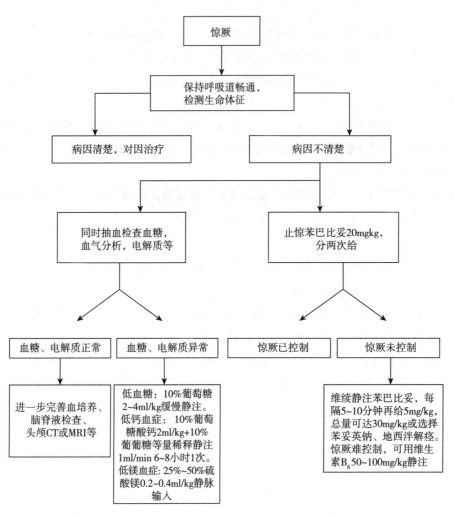

图 5 – 19 新生儿惊厥抢救流程

目标检测

答案解析

一、选择题

【A1/A2 型题】

1. 治疗癫痫持续状态首选药物为（   ）

    A. 静脉注射氯丙嗪　　　　　　　　　B. 静脉注射地西泮

    C. 肌内注射地西泮　　　　　　　　　D. 肌内注射副醛

    E. 肌内注射苯巴比妥

2. 对癫痫持续状态患者的首要处理为（   ）

A. 系统体格检查　　　　　　　　　　　　B. CT 检查

C. 迅速给药、控制发作　　　　　　　　　D. 保持呼吸道通畅，防止窒息

E. 详细询问病史

3. 小儿高热惊厥好发年龄是（　　）

A. 6 个月以内　　　　　　　　　　　　　B. 6 个月至 4 岁小儿

C. 3~4 岁小儿　　　　　　　　　　　　　D. 5~7 岁小儿

E. 7~12 岁小儿

4. 诊断癫痫的最主要依据是（　　）

A. 可靠的病史　　　　　　　　　　　　　B. 神经系统检查

C. 脑脊液检查　　　　　　　　　　　　　D. 脑电图检查

E. CT 扫描

二、思考题

患者，男，24 岁。突然意识不清，跌倒，全身强直数秒后抽搐，咬破舌 2 分钟后抽搐停止。醒后活动自如。请问：

（1）首先考虑的疾病是什么？应进一步做什么检查？

（2）治疗药物有哪些？

第十一节　昏　迷

PPT

❱❱ 情境导入

情境描述　患者，男，65 岁，因发现右侧肢体无力 3 小时入院，患者 3 小时前休息后起床时突感右侧肢体无力，但尚能缓慢行走，无明显的头痛。入院时症状进一步加重，已行走不能。既往有糖尿病史 8 年。查体：血压 190/110mmHg，神志清楚，双侧瞳孔对光反射欠灵敏，直径 3mm，右侧肌张力低，肌力 1 级，左侧肌力、肌张力正，感觉无异常，右侧病理征阳性，心脏检查无异常，头颅 CT 检查未发现异常。

讨论　1. 该患者诊断及诊断依据是什么？

　　　　2. 本病治疗原则是什么？

一、概述

意识障碍是指人对周围环境及自身状态的识别和觉察能力出现障碍。患者意识完全丧失，即使给予强烈的刺激仍不能唤醒，无任何应答反应和随意运动，昏迷是所有因素引起呼吸、心搏骤停前兆，无论病因如何，通常代表许多疾病危重期，表明病情已十分严重，必须予以高度的重视，应立即进行抢救。

（一）病因

1. 重症急性感染　如败血症、肺炎、中毒型菌痢、伤寒、斑疹伤寒、恙虫病和颅脑感染（脑炎、脑膜脑炎、脑型疟疾）等。

2. 颅脑非感染性疾病　①脑血管疾病：大面积脑梗死、脑出血、蛛网膜下隙出血、脑栓塞、高血压脑病等；②颅内占位性疾病：如脑肿瘤、脑脓肿；③颅脑损伤：脑震荡、脑挫裂伤、外伤性颅内血肿、颅骨骨折等；④癫痫持续状态。

3. 内分泌与代谢障碍 如尿毒症、肝性脑病、肺性脑病、甲状腺危象、甲状腺功能减退、糖尿病相关性昏迷、低血糖等。

4. 水、电解质平衡紊乱 如低钠血症、低氯性碱中毒、高氯性酸中毒等。

5. 外源性中毒 如镇静催眠药、有机磷杀虫药、氰化物、一氧化碳、酒精和吗啡等中毒。

6. 物理性及缺氧性损害 如中暑、日射病、触电、高山病等。

(二) 发生机制

由于脑缺血、缺氧、葡萄糖供给不足、酶代谢异常等因素可引起脑细胞代谢紊乱，从而导致网状结构功能损害和脑活动功能减退，均可出现意识障碍。意识有两个组成部分，即意识内容及其"开关"系统。意识内容即大脑皮质功能活动，包括记忆、思维、定向力和情感，还有通过视、听、语言和复杂运动等与外界保持紧密联系的能力。意识状态是否正常取决于大脑半球功能的完整性，急性广泛性大脑半球损害或半球向下移位压迫丘脑或中脑时，则可引起不同程度的意识障碍。意识的"开关"系统包括经典的感觉传导径路（特异性上行投射系统）及脑干网状结构（非特异性上行投射系统）。其可激活大脑皮质并使之维持一定水平的兴奋性，使机体处于觉醒状态，从而在此基础上产生意识内容。一旦出现损伤可发生不同程度的意识障碍。

(三) 诊断与鉴别诊断

1. 快速评估昏迷 快速判断患者是否昏迷，大声呼唤患者或拍打患者双肩，看其是否有睁眼反应。如果患者对呼唤无反应，还应加上压眶反射疼痛刺激。如仍然不睁眼，则可确定为昏迷。

2. 病史采集

(1) 详细询问患者家属或知情人，了解发病情况、起病缓急、历时长短、演变经过，昏迷是首发症状还是在某些疾病基础上发展而来，既往有无类似发作史。

(2) 详细了解发作时的现场情况，有无外伤、服用药物、毒物或接触化学物质。最近患者的精神状态及与周围关系。

(3) 既往病史，有无高血压、癫痫、糖尿病、心脏病及严重的肝、肾、肺疾患等病史。

3. 体格检查

(1) 体温 昏迷伴发热多见于脑炎、脑膜炎、肺炎或败血症等感染性疾病。脑出血、蛛网膜下隙出血、神经阻断剂所致恶性综合征（neuroleptic malignant syndrome，NMS）亦可发热。体温过低可见于休克、革兰阴性菌败血症、巴比妥类中毒、低血糖症、CO中毒、糖尿病及甲状腺、垂体、肾上腺皮质功能减退等。

(2) 脉搏 脉搏增快可见于感染性昏迷，细速或不规则见于各种中毒与休克。急性颅内压增高时脉缓而强。严重脉搏过缓、过速或节律不齐提示心源性因素。

(3) 呼吸 糖尿病酮症、尿毒症、败血症以及甲醇、副醛、乙烯二醇和水杨酸盐中毒等可发生深而快的呼吸。肺炎等缺氧状态时呼吸浅而快，伴发绀和鼻翼扇动。吗啡、巴比妥类药物中毒或黏液性水肿时呼吸缓慢。不同水平的脑部结构损害可引起不同特征的呼吸异常。

(4) 血压 血压显著升高常见于脑出血、高血压性脑病。脑血栓形成、尿毒症或蛛网膜下隙出血亦可有高血压。急性颅内压增高及脑干缺血时收缩期血压升高（Cushing反射）。血压降低除见于休克外，也可见于阿-斯综合征、甲状腺功能减退症、糖尿病性昏迷、肾上腺皮质功能减退、镇静剂或安眠药中毒等。

(5) 皮肤与黏膜 急性感染与酒精中毒患者皮肤潮红。CO中毒时皮肤呈樱桃红色。缺氧性心、肺疾病及硝基苯、亚硝酸盐中毒呈发绀。贫血、失血性休克患者肤色苍白。黄染提示肝胆疾病或溶血。躯干上部蜘蛛痣提示肝脏疾病。瘀点见于败血症、流行性脑膜炎、感染性心内膜炎。皮肤湿冷见于休克、低血糖症。皮肤干燥见于糖尿病性昏迷、失水及中枢性高热。

（6）瞳孔对光反射　代谢性脑病所致昏迷者的瞳孔一般偏小，对光反射存在。小而有对光反射的瞳孔亦见于脑疝（中央型）的间脑受损期、小脑占位病变压迫脑干的早期，或在大多数老年人及正常人睡眠时。镇静药或吗啡中毒时瞳孔缩小似针尖。两侧瞳孔扩大且固定提示缺氧－缺血引起内源性交感活动兴奋或外源性儿茶酚胺（如多巴胺）所致交感神经活动过度。苯丙胺、可卡因及麦角酰二乙胺（LSD）过量等所致昏迷时，其瞳孔扩大但对光反射存在。脑干的不同平面受损引起的瞳孔改变可有不同。瞳孔中等扩大且无对光反射者提示中脑受损。脑桥病变时瞳孔缩小似针尖样，而对光反射存在。幕上病变一般不影响瞳孔改变，如发生早期天幕疝时，患侧瞳孔扩大，对光反射消失。

（7）眼底情况　视神经盘水肿提示颅内压增高。颅脑外伤或颅内出血后 12～24 小时可出现视神经盘水肿及视网膜出血。视网膜出血及渗出物也见于尿毒症、糖尿病、高血压、动脉粥样硬化及血液病，玻璃体下出血多见于蛛网膜下隙出血。

（8）病理反射　弥漫性脑病变者的深、浅反射呈对称性减弱或消失，有时呈深反射亢进及病理征阳性。局限性脑部病变者的两侧腱反射可不对称。

（9）其他检查　注意有无头颅外伤，耳、鼻出血，舌咬伤等，以及有无深浅反射、瘫痪、脑膜刺激征，脑膜炎与蛛网膜下隙出血等有脑膜刺激征，也可见于脑疝，但颈强直较 Kernig 征明显。严重的脑膜刺激征可引起角弓反张。深昏迷时脑膜刺激征常消失。

4. 诊断与鉴别诊断

本病需与以下疾病相鉴别。

（1）有锥体束征　脑梗死、脑出血、脑肿瘤、颅内血肿等。有脑膜刺激征者伴有高热，见于流行性乙型脑炎、流行性脑脊髓膜炎，不伴发热者见于蛛网膜下隙出血。

（2）伴有抽搐　常见癫痫、子痫、尿毒症、高血压脑病、感染中毒性脑病、肺性脑病等。

（3）无神经系统定位体征　常见于巴比妥类中毒、有机磷中毒、糖尿病酮症酸中毒、甲亢危象等。

（四）辅助检查

1. 血液生化　血常规、尿常规，以及电解质、血氨、肝肾功能、血气分析、血糖、血、尿酮体、脑脊液检查。对可疑服毒病例，取残留可疑毒物、尿液、呕吐物、洗胃液作毒理学分析。

2. 影像学检查　心电图、脑电图、头颅 CT、MRI 等检查，有助于查找病因。

（五）急救处理

治疗原则是先抢救，尽力维持生命体征稳定，进行详细的检查，确定意识障碍的病因，给予早期干预，对症支持治疗和防治各种并发症。

1. 一般治疗　清理呼吸道，保持呼吸道通畅，防止患者因呕吐而窒息，给予吸氧、应用呼吸兴奋剂，必要时采取气管切开或插管行人工辅助通气；维持有效血循环，给予强心、升压药物，纠正休克。

2. 病因治疗　一旦病因明确，应尽快针对病因进行治疗。对低血糖昏迷患者应该立即静脉注射葡萄糖溶液；对水、电解质紊乱者，尽快纠正水、电解质紊乱；对于各种中毒患者应该尽快清除毒物，促进毒物的排出，进行解毒治疗等。

3. 对症治疗　对颅压高患者给予降颅压药物如甘露醇、呋塞米、甘油果糖及白蛋白等，必要时进行侧脑室穿刺引流，以及抗感染、降高血压、控制体温、纠正休克等。如有开放性伤口时应及时止血、扩创、缝合、包扎，并应注意有无内脏出血，给予地西泮、苯巴比妥等控制抽搐发作。

（六）快速诊断处理流程及转诊要求

快速诊断处理流程及转诊要求详见图 5－20。

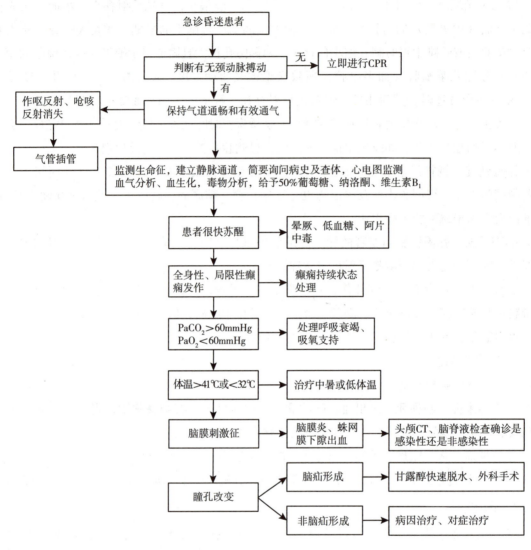

图 5－20 昏迷的诊疗流程

二、低血糖症

低血糖症是指血中葡萄糖浓度明显降低，低于 2.8mmol/L，中枢神经系统因葡萄糖缺乏而出现的临床综合征。低血糖早期首先出现自主神经兴奋的症状，如四肢发冷、面色苍白、出冷汗、头晕、心慌、恶心等，严重者还出现惊厥及昏迷，甚至危及生命，需要及早识别与处理。

（一）病因与分类

1. 空腹低血糖 ①内分泌异常：胰岛细胞瘤、垂体前叶功能减退、原发性肾上腺功能减退症（艾迪生病）；②严重肝病：重症肝炎、肝硬化、肝癌晚期、心力衰竭时肝淤血；③遗传代谢性酶缺陷：Ⅰ、Ⅲ、Ⅵ、Ⅸ型糖原累积症，果糖1，6－二磷酸酶缺乏症，丙酮酸羧化酶缺乏症；④营养物不足：婴儿酮症低血糖、严重营养不良，妊娠晚期和胰岛素自身免疫性抗体形成。

2. 药物性低血糖 胰岛素和口服降糖药物、苯丙胺、苯海拉明、酒精过量、水杨酸类、土霉素、磺胺类药物、奎宁、β 受体阻断剂、安定类药、单胺氧化酶抑制剂和具有降糖作用的中草药。

3. 餐后低血糖　早期糖尿病、特发性（功能性）低血糖、胃大部分切除、胃空肠吻合等。

4. 其他　Somogyi 效应（低血糖后高血糖）、亮氨酸过敏、遗传性果糖不耐受症、半乳糖血症。

（二）临床表现

因诱发因素及血糖下降速度和幅度不同、个体的耐受性不同而临床表现各异。低血糖发作严重且持久，可出现脑水肿、出血及不可逆性脑损害，低血糖症或低血糖昏迷的初期症状分为两类。

1. 自主神经反应症状　由于肾上腺素或去甲肾上腺素分泌过多而引起的低血糖症，以自主神经反应症状为主，如饥饿感、乏力、出汗、面色苍白、焦虑、颤抖、颜面以及手足皮肤感觉异常、皮肤湿冷、心动过速等。

2. 中枢神经症状　由于中枢神经功能障碍引起的症状，并随着低血糖时间延长和加重，表现为头痛、头晕、视物模糊、瞳孔散大、精细动作障碍、行为异常和嗜睡，严重者可出现癫痫发作、意识障碍，直至昏迷。逐渐发生的低血糖症自主神经反应症状多被拖延，以中枢神经症状为主要表现。

3. 不典型低血糖的表现　血糖的症状因人而异，且每个人的低血糖的表现也各异，有时很不典型，如言语过多、运动不协调、发呆、行为怪异，都可能系低血糖所致。

素质提升

肝胆外科之父吴孟超：医者仁心，德才兼备

吴孟超出生于 1922 年，清贫的家庭条件，培养出他乐观且坚韧的品格，1948 年，他成为华东军区人民医学院及附属医院一名外科医生，由吴孟超、张晓华和胡宏楷组成的"三人小组"集智攻关，团结协作，创造性地提出了人体肝脏"五叶四段"的解剖学理论，发明了"常温下间歇性肝门阻断切肝法"，理论与实践的双重创新开创了我国肝脏外科。从医 75 年，他用这双饱经风霜的手，硬是把 16000 多人从鬼门关拉了回来，一次又一次地妙手回春，拯救着一个又一个人的生命。96 岁的高龄双手关节已经严重的变形，几乎没有一根手指可以伸直了，但他还坚持着站在手术台前，发抖的手一旦握住手术刀，便是另外一个人，心手相印游刃有余，吴孟超医生贡献了自己的一生，非常值得我们敬佩。勇敢而坚毅，甘于奉献、恪尽职守，尽职尽责，医者仁心等高贵的品质，是我们学习的榜样。

（三）辅助检查

1. 快速血糖测定　以此判断低血糖严重程度：轻度低血糖 <2.8mmol/L，中度低血糖 <2.2mmol/L，重度低血糖 <1.1mmol/L。

2. 胰岛素与 C 肽测定　可鉴别低血糖的原因，如 C 肽超过正常，可认为是由胰岛素分泌过多所致，如 C 肽低于正常，则为其他原因所致，这对诊断胰岛细胞瘤很有临床价值。

（四）诊断与鉴别诊断

1. 诊断　低血糖诊断标准：血糖 <2.8mmol/L。根据低血糖发作时症状、血 <2.8mmol/L 以及口服或静脉补糖后症状迅速缓解即可诊断低血糖症。症状性低血糖多发生在青年人，对于昏迷的老年人和危重病患者，应高度警惕有无低血糖症。如怀疑餐后低血糖症反复发作，应特别注意胃部手术史、糖尿病史和胰岛 B 细胞瘤的存在。此外，对能加重低血糖发生的药物要予以足够的重视。

2. 鉴别诊断

（1）脑血管疾病　应通过病史、体格检查和血糖测定等分析鉴别。对昏迷、癫痫发作、意识障碍、药物及酒精中毒的患者，应进行血糖测定。

（2）糖尿病酮症酸中毒和高渗性高血糖状态　亦可以引起昏迷，其均有高血糖、意识障碍等改变。

（五）急救处理

低血糖的处理原则，立即监测血糖和（或）胰岛素，随后至少每2小时监测一次血糖，尽快纠正低血糖状态。

1. 对昏迷者首先补充葡萄糖，首剂静脉注射50%葡萄糖40~60ml，然后持续用5%~10%葡萄糖静脉滴注，大多数患者迅速清醒。中枢神经系统血糖恢复的时间常滞后于其他组织，输注葡萄糖时间应持续数小时，以免再次发生低血糖症。老年人可能需要数天才能完全恢复。

2. 轻度低血糖症患者给予20g快速吸收的碳水化合物（200ml果汁或4块糖）。

3. 过量口服降糖药所致的低血糖患者，补糖时间应延长，并应连续监测血糖。迟发型低血糖可在24小时后发作，对于此类患者至少应住院留观24小时，或更长时间。

4. 低血糖后昏迷的治疗，对可能存在脑水肿患者，应在维持血浆葡萄糖正常浓度基础上，同时行脱水治疗。给予20%甘露醇200ml快速静脉滴注，或静脉注射地塞米松5~10mg，或两者联合使用。

5. 病因治疗，患者恢复后应尽快查明低血糖的病因和诱因，治疗原发病和消除诱因。

（六）快速诊断处理流程及转诊要求

快速诊断处理流程及转诊要求详见图5-21。

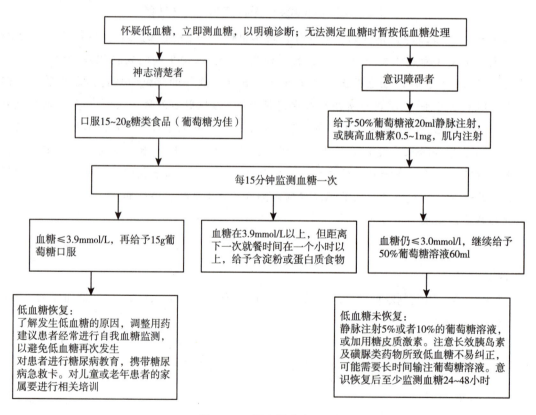

图5-21　低血糖诊疗流程

三、脑卒中

（一）脑出血

脑出血（intracerebral hemorrhage，IH）是指由于脑部动脉、静脉或毛细血管破裂引起的脑实质内和

（或）脑室内的出血，其中动脉破裂出血最为常见，该病起病急、病情重、病残率及死亡率高。

1. 病因与发病机制　最常见的病因是高血压、脑动脉硬化，其他病因包括脑动静脉畸形、动脉瘤、血液病（再生障碍性贫血、白血病、血小板减少性紫癜、血友病等）、梗死后出血、脑淀粉样血管病、烟雾病、抗凝或溶栓治疗、瘤卒中等。主要发病机制是由于长期高血压使脑细胞、小动脉发生玻璃样变及纤维素性坏死，管壁弹性减弱，血压骤然升高时血管易破裂出血。在血流冲击下，血管壁病变也会导致微小动脉瘤形成，当血压剧烈波动时，微小动脉瘤破裂而导致脑出血。高血压脑出血以基底节区最多见，主要因供应此处的豆纹动脉从大脑中动脉呈直角发出，在原有血管病变的基础上，受到压力较高的血流冲击后易致血管破裂。

2. 临床表现　常见50岁以上有高血压患者，多在活动或情绪激动时突然起病。一般无前驱症状，少数可有头晕、头痛及肢体无力等。发病后症状在数分钟至数小时内达到高峰。血压常明显升高，表现为头痛、恶心呕吐、肢体瘫痪、意识障碍和痫性发作等。临床表现的轻重主要取决于出血量、出血部位以及出血速度等。

（1）基底节区出血　以壳核出血最常见，占50%～60%，壳核出血主要是由豆纹动脉尤其是其外侧支破裂引起。血肿常向内扩展波及内囊。损伤内囊常引起对侧偏瘫、对侧偏身感觉障碍和同向性偏盲。还可表现有双眼向病灶侧凝视，优势半球受累可有失语。出血量大时患者很快出现昏迷，病情在数小时内迅速恶化，出血量较小则可表现为纯运动或纯感觉障碍。其次是丘脑出血，约占24%，主要是因丘脑穿通动脉或丘脑膝状体动脉破裂引起。侵及内囊可出现对侧肢体瘫痪，多为下肢重于上肢，感觉障碍较重，深、浅感觉同时受累，但深感觉障碍明显，可伴有偏身自发性疼痛和感觉过度，优势半球出血的患者，可出现失语。丘脑出血可出现情感淡漠、视幻觉、情绪低落、丘脑语言、丘脑痴呆、双眼分离性斜视、凝视鼻尖、中枢性高热及去大脑强直等症状。

（2）脑叶出血　占脑出血的5%～10%。血肿常局限于一个脑叶内，也可同时累及相邻的两个脑叶，以顶叶最多见，其次为颞叶、枕叶及额叶，一般血肿体积较大，临床表现为头痛、呕吐、癫痫发作，肢体瘫痪较轻，昏迷较少见。顶叶出血偏瘫较轻，而偏侧感觉障碍显著，对侧下象限盲，优势半球出血时可出现混合性失语，非优势侧受累有体象障碍。颞叶出血表现为对侧中枢性面舌瘫及上肢为主的瘫痪，对侧上象限盲，优势半球出血时可出现感觉性失语或混合性失语。枕叶出血表现为对侧同向性偏盲，并有黄斑回避现象，多无肢体瘫痪。额叶出血表现前额痛及呕吐，痫性发作较多见，对侧轻偏瘫、共同偏视、精神障碍，尿便障碍、摸索和强握反射等。

（3）小脑出血　约占脑出血的10%。最常见小脑上动脉的分支破裂，多累及小脑齿状核。起病突然，主要以眩晕和共济失调明显，可伴有频繁呕吐及后头部疼痛等。当出血量不大时，主要表现为小脑症状，如眼球震颤、病变侧共济失调、站立和步态不稳、肌张力降低、颈项强直、构音障碍和吟诗样语言，无偏瘫。出血量增加时，还可表现有脑桥受压体征，如展神经麻痹、侧视麻痹、周围性面瘫、吞咽困难及肢体瘫痪和（或）锥体束征等。大量小脑蚓部出血，患者很快进入昏迷状态，双侧瞳孔缩小呈针尖样、呼吸节律不规则、去脑强直最后致枕骨大孔疝而死亡。

（4）脑干出血　占脑出血10%，绝大多数是脑桥出血，由于基底动脉脑桥支破裂导致。临床表现为突然头痛、呕吐、眩晕、复视、侧视麻痹、交叉性瘫痪或偏瘫、四肢瘫等。出血量少时，患者意识清楚。大量出血超过5ml时，患者很快出现意识障碍、针尖样瞳孔、呼吸异常、四肢瘫痪、去大脑强直、应激性溃疡、中枢性高热等，常在48小时内死亡。中脑出血、延髓出血临床少见。

（5）脑室出血　分为原发性和继发性脑室出血，原发性是指脉络丛血管出血或室管膜下1.5cm内出血破入脑室，继发性是指脑实质出血破入脑室，占脑出血的3%～5%，出血量较少时，仅表现头痛、呕吐、脑膜刺激征阳性、无局限性神经缺损体征，易误诊为蛛网膜下隙出血。出血量大时患者很快进入昏迷或昏迷逐渐加深、双侧瞳孔缩小呈针尖样、四肢肌张力增高、病理反射阳性，早期出现去大脑强直发作、脑膜刺激征阳性，常出现丘脑下部受损的症状及体征如上消化道出血、大汗、中枢性高热、应激性溃疡、急性肺水肿、血糖增高及尿崩症，预后差且多迅速死亡。

3. 辅助检查

（1）颅脑 CT　既是首选的检查方法，也是制订治疗方案、观察疗效、判断预后的重要依据。早期血肿 CT 表现为圆形或椭圆形高密度影，边界清楚。

（2）颅脑 MRI　对于幕下出血诊断价值优于 CT，其表现取决于血肿周围的血红蛋白的氧合状态及血红蛋白的分解代谢程度等，且更容易发现慢性血肿、脑血管畸形、肿瘤及血管瘤病变。

（3）脑血管造影　临床怀疑动静脉畸形（AVM）或脑动脉瘤破裂出血时，脑血管造影可明确病因，具有其他检查无法代替的价值。

（4）其他检查　血常规、尿常规、血糖、肝肾功能、凝血功能、电解质及心电图等检查，有助于全面评估病情。

4. 诊断与鉴别诊断

（1）诊断要点　根据病史资料和体格检查多可做出诊断，患者多在 50 岁以上，既往有高血压、动脉硬化史，多在情绪激动或活动中发病，起病突然，表现头痛、恶心、呕吐，半数患者有意识障碍或出现抽搐、尿失禁，可有明显神经定位体征，如偏瘫、脑膜刺激征，发病后血压明显升高，颅脑 CT 及 MRI 扫描可见出血灶。

（2）鉴别诊断

1）脑梗死　老年人多见，在安静状态下起病，多有动脉粥样硬化的危险因素，可有 TIA 史，头痛、恶心、呕吐少见，头颅 CT 检查有助于鉴别。

2）蛛网膜下隙出血　以青壮年多见，多在动态时起病，病情进展急骤，头痛剧烈，多伴有恶心、呕吐，多无局灶性神经功能缺损的症状和体征，头颅 CT、MRI 及脑脊液检查有助于明确诊断。

3）硬膜下血肿或硬膜外血肿　多有头部外伤史，病情进行性加重，出现急性脑部受压的症状，如意识障碍，头痛、恶心、呕吐等颅高压症状，瞳孔改变及偏瘫等。头部 CT 检查在颅骨内板的下方，可发现局限性梭形或新月形高密度区，骨窗可见颅骨骨折线。

4）其他　对发病突然，迅速昏迷，局灶体征不明显的患者，应与引起昏迷的全身性疾病鉴别，如各种理化中毒如急性 CO 中毒、酒精中毒、镇静催眠药中毒等，其他如低血糖、肝性昏迷、肺性脑病、尿毒症脑病等，应仔细询问病史和认真查体，并进行相关的实验室检查，头颅 CT 能除外脑出血。

5. 急救处理　急性期治疗基本原则：脱水降颅压，减轻脑水肿，调整血压，防止继续出血，保护血肿周围脑组织，促进神经功能恢复，防治各种并发症。

（1）内科治疗

1）一般处理　患者应绝对卧床休息，给予吸氧，监测生命指征，如烦躁不安，可用地西泮类药物，禁用吗啡类药物，保持呼吸道通畅，必要时行气管插管或行气管切开术。有尿潴留者，应保留导尿。对昏迷患者要定时翻身，防止压疮，保持水、电解质平衡及营养支持，急性期 24～48 小时应予禁食，并适当静脉补液，总量控制在 1500～2000ml/d。48 小时后，如果意识好转，且吞咽无障碍者可试进流食，少量多餐，否则应下胃管鼻饲维持营养，保持患肢功能体位，防止肢体畸形。

2）特殊治疗　①急性期血压处理：脑出血后一般血压升高，收缩压 >200mmHg 时，应给予降压药物，也是防止进一步出血的关键，使血压维持在 160/100mmHg 左右。②控制脑水肿、降低颅内压：应立即使用脱水剂。甘露醇的疗效最为确切，作用也最快，常用 20% 甘露醇 125～250ml 静脉滴注，1 次/（4～6）小时，对于发生脑疝的患者立即应用。根据病情还可以给予甘油果糖、呋塞米、白蛋白等静脉滴注。③亚低温治疗：可减轻脑水肿，减少自由基生成，促进神经功能缺损恢复，改善患者预后，无不良反应，安全有效，且越早应用越好。④止血药物：除有出血倾向和并发消化道出血的患者可适当应用止血药物外，多数患者不必常规使用。

（2）外科治疗 主要目的是清除血肿、降低颅内压、挽救生命，其次是尽可能早期减少血肿对周围脑组织的损伤，降低致残率。并应针对脑出血的病因，如脑动静脉畸形、脑动脉瘤等进行治疗，主要采用去骨瓣减压术、内窥镜血肿清除术、小骨窗开颅血肿清除术、钻孔或锥孔穿刺血肿抽吸术、微创血肿清除术和脑室出血穿刺引流术等方法。

目前对手术适应证和禁忌证尚无一致意见。如患者全身状况允许条件下，对下列情况考虑采用手术治疗。

1）基底节区出血 中等量出血（壳核出血 >30ml，丘脑出血 >15ml）。

2）小脑出血 易形成脑疝、出血量 >10ml，或直径 >3cm，或合并脑积水，应根据患者的具体情况尽快行手术治疗。

3）脑叶出血 高龄患者常为淀粉样血管病出血，除血肿较大危及生命或由血管畸形引起需外科治疗外，宜行内科保守治疗。

4）脑室出血 轻型的部分脑室出血可行内科保守治疗，重症全脑室出血（脑室铸型）需脑室穿刺引流加腰椎穿刺放液治疗。

（3）防治并发症 常见的并发症有消化道出血、肺部感染、心肌梗死、心肌损伤、泌尿道感染、压疮、肾衰竭等，要注意及早识别，给予相应治疗。

6. 快速诊断处理流程及转诊要求

快速诊断处理流程及转诊要求详见图 5 – 22。

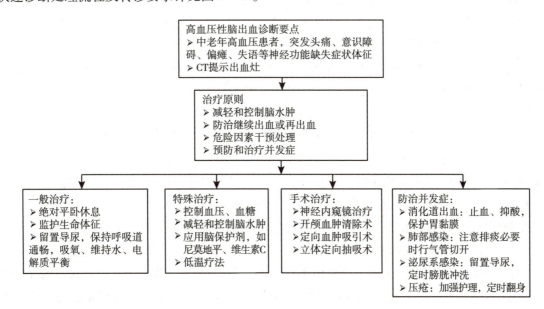

图 5 – 22 脑出血诊疗流程

（二）脑梗死

脑梗死（cerebral infarction，CI）是由于脑血液供应障碍引起局部脑组织缺血、缺氧坏死或软化，是最常见的缺血性脑血管病，占全部脑卒中的 70% ~80% 。

1. 病因与发病机制

（1）病因 主要病因是各种原因导致的颅内及颈部大动脉粥样硬化，其好发于动脉分叉附近，如颈动脉窦部及虹吸部、大脑中动脉近端及椎动脉近端等部位，与此部位血液易发生湍流有关。脑血管病的危险因素如高血压、糖尿病、血脂异常以及反复的机械性或毒性动脉内膜损伤等参与了动脉粥样硬化的形成过程。

（2）发病机制　主要有：①动脉粥样硬化病变可促进血小板的黏附、聚集和释放，进而导致血栓形成。随着动脉粥样硬化病变的发展和反复的血栓形成，最终导致管腔闭塞；②载体动脉病变堵塞穿支动脉，动脉粥样硬化斑块或血栓形成覆盖阻塞穿支动脉的开口，导致穿支动脉闭塞；③动脉到动脉栓塞是指动脉粥样硬化病变部位脱落的栓子堵塞远端血管；④低灌注动脉粥样硬化病变导致管腔狭窄后，一旦低血压或血压波动时，引起病变血管的血流减少，病变血管远端位于动脉供血区之间的脑组织发生低灌注，严重时可导致脑组织缺血、缺氧性坏死。

2. 临床表现　多见于中老年患者，常有脑梗死的危险因素如高血压、糖尿病、冠心病及血脂异常等。部分病例在发病前可有 TIA 发作。因梗死灶的部位及大小不同，临床表现为多种多样的症状和体征，主要为局灶性神经功能缺损的症状和体征，如偏瘫、偏身感觉障碍、失语、共济失调等，部分可有头痛、呕吐、昏迷等全脑症状。患者常神志清楚，当基底动脉闭塞或大面积脑梗死时，病情严重，出现意识障碍，甚至脑疝形成，最终导致死亡。

（1）颈内动脉系统　临床表现主要取决于侧支循环代偿程度以及闭塞部位，常有病灶对侧偏瘫、偏身痛觉减退，同向偏盲，双眼向病灶侧凝视，言语不清，饮水呛咳，吞咽困难，优势半球受累可有失语等，大面积脑梗死及丘脑梗死者可有意识障碍，以嗜睡、昏睡多见，病情危重者可出现脑疝而死亡。

（2）椎 – 基底动脉系统　较特征性的表现为各种类型的交叉瘫。

常见的综合征有：①Weber 综合征，为病灶同侧动眼神经麻痹，病灶对侧中枢性面瘫、舌瘫和偏瘫；②Millard – Gubler 综合征，为病灶同侧周围性面瘫，病灶对侧中枢舌瘫和偏瘫。

特殊类型有：①延髓背外侧综合征，为眩晕、恶心、呕吐，病灶同侧小脑性共济失调，病灶同侧 Horner 征，饮水呛咳，吞咽困难，咽反射消失，交叉性感觉减退；②基底动脉尖综合征，表现为昏迷，双侧瞳孔不等大，病灶侧瞳孔散大，似急性脑疝，四肢瘫，双侧病理征阳性；③脑桥梗死发病，即昏迷，双侧瞳孔针尖样大小，四肢瘫，双侧病理征阳性，常伴有呼吸节律的改变。

3. 辅助检查

（1）血液化验及心电图检查　血常规、尿常规、血糖、肝肾功能、凝血功能、同型半胱氨酸及心电图等可筛查脑血管病的危险因素。

（2）颅脑 CT　发病 24 小时内未能显示梗死责任灶，但可以除外脑出血及颅内肿瘤。24 小时后可见梗死责任灶，CT 显示低密度病灶，皮质病变呈底朝外楔形或长方形，髓质病变呈椭圆形、条形等。但脑干及小脑病灶 CT 扫描显示欠佳。发病 2 周左右，梗死灶因水肿减轻和吞噬细胞浸润可与周围脑组织等密度，CT 难以辨认称"模糊效应"。

（3）颅脑 MRI　MRI 可发现脑干、小脑梗死及小灶梗死。功能性 MRI，如弥散加权成像（DWI）和灌注加权成像（PWI），可在发病后的数分钟内检测到缺血性改变，DWI 与 PWI 显示的病变范围相同区域，为不可逆性损伤部位、DWI 与 PWI 的不一致区，为缺血性半暗带。DWI 可早期显示缺血组织的大小、部位，甚至皮质下、脑干和小脑的小梗死灶，为超早期溶栓治疗提供了科学依据。

（4）经颅多普勒（TCD）及颈动脉超声检查　TCD 可发现颅内大动脉狭窄、闭塞，评估侧支循环的情况，进行微栓子监测，在血管造影前评估脑血液循环状况。颈动脉超声对颈部动脉和椎 – 基底动脉的颅外段进行检查，可显示动脉硬化斑块、血管狭窄及闭塞。

（5）血管造影　CT 血管造影（CTA）、数字减影血管造影（DSA）和磁共振动脉成像（MRA）可以显示脑部大动脉的狭窄、闭塞和其他血管病变，如血管炎、纤维肌性发育不良、颈动脉或椎动脉夹层及烟雾病等。MRA 作为无创性检查，对于小血管显影不清，目前尚不能替代 DSA 及 CTA。

4. 诊断与鉴别诊断

（1）诊断　中、老年患者，有动脉粥样硬化及高血压等脑卒中的危险因素，安静状态下或活动中起病，病前可有反复的 TIA 发作，症状常在数小时或数天内达高峰，出现局灶性的神经功能缺失、梗死的范围与某一脑动脉的供应区域一致。头部 CT 在早期多正常，24～48 小时内出现低密度病灶。DWI 和 PWI 有助于早期诊断，血管造影可发现狭窄或闭塞的动脉。

（2）鉴别诊断

1）脑出血　多于活动或情绪激动时起病，多有高血压病史，进展快，多表现头痛、恶心、呕吐，常出现意识障碍、偏瘫和其他神经系统局灶性症状，头颅 CT 或 MRI 有助于明确诊断。

2）蛛网膜下隙出血　以青壮年多见，多在动态时起病，病情进展急骤，头痛剧烈难忍，多伴有恶心、呕吐，多无局灶性神经功能缺损的症状和体征，常有脑膜刺激征，头颅 CT、MRI 及脑脊液检查有助于明确诊断。

3）颅内占位性病变　颅内肿瘤（特别是瘤卒中时）或脑脓肿也可急性发作，引起局灶性神经功能缺损，类似于脑梗死。脑脓肿可有身体其他部位感染或全身性感染的病史。头部 CT 及 MRI 检查有助于明确诊断。

5. 急救处理　脑梗死的治疗应根据不同的病因、发病机制、临床类型、发病时间实施以分型、分期为核心的个体化综合治疗。在一般内科支持治疗的基础上，酌情选用改善脑循环、脑保护、抗脑水肿降颅压等措施。在时间窗内有适应证者行溶栓治疗和介入治疗，有条件的医院，应该建立卒中单元，卒中患者应该收入卒中单元治疗。

（1）一般治疗　及时清理口腔分泌物，保持呼吸道通畅，气道功能严重障碍者应给予气管插管或切开，辅助呼吸，合并低氧血症患者（SpO_2 低于 95% 或血气分析提示缺氧）应给予吸氧，保持大便通畅，预防压疮。

（2）早期溶栓治疗　及早开通闭塞血管可以降低死亡率、致残率，促进神经功能恢复。

1）适应证　年龄 < 75 岁，发病 4.5 小时以内（rt - PA）或 6 小时内（尿激酶），血压 < 180/110mmHg，瘫痪肢体的肌力 < 3 级，持续时间 > 3 小时，颅脑 CT 除外脑出血，部分活化凝血活酶时间（APTT）、凝血酶原时间（PT）和纤维蛋白原正常，患者或其家属签署知情同意书。

2）禁忌证　有出血或出血倾向者，近 3 个月内有脑卒中、脑外伤史，3 周内有胃肠道或泌尿系统出血病史，2 周内有接受较大的外科手术史，1 周内有在无法压迫的部位进行动脉穿刺的病史，体检发现有活动性出血或外伤（如骨折），血压 > 180/110mmHg，颅脑 CT 有大面积的低密度病灶，有严重心、肝、肾功能障碍，既往有颅内出血、蛛网膜下隙出血和出血性脑梗死病史者。

3）静脉溶栓疗法　尿激酶（UK）100 万～150 万 IU 溶于生理盐水 100～200ml 持续静脉滴注 30 分钟。重组组织型纤溶酶原激活剂（rt - PA）一次用量 0.9mg/kg（最大剂量为 90mg）静脉滴注，其中 10% 的剂量先于 2 分钟内静脉注射，其余剂量在 60～90 分钟内持续静脉滴注，用药 24 小时内应严密监护。

4）动脉溶栓疗法　可在数字减影血管造影（DSA）直视下进行超选择性介入动脉溶栓。目前推荐静脉溶栓与动脉介入溶栓、血管内机械性取栓有机结合，确定溶栓治疗的患者送往 DSA 介入治疗室前立即静脉注射 rt - PA 15mg 或半量 UK 75 万 IU，随后尽快采用动脉介入再给予 rt - PA 30mg 或半量 UK 75 万 IU。

5）溶栓并发症　梗死灶继发出血、高灌注综合征、脑水肿及溶栓再闭塞等。

（3）降纤治疗　降纤酶和巴曲酶可显著降低血浆纤维蛋白原水平，增加纤溶活性、抑制栓形成，更适合有高纤维蛋白原血症患者，建议对发病 < 12 小时的脑梗死患者选用降纤治疗。

（4）抗凝治疗　疗效尚不确定，目前多适应于进展型卒中患者。

（5）神经保护治疗　可给予依达拉奉、胞二磷胆碱及亚低温等治疗，可降低脑代谢和脑耗氧量，显著减少脑梗死体积，减轻神经元损伤。

（6）抗血小板治疗　急性脑梗死患者在发病 24～48 小时内应用阿司匹林可降低死亡率与复发率，不能耐受者可选用氯吡格雷治疗。

（7）急性期血压管理　缺血性脑卒中发生后血压升高一般不需要紧急处理。发病后 24～48 小时内收缩压 >220mmHg、舒张压 >120mmHg 或平均动脉压 >130mmHg 使用降压药，血压过高（舒张压 >140mmHg）可用硝普钠，使血压维持在 170～180/95～100mmHg 水平。注意避免过度降压使灌注压下降而导致卒中恶化。

（8）中药治疗　可用丹参、川芎嗪、银杏叶制剂等辅助治疗，可降低血小板聚集，改善脑血流，降低血黏滞度。

（9）外科和介入治疗　对大脑半球的大面积脑梗死，可施行开颅减压术和（或）部分脑组织切除术。颈动脉狭窄超过 50% 的患者可视具体情况考虑行颈动脉内膜切除术。介入性治疗包括颅内外血管经皮腔内血管成形术及血管内支架置入术等，与溶栓桥接治疗已备受重视。

6. 快速诊断处理流程及转诊要求　见图 5－23。

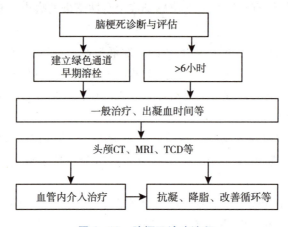

图 5－23　脑梗死诊疗流程

（三）脑栓塞

脑栓塞系指血液循环中的固体、液体或气体等各种栓子随血流进入颅内动脉，使管腔急性闭塞造成相应供血区脑组织缺血缺氧性坏死而出现的急性脑功能障碍，在我国约占脑梗死的 20%。

1. 病因与发病机制　引起心源性脑栓塞的心脏疾病有心房颤动、心房扑动、心脏瓣膜病、感染性心内膜炎、心肌梗死、心肌病、心力衰竭、心脏黏液瘤等。存在以上疾病时，在心脏内壁和瓣膜形成的血栓或赘生物脱落后可阻塞脑动脉，引起脑栓塞。一些存在右向左分流的心脏病如卵圆孔未闭等，可导致静脉系统的栓子不经过肺循环而直接进入左心，并随血流到达脑动脉，引起反常性栓塞。心房颤动是心源性脑栓塞中最常见的原因，心房颤动的发病率随着年龄增加而增加，即使是阵发性心房颤动也增加发生脑栓塞的风险。

2. 临床表现　起病年龄不一，冠心病、心肌梗死、心律失常所致者以中老年居多，安静和活动时均可发病。起病急骤，在数秒内症状达高峰，是所有脑血管病中发病最快者。少数患者起病时可伴有一过性意识障碍，当颈内动脉系统主干或椎－基底动脉栓塞时可发生昏迷。由于发病快，常引起血管痉挛，癫痫发作较其他血管病常见。在局限性神经功能缺失症状好转或稳定后又加重，提示栓塞再发生或出现梗死后出血。

3. 诊断　起病急骤、有栓子来源，多无前驱症状，常于数秒内病情达高峰。主要表现为偏瘫、偏身感觉障碍和偏盲，优势半球则有各种类型的失语，少数患者为眩晕、呕吐、眼震和共济失调。栓子多来源于心脏，故常有风湿性心脏病、冠心病、心律失常、心肌梗死等临床表现。有其他部位栓塞的症状、体征。

4. 辅助检查

（1）颅脑 CT　不仅可确定栓塞的部位及范围，而且可明确是单发还是多发。一般于 24～48 小时后可见低密度梗死区，如在低密度中有高密度影提示为出血性梗死。

（2）颅脑 MRI　能更早发现病灶，MRA 能显示血管、血流及侧支循环状况。

（3）心电图及超声心动图　可了解有无心律失常、心肌梗死等，超声心动图有助于显示瓣膜疾病、心内膜病变，胸部 X 线检查有助于了解心脏状况及肺部有无感染、癌肿等。

（4）DSA　能准确显示血管阻塞的部位和动脉壁病变。

5. 急救处理　主要是改善脑血液循环、减轻脑水肿、减小梗死范围。

（1）特殊治疗　对于心肌梗死、冠心病伴心房颤动患者，防止心腔内形成新的血栓，以及栓塞血管出现逆行血栓，主张抗凝治疗及抗血小板治疗。但对出血性梗死、亚急性细菌性心内膜炎及癌性栓塞者，有潜在出血灶或出血性疾病者，禁用抗凝及溶栓治疗。

（2）原发病治疗　对心脏病积极进行内、外科处理，对亚急性细菌性心内膜炎和其他感染性栓塞采取有效、足量的抗生素治疗。

（3）介入治疗　条件允许可行血管内取栓和血管内支架置入术等。

6. 快速诊断处理流程及转诊要求　详见图 5 - 24。

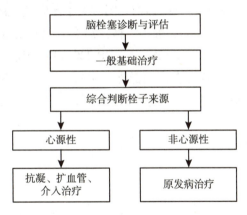

图 5 - 24　脑栓塞诊疗流程

目标检测

答案解析

一、选择题

【A1/A2 型题】

1. 昏迷的主要特征是（　　）

    A. 意识丧失

    B. 随意运动消失

    C. 对外界刺激减缓或无反应

    D. 大小便失禁

    E. 以上都是

2. 以下不属于深昏迷的为（　　）

    A. 全身肌肉松弛

    B. 对外界任何刺激无反应

    C. 各种反射消失

    D. 生命体征不稳定

    E. 全身肌肉紧张

3. 关于脑出血，最确切的诊断依据是（　　）

    A. 60 岁以上发病　　　　　　　　　　　　B. 均有偏瘫

    C. 脑脊液血性　　　　　　　　　　　　　　D. 突然偏瘫及头部 CT 高密度影

    E. 均有脑膜刺激征

4. 脑梗死临床表现中，不应有的症状或体征（　　）

    A. 意识不清　　　　　　B. 肢体瘫痪　　　　　　C. 脑膜刺激征

    D. 抽搐　　　　　　　　E. 头痛

5. 患者有偏瘫、偏身感觉障碍和偏盲，最可能闭塞的血管是（　　）

    A. 大脑前动脉　　　　　B. 内听动脉　　　　　　C. 大脑后动脉

    D. 大脑中动脉　　　　　E. 脊髓前动脉

6. 高血压性脑出血最好发生的部位是（　　）

    A. 皮质下白质　　　　　B. 脑桥　　　　　　　　C. 小脑

    D. 脑室　　　　　　　　E. 壳核及其附近

二、思考题

患者，男，66 岁，突发意识不清 6 小时来诊。患者 1 小时前饮酒时，突然出现语言不清，逐渐出现意识不清，伴有恶心呕吐 2 次，呕吐物为胃内容物。同时大小便失禁，被家人急送入医院就诊。既往有高血压病史 30 年，无肝炎、结核病史，无心脏病、糖尿病史，无药物过敏。饮白酒 35 年，每日饮 5 两左右。查体：T 36.6℃，P 78 次/分，R 20 次/分，BP 220/130mmHg。轻度昏迷，双眼向右凝视，双侧瞳孔直径 4mm，等大等圆，对光反应存在。颈抵抗（＋），心、肺、腹无异常。左侧偏瘫，腱反射亢进，左侧肢体少动。左侧 Babinski 征（＋），左 Chaddock 征（＋）。急查 CT：右豆状核区可见高密度灶，出血量约 35ml。请问：

（1）对患者最可能的诊断是什么？

（2）第一步如何处理？

（李　玲　吴　铃　谭　鹏　顾国晓　粟伟栋）

书网融合……

本章小结	微课 1	微课 2	微课 3	微课 4	微课 5
微课 6	微课 7	微课 8	微课 9	微课 10	微课 11
微课 12	微课 13	微课 14	微课 15	题库	

第六章 急性中毒与理化疾病

◎ 学习目标

1. 通过本章的学习，重点掌握常见急性中毒与理化疾病的诊断及急救处理；熟悉常见急性中毒与理化疾病的临床表现。
2. 学会了运用急救技术初步抢救危重患者以挽救生命。
3. 具有尊重和保护患者权利的素质以及预防医疗事故发生的意识。

>> 情境导入

情境描述 患者，女，25岁，与其男友吵架后口服不详液体80ml，30分钟后出现恶心，被家人送到医院。查体：走路不稳、呼吸困难、视物模糊、瞳孔针尖大小，流涎、大汗，呼气有蒜臭味。脉搏110次/分。

讨论 1. 患者最可能的诊断是什么？
2. 为确诊应首选的实验室检查是什么？
3. 如何救治？

第一节 急性中毒概论

PPT

人类所处的生活环境，危害身体健康的有物理因素（高、低气压，高、低温，雷电，电离辐射或非电离辐射等）和化学因素（农药、药物、毒品及蛇毒；空气中有毒气体；有毒元素及化合物等）。本章主要讲述几种常见急性中毒及环境理化因素所致疾病，其中急性发病者为重点。

中毒（poisoning）是指有毒化学物质进入人体后，达到中毒量而产生的全身性损害。引起中毒的化学物质称为毒物，中毒可分为急性中毒和慢性中毒。

急性中毒是指短时间内吸收大量毒物导致躯体损害，起病急骤，症状严重，病情变化迅速，如不及时治疗常危及生命。慢性中毒是长时间吸收小量毒物的结果，一般起病缓慢，病程较长，缺乏特异性诊断指标，多不属于急诊范畴。本章节只讲述急性中毒。

一、病因

毒物可通过呼吸道、消化道及皮肤黏膜等途径进入人体。

1. 职业性中毒 由于有毒原料、中间产物、成品在生产、保管、运输、使用过程中，不注意劳动保护，违反安全防护制度，可发生中毒。毒物主要以粉尘、烟雾、蒸气、气体等形态由呼吸道吸入。

2. 生活性中毒 主要由于误食或意外接触有毒物质、用药过适、自杀或故意投毒谋害等原因使过量毒物进入人体内而引起中毒。毒物大多经口摄入，由呼吸道进入的毒物很少，主要是一氧化碳。

知识链接

人类对中毒的认知

人类对中毒的认识从未停止，元代忽思慧所撰写的《饮膳正要·卷二·食物中毒》就有详细描述针对食物中毒的处理方法，如"如饮食后不知记何物毒，心烦满闷者，急煎苦参汁饮，令吐出。或煮犀角汁饮之，或苦酒、好酒煮饮，皆良"这就是采用苦参汁等催吐"。

《神农本草经》中也有相关描述，如"蓝实，主解诸毒，杀蛊蚑，注鬼，螫毒""升麻，主解百毒，杀百老物殃鬼，辟温疾，障，邪毒蛊"等。

现在中毒的研究不仅仅局限于食物中毒，研究各种毒物造成的中毒，尤以急性中毒为主，阐述了化学物与人类关系，对人的危害，急性中毒的防控、救援等，并出台一系列法律法规。

二、中毒机制

1. 局部腐蚀、刺激作用 强酸、强碱可吸收组织中的水分，并与蛋白质或脂肪结合，使细胞变性、坏死。

2. 缺氧 一氧化碳、硫化氢、氰化物等窒息性毒物可阻碍氧的吸收、转运或利用，使机体组织和器官缺氧。

3. 麻醉作用 脑组织和细胞膜含脂量高，有机溶剂和吸入性麻醉剂有较强的亲脂性，故能通过血－脑屏障进入脑内，抑制脑功能。

4. 抑制酶的活力 很多毒物或其代谢产物可通过抑制酶的活力而对人体产生毒性作用，如有机磷杀虫药抑制胆碱酯酶，氰化物抑制细胞色素氧化酶，重金属抑制含巯基的酶等。

5. 干扰细胞的生理功能 如四氯化碳代谢生成的自由基可作用于肝细胞膜中不饱和脂肪酸，产生脂质过氧化，使线粒体、内质网变性，肝细胞坏死。

6. 受体竞争 如阿托品竞争性阻断毒蕈碱受体。

7. 变态反应 某些毒物的基团有半抗原性，可与某些氨基酸的基团形成半抗原－蛋白质复合物，引起免疫反应，如职业性哮喘。

三、临床表现

中毒临床表现复杂，症状多数缺乏特异性，因此毒物接触史对于确诊具有重要意义。急性中毒可以累及全身各个系统，出现相应的临床表现，各类毒物所致系统损害的临床表现如下。

1. 皮肤黏膜症状 ①灼伤：见于强酸、强碱、甲醛、苯酚、百草枯等腐蚀性毒物直接接触灼伤。②发绀：麻醉药、有机溶剂等抑制呼吸中枢；刺激性气体可引起肺水肿；亚硝酸盐等能产生高铁血红蛋白。③口唇黏膜呈樱桃红色：见于一氧化碳中毒。④颜面潮红：见于阿托品、颠茄、乙醇、硝酸甘油、氰化物、苯丙胺等中毒。⑤黄染：见于毒蕈、鱼胆、四氯化碳、百草枯等中毒。

2. 眼部症状 ①瞳孔缩小：见于有机磷类、阿片类、镇静催眠药及氨基甲酸酯类中毒。②瞳孔扩大：见于阿托品、莨菪碱、甲醇、乙醇、大麻、苯、氰化物等中毒。③视神经炎：见于甲醇、一氧化碳等中毒。④眼球震颤：巴比妥类、苯妥英钠等中毒。

3. 神经系统症状 ①昏迷：见于麻醉药、镇静催眠药等中毒；有机溶剂中毒；一氧化碳、硫化物、氰化物等中毒；高铁血红蛋白生成性毒物中毒；农药中毒等。②谵妄：见于阿托品、乙醇、抗组胺药物中毒。③惊厥：见于窒息性毒物、剧毒灭鼠药、异烟肼等中毒。④精神异常：见于乙醇、一氧化碳、二硫化碳、有机溶剂、阿托品、抗组胺药等中毒。⑤肌纤维颤动：见于有机磷、乙醇、硫化氢及铅中毒等。⑥瘫痪：见于蛇毒、河豚毒素、箭毒、一氧化碳、三氧化二砷等中毒。

4. 呼吸系统症状　①呼吸气味：有机磷杀虫药、黄磷、铊等中毒有大蒜味；氰化物中毒有苦杏仁味；苯酚和甲酚皂溶液中毒有苯酚味；硫化氢中毒有臭蛋味。②呼吸加快：二氧化碳、呼吸兴奋剂、水杨酸类、抗胆碱药、甲醇等中毒引起呼吸加快。③呼吸减慢：催眠药、麻醉药、阿片类毒物可致呼吸抑制。④肺水肿：见于刺激性气体、磷化锌、有机磷杀虫剂、百草枯等中毒。

5. 循环系统症状　①心律失常：阿托品、颠茄、氯丙嗪、拟肾上腺素药中毒可引起心动过速；洋地黄类、毒蕈、拟胆碱药、钙离子拮抗剂、β 受体阻断剂等中毒可引起心动过缓甚至心搏骤停。②休克：毒物（如三氧化二砷）引起剧烈呕吐和腹泻；奎宁等导致周围血管扩张；强酸、强碱可引起严重灼伤导致血浆渗出；砷等中毒直接损伤心肌；各因素经过不同途径引起有效循环血量减少而发生休克。

6. 消化系统症状　主要症状有呕吐、腹痛、腹泻及中毒性肝损害。

7. 泌尿系统症状　①尿色改变：蓝绿色尿见于亚甲蓝、麝香草酚中毒；橘黄色尿见于氨基比林等中毒；红褐色尿见于铅、汞及华法林、苯丙胺等中毒；灰色尿见于酚或甲酚中毒。②少尿、无尿：毒蕈、蛇毒、生鱼胆、氨基糖苷类抗生素、砷化氢、四氯化碳等引起肾小管坏死；磺胺结晶等引起肾小管堵塞；引起休克的毒物可导致肾脏缺血。

8. 血液系统症状　①溶血性贫血：见于砷化氢、苯胺、硝基苯等中毒。②再生障碍性贫血：见于氯霉素、抗肿瘤药、苯等中毒。③出血：阿司匹林、氯霉素、氢氯噻嗪、抗肿瘤药等引起血小板减少；肝素、香豆素类、水杨酸类、敌鼠、蛇毒等引起凝血功能障碍时可导致出血。

四、实验室检查及辅助检查

1. 毒物检测　收集遗留毒物、食物、药物、呕吐物、大便等进行检测，是诊断中毒极为客观的方法，特异性强，但敏感性较低，加之技术条件的限制和毒物理化性质的差异，诊断时不能过分依赖毒物检测。

2. 血液检查　包括外观、生化、异常血红蛋白检测、凝血功能、动脉血气分析、酶学等检查。

3. 尿液检查　尿的颜色与尿量等检测。

4. 其他检查　肝功能检查、心电图、X 线等可用于鉴别诊断及判断病情轻重。

五、诊断与鉴别诊断

急性中毒的诊断一般不难。主要依据毒物接触史、临床表现、相关的实验室检查及环境调查。对有明确接触史的患者易诊断。对无明确接触史的患者，若突然出现原因未明的呕吐、发绀、呼吸困难、休克，特别是惊厥或昏迷的患者，应想到急性中毒的可能。分析症状特点、出现时间、顺序。同时，进行必要的查体，注意观察患者生命体征及心、肺、肾等情况。必要时做相应辅助检查便于鉴别诊断和判断病情轻重程度。

六、急诊处理

1. 远离毒物　立即脱离中毒现场，终止与毒物的接触毒物经呼吸道吸入者，立即脱离现场，移至空气新鲜的环境。经皮肤、黏膜接触者，立即脱掉被污染的衣服，用清水彻底清洗接触部位的皮肤黏膜。口服毒物者立即停服。

2. 稳定生命体征　评估生命体征，若病情危重，出现呼吸循环功能不稳定，如休克、呼吸心搏骤停，应立即进行心肺复苏。尽快采取相应的救治措施。

3. 迅速清除进入人体未被吸收和已被吸收的毒物　通过催吐、洗胃、导泻、全肠道灌洗的方法清除进入人体未被吸收的毒物，但口服强酸强碱等腐蚀性毒物时，禁止洗胃。通过吸氧、利尿、血液净化治疗促进已吸收毒物的排泄。

4. 尽快使用特效解毒剂　铅中毒可用依地酸二钠钙；砷、汞中毒可用二巯基丙醇、二巯基丙磺酸钠等；高铁血红蛋白血症解毒常用小剂量亚甲蓝）；氰化物中毒一般采用亚硝酸盐 – 硫代硫酸钠疗法；有机磷杀虫剂的解毒药主要有阿托品、碘解磷定等。但有的毒物没有特殊解毒剂。

5. 对症治疗　目的在于维持和保护主要脏器的功能，使患者度过危险期。具体措施：①密切观察病情变化，卧床时间较长者，定时翻身拍背；②维持水、电解质、酸碱平衡；③保持呼吸道通畅，充分供氧；④如有躁动时用水合氯醛灌肠；惊厥时用苯巴比妥钠、地西泮等；④脑水肿时可用甘露醇快速静脉滴注；出现循环衰竭时应酌情应用升压药；⑤心搏骤停、昏迷时应及时进行抢救和治疗。

七、快速诊断处理流程及转诊要求

1. 快速诊断处理流程　见图 6 – 1。

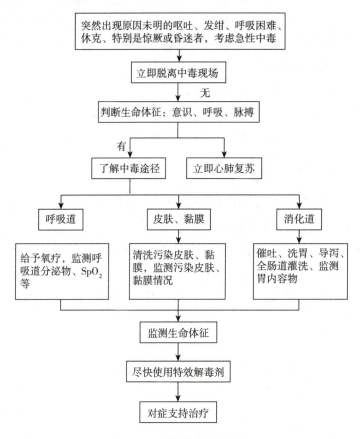

图 6 – 1　急性中毒诊疗流程

2. 转诊要求　经阻止毒物进一步接触，稳定生命体征，清除体内毒物，解毒及对症支持治疗无法缓解症状时，应及时转入上级医院诊治。

第二节　一氧化碳中毒

PPT

一氧化碳（carbon monoxide，CO）是无色、无臭、无味的气体，较空气轻，易扩散，中毒时不易察觉。吸入过量 CO 引起中毒称为一氧化碳中毒，俗称煤气中毒。是我国北方气体中毒致死的主要原因之一。

一、病因

含碳物质燃烧不完全时可产生大量 CO，工业上高炉煤气、煤气管道漏气、机动车尾气、失火现场和煤矿瓦斯爆炸时，都可逸出或产生大量 CO，会导致吸入中毒。日常生活中燃气加热器、冬季用于取暖的煤炉等，应用不当时也可发生中毒。

二、中毒机制

一氧化碳经呼吸道吸入后约 85% 立即与血液红细胞的血红蛋白（Hb）结合，形成稳定的碳氧血红蛋白（carbon oxyhemoglobin，COHb）。CO 与 Hb 的亲和力比 O_2 与 Hb 大 240 倍，而其解离速度比氧合血红蛋白慢 3600 倍。COHb 无携带氧的功能，并使血红蛋白氧解离曲线左移，血氧不易释放给组织，造成细胞缺氧。其次高浓度的 CO 还可损害线粒体功能，抑制细胞色素氧化酶的活性，阻碍细胞对氧的利用。中毒时，大脑和心脏最易遭受损害，重症者可发生脑疝，危及生命。一氧化碳还可透过胎盘屏障对胎儿产生毒害作用。

三、临床表现

一氧化碳中毒对人体的危害主要取决于空气中一氧化碳浓度及接触时间，急性一氧化碳中毒分为三种临床类型。

1. 轻度中毒　血液 COHb 浓度达 10% ~20%。患者有头晕、头痛、恶心、呕吐、心悸、乏力、嗜睡等，原有冠心病的患者可出现心绞痛。CO 与 Hb 结合是可逆的，早期中毒一旦脱离中毒环境及时吸入新鲜空气或氧疗后，COHb 就可解离，症状很快消失，完全恢复。

2. 中度中毒　血液 COHb 浓度达 30% ~40%。患者口唇黏膜呈樱桃红色，出现呼吸困难、意识模糊、谵妄、幻觉、抽搐，呼吸、血压和心律可有改变。若抢救及时，经氧疗可恢复，无明显并发症。

3. 重度中毒　血液 COHb 浓度高于 40% 以上。出现惊厥、颈强直、深昏迷。常有肺水肿、脑水肿、休克和严重的心肌损害。受压迫部位的皮肤可出现红肿和水疱，肢体可出现筋膜室综合征，导致压迫性肌肉坏死（横纹肌溶解症），引起急性肾小管坏死和肾衰竭。不及时抢救可致死，幸存者可有不同程度的神经精神后遗症。

四、实验室检查及辅助检查

1. 血液 HbCO 测定　有助于明确诊断及评估中毒程度和预后。留取标本越早越准确。简易测定方法适用于基层医院。①甲醛法：取患者的血液 0.5ml 加入甲醛液 1ml 混匀，若 HbCO 增多则出现桃红色凝块，正常则为深褐色凝块。②煮沸法：取患者血液 3~5 滴加蒸馏水 10ml 煮沸，血液中 HbCO 增多时仍为淡红色，正常血液则呈褐色。

2. 脑电图检查　可见弥漫性低波幅慢波与缺氧性脑病进展相平行。

3. 头部 CT 检查　脑水肿时可见脑部有病理性密度减低区。

五、诊断与鉴别诊断

根据一氧化碳的接触史，黏膜呈特征樱桃红色，中枢神经损害的症状，结合血液 HbCO 测定的结果，可做出急性一氧化碳中毒诊断。但应与脑血管意外、脑膜脑炎、糖尿病急症以及其他气体或安眠药中毒引起的昏迷相鉴别。

六、急诊处理

1. 发现中毒患者应立即撤离现场，转移至空气清新的环境。

2. 解开衣领，注意保暖；注意观察意识状态和监测生命体征。

3. 尽早行高压氧舱治疗，能加速碳氧血红蛋白的排除，迅速改善机体缺氧状态。

在加压舱中利用吸入高压氧治疗疾病的方法称高压氧疗法。①加速 HbCO 离解和 CO 排出，恢复 Hb 的正常携氧功能；②显著增加血液物理溶解氧，恢复有效氧代谢；③增加毛细血管内的氧弥散的距离，纠正组织缺氧。使血液中 HbO 增多，增强红细胞变形性，降低血液黏度，改善微循环。同时还能可使颅内血管收缩而降低颅内压，减轻脑水肿，有利于昏迷患者的促醒，对肝、肾也有一定保护作用。

目前无高压氧舱统一治疗指征，多认为适用于急性中、重度一氧化碳中毒，或原有心血管疾病以及老年人、孕妇中毒等；临床上将头痛、恶心、短暂意识丧失、昏迷、局灶神经功能缺陷以及 HbCO 浓度 >40% 作为高压氧舱治疗参考标准。

4. 防治脑水肿，严重中毒脑水肿可在 24 ~ 48 小时发展到高峰，应积极降低颅内压，恢复脑功能。措施如下。①脱水治疗：最常用的是 20% 甘露醇，0.5 ~ 1.0g/kg，快速静滴，2 ~ 4 次/天，待 2 ~ 3 天症状好转可减量。也可注射呋塞米，每次 10 ~ 20mg 加强脱水。此外还有糖皮质激素如地塞米松，或氢化可的松 200 ~ 400mg，分次静注，有助于缓解脑水肿。②控制抽搐：首选地西泮（安定），每次 10 ~ 20mg，静脉注射；中枢性高热或昏迷时间超过 10 小时者，可用物理降温方法如冰帽或实施人工冬眠疗法。③促进脑细胞代谢：应用能量合剂，常用药物有细胞色素 C、抗氧自由基制剂依达拉奉、谷胱甘肽及大剂量 B 族维生素和维生素 C 等。

七、快速诊断处理流程及转诊要求

1. 快速诊断处理流程　见图 6 - 2。

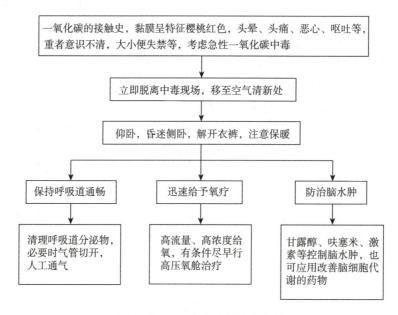

图6 - 2　一氧化碳中毒诊疗流程

2. 转诊要求　经阻止一氧化碳进一步接触，给予通畅呼吸道，高浓度、高流量吸氧后，应及时转入有高压氧仓的医院进行救治。

PPT

第三节　急性有机磷农药中毒

有机磷农药如对硫磷、甲基对硫磷、敌敌畏、敌百虫、乐果等，由于其杀虫效率高、杀虫范围广、成本低、药源充足是目前应用最广泛的农业杀虫剂。急性有机磷杀虫剂中毒（organophosphorous insecticides poisoning）是我国急诊常见的危重症，占急性中毒的49.1%，占中毒死亡的83.6%。对人畜的主要毒性是抑制胆碱酯酶（acetylcholinesterase），使胆碱能神经末梢释放的乙酰胆碱蓄积，后者持续作用于神经或效应器，导致一系列毒蕈碱样、烟碱样、中枢神经系统症状。严重者可因昏迷或呼吸衰竭而死亡。

一、病因

在农药生产、使用过程中，由于生产设备密封不严或发生故障，个人使用、防护不当，使有机磷农药泄漏，毒物经皮肤和呼吸道黏膜进入人体而中毒。在生活中误服、自杀服用有机磷农药或误食被有机磷农药污染食物、蔬菜、水果或滥用有机磷农药灭虫而引起中毒。

二、中毒机制

有机磷农药进入人体后，迅速分布到全身各组织器官，以肝脏、肾脏内浓度最高。毒理作用主要是有机磷农药与体内胆碱酯酶的酯解部位结合成稳定的磷酰化胆碱酯酶从而使其失去分解乙酰胆碱的能力，使乙酰胆碱大量积聚而致胆碱能神经和其效应器先兴奋后抑制（胆碱能神经包括自主神经的节前纤维，副交感神经的节后纤维，控制汗腺分泌和血管收缩的交感神经节后纤维，横纹肌的运动神经 – 肌肉接头，以及中枢神经系统细胞突触），从而引起毒蕈碱样症状、烟碱样症状和中枢神经系统症状。

三、临床表现

急性有机磷农药中毒的发病时间和中毒症状的轻重与农药的种类、剂量、进入机体的途径及接触时间有关，一般经口服和呼吸道吸入者，可在数分钟或数十分钟内发病；经皮肤吸收者，常在接触后 2 ~ 6 小时内发病。一旦中毒症状出现后病情迅速进展。通常发病愈早，病情愈重。中毒者口内、呕吐物、呼吸等有蒜臭味。

1. 毒蕈碱样症状（M 样症状）　主要是副交感神经末梢兴奋所致。可表现为恶心、呕吐、腹痛、腹泻、大小便失禁，多汗、流涕、流泪、流涎，心率减慢，瞳孔缩小，咳嗽、咳痰、呼吸困难，严重者可致急性肺水肿。

2. 烟碱样症状（N 样症状）　是乙酰胆碱在横纹肌神经肌肉接头处过度蓄积和刺激所致。表现为面部、眼睑、舌、四肢和全身骨骼肌纤维颤动，严重者出现全身肌肉强直性痉挛，后期可出现肌力减退和呼吸肌麻痹造成周围性呼吸衰竭。还可刺激交感神经节后纤维末梢释放儿茶酚胺，使血管收缩引起血压增高、心率加快甚至心律失常。

3. 中枢神经系统症状　中枢神经系统受乙酰胆碱刺激可出现头痛、头晕、乏力，共济失调、烦躁不安、谵妄和抽搐，严重者昏迷。

4. 局部损害　有些有机磷农药可引起皮肤黏膜的局部损害，如敌敌畏、敌百虫、对硫磷、内吸磷可引起过敏性皮炎，可出现水泡和脱皮。有机磷农药接触眼部可致结膜充血水肿和瞳孔缩小。

5. 中间型综合征　发生于胆碱能危象与迟发性神经病之间，称"中间型综合征"，此症状复发可能与残留在皮肤、甲床、毛发、胃肠道内的有机磷杀虫药重吸收或解毒药停药过早有关。其发病机制目前认为与胆碱酯酶受到长期抑制，影响神经 – 肌肉接头处突触后的功能。表现为迟发性神经病前突然出现屈颈肌、四肢近端肌无力和第Ⅲ、Ⅶ、Ⅸ、Ⅹ对脑神经支配的肌肉无力，出现睑下垂、眼外展受限、面瘫，严重甚至发生呼吸肌麻痹、肺水肿、脑水肿引起死亡。

6. 迟发性多发性神经病　急性中毒个别患者在重度中毒症状消失后 2 ~ 3 周发生多发性神经病变，主要表现为双下肢瘫痪、四肢肌肉萎缩等神经系统症状。目前认为这种病变可能由于有机磷农药抑制神经靶酯酶并使其老化所致。

四、实验室检查

1. 全血胆碱酯酶活力测定　全血胆碱酯酶活力是诊断有机磷农药中毒的特异性指标，并对判定中毒程度轻重、指导治疗用药、疗效评价和估计预后都极为重要。急性有机磷农药中毒时，胆碱酯酶活力下降。

2. 尿中有机磷农药分解产物测定　有机磷农药分解产物，如对硫磷、甲基对硫磷在体内氧化分解生成硝基酚，敌百虫代谢生成三氯乙醇等，均有助于有机磷农药中毒的诊断。

3. 其他检查　有条件时取患者的呕吐物、呼吸道分泌物、抽取胃内容物进行有机磷化合物的测定有助于有机磷农药中毒的诊断。

五、诊断与鉴别诊断

1. 诊断　根据有机磷杀虫药接触史，典型临床表现如呼气中有蒜臭味、多汗、流涎、恶心、呕吐、肌束震颤、瞳孔缩小、意识障碍等不难诊断，但确诊需依靠胆碱酯酶活力降低。急性中毒一般分为三度。

（1）轻度中毒　以 M 样症状为主。全血胆碱酯酶活力为 50%～70%。

（2）中度中毒　M 样症状加重，出现 N 样症状。全血胆碱酯酶活力在 30%～50%。

（3）重度中毒　上述症状加重，并出现肺水肿、脑水肿、昏迷等。全血胆碱酯酶活力在 30% 以下。

2. 鉴别诊断　应与其他杀虫药中毒相鉴别，如拟除虫菊酯类和杀虫脒中毒相鉴别（后者血胆碱酯酶活力正常），此外还应与中暑、急性胃肠炎、脑血管意外、脑炎等相鉴别。

六、急诊处理

1. 立即清除毒物，紧急复苏　为避免继续吸收毒物，首先立刻离开现场，到空气新鲜处，脱去污染的衣服，用肥皂水彻底清洗皮肤、毛发和指甲（禁用热水或酒精擦洗）。如眼部被污染，可用生理盐水或 2% 的碳酸氢钠液连续冲洗（敌百虫中毒禁用碱性溶液）。口服中毒者，应立即洗胃，常用清水、2% 的碳酸氢钠溶液（敌百虫中毒禁用）、1∶5000 的高锰酸钾溶液（对硫磷、乐果中毒禁用）。若出现肺水肿、呼吸衰竭时立即清除呼吸道分泌物，保持呼吸道通畅，给氧，必要时机械通气。

2. 特效解毒药　在上述治疗的同时，立即给予解毒治疗。应早期、足量、联合、重复给药。

（1）抗胆碱药　此类药物与乙酰胆碱争夺胆碱能受体，从而阻断乙酰胆碱受体。常用药物为阿托品和盐酸戊乙奎醚。

1）阿托品　M 胆碱受体拮抗药，主要主用于外周 M 受体，能拮抗乙酰胆碱对副交感神经和中枢神经系统毒蕈碱受体的作用，缓解 M 样症状和呼吸中枢的抑制。阿托品治疗时，应根据病情选择适当剂量、给药途径和间隔时间，及时调整用药，使患者尽快达到阿托品化并维持，还要避免发生阿托品中毒。

阿托品化（atropinization）是指应用阿托品后，患者瞳孔较前扩大，出现口干和皮肤干燥，颜面潮红、心率加快、肺部啰音消失等表现。此时应逐渐减少阿托品用量。

阿托品中毒是指患者出现瞳孔扩大、心动过速、烦躁不安、尿潴留、意识模糊、谵妄、惊厥、昏迷等表现。此时应立即停用阿托品、酌情给予毛果芸香碱对抗。必要时采取血液净化治疗。

2）盐酸戊乙奎醚（penehyclidine hydrochloride）　是我国研制的新型抗胆碱药。能拮抗中枢和外周的 M、N 样症状，较阿托品有优势，主要选择性作用于 M_1、M_3 型受体，对 M_2 型受体作用较小，因此对心率影响较小，在治疗时心率增快不能作为此药治疗的判定指标。

（2）胆碱酯酶复能药　为肟类化合物，化合物中的季胺氮带正电，能吸引磷酸化胆碱酯酶的阴离子部位，而且肟基与磷酰化胆碱酯酶中的磷结合形成化合物，使其与胆碱酯酶的酯解部位分离，从而使乙酰胆碱酯酶重新恢复活力。胆碱酯酶复能药能解除 N 样症状，但对 M 样症状无明显作用。常用的药物有氯解磷定（PAM－Cl）、碘解磷定（PAM－I）、双复磷（DMO₄）等。由于胆碱酯酶复能药对已老化的胆碱酯酶无复能作用，因此必须在中毒早期尽早用药。而对于胆碱酯酶复能药疗效不佳时，应与抗胆碱药联合治疗。

胆碱酯酶复能药的常见不良反应有口苦、咽干、恶心、呕吐、面色潮红、一过性眩晕、视物模糊或复视、血压升高等。用量过大或注射过快可致呼吸抑制等。

3. 对症治疗 积极治疗并发症：密切观察病情，防治酸中毒、低钾血症、严重心律失常、休克，肺水肿、呼吸肌麻痹及脑水肿等，维护心脑等重要脏器功能。若处理不及时可导致死亡。

七、快速诊断处理流程及转诊要求

1. 快速诊断处理流程 见图 6－3。

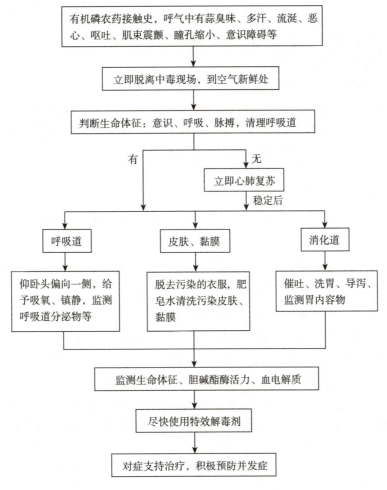

图 6－3 有机磷农药中毒诊疗流程

2. 转诊要求 经阻止毒物进一步接触，稳定生命体征，清除体内毒物，解毒及对症支持治疗无法缓解症状时，应及时转入上级医院诊治。

第四节 镇静催眠药中毒

PPT

镇静催眠药是指对中枢神经系统有抑制作用的药物，具有镇静催眠作用。

一、病因

主要是服用过量镇静催眠药引起，一次服用过量可引起急性中毒；长期滥用可引起耐药性和依赖性而导致慢性中毒；突然停药或减量可引起戒断综合征。本次课主要讲述急性中毒。常见的镇静催眠药有苯二氮䓬类、巴比妥类、吩噻嗪类等。

二、中毒机制

1. 苯二氮䓬类 神经元突触后膜表面有由苯二氮䓬受体、γ–氨基丁酸受体、氯离子构成的复合物。苯二氮䓬类与其受体结合后可加强γ–氨基丁酸与其受体结合的亲和力，使与γ–氨基丁酸受体偶联的氯离子通道开放而增强γ–氨基丁酸对突触后的抑制功能。主要选择性作用于边缘系统，影响情绪与记忆力，起镇静、抗焦虑、抗惊厥及中枢性肌肉松弛作用，催眠作用较弱。

2. 巴比妥类 对γ–氨基丁酸能神经有与苯二氮䓬类相似的作用。但二者分布不同，效用也不同。主要抑制网状结构上行激动系统而引起意识障碍，此类药物随着计量的增加，抑制作用逐渐增强，依次表现为镇静、催眠、麻醉、延髓中枢麻醉。

3. 非巴比妥非苯二氮䓬类 中毒机制与巴比妥类相似。

4. 吩噻嗪类 主要作用为抑制脑干网状结构上行激动系统，大脑边缘系统和下丘脑的多巴胺受体，减轻焦虑、紧张、幻觉、妄想和病理性思维等精神症状，是一种强安定剂。此类药物还能抑制脑干血管运动和呕吐反射，阻断α肾上腺素能受体、抗组胺及抗胆碱能等作用。

三、临床表现

1. 苯二氮䓬类中毒 临床主要以嗜睡、头晕、言语含糊不清、意识模糊和共济失调为主要表现。

2. 巴比妥类中毒

（1）轻度中毒 主要症状是疲乏无力、嗜睡、头晕、注意力不集中、记忆力减退、神志恍惚、反应迟钝、言语不清、步态不稳、判断及定向障碍等。

（2）中度中毒 表现为昏睡或浅昏迷、呼吸减慢、眼球震颤。

（3）重度中毒 可呈中至深昏迷、血压、体温下降，甚至休克、呼吸抑制由浅慢直至停止，可并发肺水肿、脑水肿、肾衰竭。临床多因呼吸、循环衰竭致死。

3. 非巴比妥非苯二氮䓬类中毒 临床表现与巴比妥类中毒相似。

4. 吩噻嗪类中毒 主要表现为三类：①急性肌张力障碍反应，如斜颈、吞咽困难、牙关紧闭等；②静坐不能。③震颤麻痹综合征。此外尚有直立性低血压、心动过速、体温调节紊乱、肠蠕动减慢等。严重者昏迷、休克、呼吸抑制致死。

四、实验室检查

血液、尿液、胃液中药物浓度测定，有诊断意义。

五、诊断与鉴别诊断

1. 急性中毒根据 包括：①有服用大量镇静催眠药史；②出现意识障碍和呼吸抑制、血压下降；③必要时毒物检测血液、尿液、胃液可确诊。

2. 鉴别诊断 应与一氧化碳、酒精、有机溶剂等中毒以及脑血管意外、脑炎、低血糖等相鉴别。戒断综合征应与精神分裂症、癫痫、其他继发性脑病等相鉴别。详细询问病史显得尤为重要。

六、急诊处理

1. 急性中毒的治疗

（1）维护患者重要脏器的功能　①保持呼吸道通畅；②维持血压；③心脏监护，防治心律失常；④给予纳洛酮等促进意识恢复；⑤维持水、电解质及酸碱平衡。

（2）清除毒物　①洗胃；②强力利尿、碱化尿液，但对吩噻嗪类中毒无效；③血液净化：治疗镇静催眠药物中毒疗效显著。

（3）特效解毒疗法　氟马西尼能通过竞争抑制苯二氮䓬类受体而阻断苯二氮䓬类药物的中枢神经系统作用，是中枢性苯二氮䓬类药物拮抗剂。用法：首次 0.2mg 缓慢静注，单次给药疗效于 1~3 小时逐渐消失，患者清醒后可以再次昏迷，故可反复给药，总量可达 2mg。巴比妥、吩噻嗪类、抗抑郁药中毒无特效解毒剂，以对症及支持治疗为主。

（4）对症治疗　主要针对吩噻嗪类中毒：如昏迷患者可用纳洛酮、哌甲酯等，长时间昏迷患者防治肺部感染、脑水肿等；如有肌肉痉挛及肌张力障碍可用苯海拉明或东莨菪碱等；如有震颤麻痹可选用苯海索、东莨菪碱等；如有低血压，应用间羟胺、盐酸去氧肾上腺素等提升血压。

2. 戒断综合征的治疗　用足量镇静催眠药控制戒断症状，如地西泮或苯巴比妥，重复用药，至戒断症状消失，待情况稳定 2 天后逐渐减量，10~15 天内停药。

七、快速诊断处理流程及转诊要求

1. 快速诊断处理流程　见图 6-4。

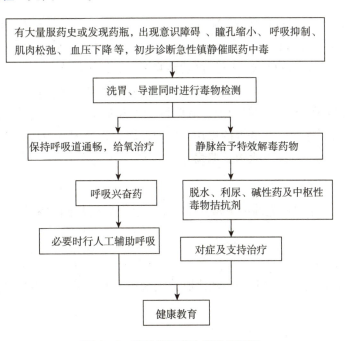

图 6-4　镇静催眠药中毒诊疗流程

2. 转诊要求　经洗胃、导泻、解毒及对症支持治疗无法缓解症状时，应及时转入上级医院诊治。

PPT

第五节　除草剂中毒

一、百草枯中毒

百草枯（paraquat）是速效触灭型除草剂，又名"对草快"，是全球使用的除草剂，喷洒后能快速发挥作用，接触土壤后迅速失活。对人、畜有很强毒性。百草枯可经胃肠道、皮肤黏膜和呼吸道吸收，我国以口服中毒多见。中毒时患者肺组织损害突出，最终死于呼吸衰竭，也可造成多脏器功能衰竭而迅速致死。

（一）病因及发病机制

百草枯是应用非常广泛的除草剂，在我国农村非常常见，中毒主要原因是误服或口服自杀导致中毒，少量是通过皮肤黏膜接触与呼吸道吸入引起中毒。吸收后通过血液循环分布于所有的组织和器官，肺中浓度最高，也可透过血－脑屏障进入脑组织。以原形从肾脏和粪便排出体外，排泄较慢，因此毒性作用可持续存在。一般成年人口服致死量为 2～6g。中毒机制目前不是很清楚。口服后首先对消化道有刺激和腐蚀作用；其次通过大量活性自由基过氧化损伤组织细胞结构，对全身各个器官组织均有极强的毒性；另外，还能影响细胞氧化磷酸化及能量合成代谢。因为肺组织对百草枯具有主动摄取和蓄积特征，所以临床上多数患者口服中毒后，最终以肺组织不可逆纤维化和呼吸衰竭而死亡。

（二）临床表现

中毒主要原因是误服或口服自杀导致，临床表现首先有口腔、食管等的灼烧感，因口腔、食管、胃肠道黏膜发生糜烂、溃疡而出现恶心、呕吐、腹痛、腹泻，甚至出现呕血、便血，严重者可发生穿孔，部分患者出现肝大、黄疸和肝功能异常，甚至肝功能衰竭。肺组织损伤最为突出、严重，主要表现为胸闷、胸痛、咳嗽、咳痰、气短、呼吸困难、发绀，查体可发现呼吸音减低，两肺可闻及干湿性啰音，大量服毒者可在 24 小时内出现肺水肿和肺出血，呼吸困难逐渐加重，最终死于急性呼吸窘迫综合征。此外还应注意肾脏、中枢神经系统、皮肤等的损伤，出现血尿、蛋白尿、少尿，血 BUN、Cr 升高，头疼、头晕、幻觉、抽搐甚至昏迷，红斑、水疱、溃疡等。

（三）实验室检查及辅助检查

怀疑百草枯中毒时，6 小时内先检测胃液及血液，6 小时后可检测尿液。胸部 X 线和 CT 也可协助诊断。

（四）诊断与鉴别诊断

有接触或口服百草枯病史，有以肺为主的多脏器功能损害的表现，必要时进行胃液、血液、尿液中百草枯的检测。

（五）急诊处理

1. 现场急救　尽快脱离中毒现场。口服中毒时，立即刺激咽部催吐或就地取用泥土（百草枯接触土壤后迅速失活），按泥水 1∶3 比例混合口服。经皮肤接触或呼吸道中毒时，尽快脱去污染的衣服，用肥皂水彻底清洗被污染的皮肤、毛发。初步处理后立即送医。

2. 急诊治疗　尽快用 15% 白陶土悬液或碱性溶液洗胃，然后服用 20% 甘露醇导泻，彻底清除胃肠道尚未吸收的毒物；适当补液，使用利尿剂加快毒物代谢；尽早在患者服毒后（6～12 小时内）进行血液灌流或血液透析；为防止肺纤维化，早期联合应用糖皮质激素及环磷酰胺和抗氧化剂。

3. 对症与支持治疗 患者应给予流质饮食，应用质子泵抑制剂抑制胃酸产生，保护消化道黏膜；应用冰硼散，珍珠粉等喷洒于口腔创面，促进口腔溃疡及炎症的愈合；积极防治肺水肿，控制感染，保护心、肝、肾功能，并积极防治并发症。

二、敌草快中毒

敌草快（diquat）属于非选择性速效灭生型除草剂，出现及应用早于百草枯，但因成本高于百草枯，应用不如百草枯，近年随着百草枯水剂的限制应用而出现上升趋势，报道中毒数量有所增多。敌草快与百草枯具有相似的毒理机制，但临床表现和预后并不完全相同。敌草快可通过呼吸道、消化道、皮肤黏膜等途径被吸收，对皮肤和肺组织的损伤要小于百草枯，口服后会导致消化道广泛溃疡甚至出血，吸收后引起急性肝、肾损伤为主的多功能脏器损伤。

（一）病因及发病机制

敌草快中毒主要原因是误服或口服自杀导致中毒，少量是通过接触皮肤黏膜，尤其是破损皮肤黏膜，以及呼吸道吸入引起中毒。其吸收率不高，但分布迅速且广泛，可快速分布至全身，少部分经肝脏代谢，主要经肾脏排出，因此肝、肾是主要损伤的靶器官。中毒机制是在细胞内通过还原 – 氧化反应，产生活性的氧和氮，导致氧化应激而损伤细胞。但目前细胞如何摄取敌草快仍然不明。

（二）临床表现

经口大量摄入敌草快，早期会导致消化道广泛溃疡甚至出血，主要有口腔、食道灼痛、黏膜水肿、溃疡，患者感到恶心、呕吐、腹痛、腹泻等；吸收至全身后可引起肝、肾损伤为主的多脏器功能障碍等全身中毒症状，肾脏表现为蛋白尿甚至急性肾功能衰竭，肝脏主要表现为转氨酶、碱性磷酸酶、乳酸脱氢酶、胆红素等升高；也可出现神经病变，主要包括轴突和桥脑髓祥的损伤；还可引起生殖和发育毒性；敌草快进入肺部速度缓慢，排除速度较快，对肺部损伤较轻，但中毒剂量过大时，也可出现肺部浸润、肺水肿等症状，可致患者出现低氧血症，影像学可有弥漫性渗出性改变等。

（三）实验室检查及辅助检查

快速通过盛装容器、胃内容物、血液、尿液进行毒物定性检测，通过血液进行毒物定量检测；也可以通过碳酸氢钠/连二亚硫酸盐试验进行床边快速筛查。还可通过检查肝肾功能，神经系统头颅 CT 或 MRI，呼吸系统氧饱和度、动脉血气分析及胸部 CT 等协助诊断。

（四）诊断与鉴别诊断

有接触或口服敌草快病史，有以肾为主的多脏器功能损害的表现，而毒物检测是诊断和鉴别诊断的依据。

（五）急诊处理

1. 现场急救 尽快脱离中毒现场。口服中毒时，立即刺激咽部催吐；经皮肤黏膜接触中毒时，尽快脱去污染的衣服，用清水彻底清洗被污染部位。初步处理后立即送医。

2. 急诊治疗 应尽早洗胃，同时可用活性炭、15% 白陶土液或蒙脱石散等吸附剂；洗胃后进行导泻，必要时进行全肠灌洗；快速大量补液，强化利尿加快毒物代谢；也可进行血液灌流或血液透析，清除毒物，减轻肾脏损伤；最后结合抗氧化剂，减轻毒性。

3. 对症与支持治疗 患者应给予肝肾功能保护、胃黏膜保护、营养支持、维持水与电解质平衡等对症治疗。

三、快速诊断处理流程及转诊要求

1. 快速诊断处理流程 见图 6 – 5。

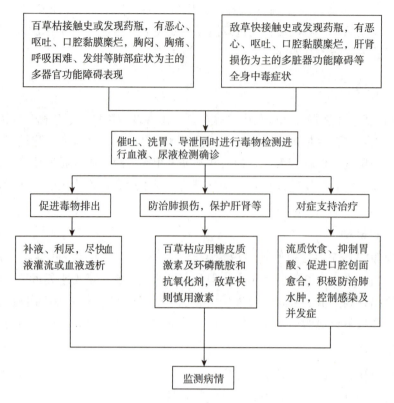

图 6 - 5　除草剂中毒诊疗流程

2. 转诊要求　经催吐、洗胃、导泻、补液、利尿、抗氧化剂及对症支持等治疗无法缓解症状时，应及时转入上级医院诊治。

第六节　急性酒精中毒

PPT

急性酒精中毒（alcoholn poisoning）是指一次过量饮入含酒精的制品，引起中枢神经系统先兴奋后转为抑制的表现，并伴有呼吸、消化、循环系统的功能紊乱。俗称"醉酒"，又称为急性乙醇中毒。常见的酒有啤酒、果酒、黄酒、葡萄酒、白酒等，含有的酒精量各不相同，但含量越高吸收越快。

一、病因与发病机制

酒精（乙醇）具有醇香气味，是人们经常饮用的饮料，过量饮用可导致中毒。此外，部分人误饮含有工业酒精（甲醇）的饮品导致中毒发生。乙醇进入消化道，主要通过胃和小肠吸收入血，其中90%在肝脏代谢、分解为 CO_2 和 H_2O，10%以原型被肾和肺从尿液和呼气中排出。小剂量酒精抑制大脑 γ - 氨基丁酸（GABA）对大脑的抑制作用，产生兴奋作用；随着血浓度增高，可作用于小脑，引起共济失调；作用于网状结构，引起昏睡和昏迷。极高浓度酒精抑制延髓呼吸和血管运动中枢引起呼吸、循环功能衰竭。大量乙醇经肝脏代谢可以导致大量乳酸、酮体蓄积而引起代谢性酸中毒和低血糖。不同人酒精中毒量相差悬殊，中毒表现也各不相同。一般成人中毒量为100%乙醇75～80ml。且酒精与镇静安眠药、抗组胺药、吗啡等同时服用，会促进中毒，甚至发生死亡。甲醇及其代谢产物甲醛对神经细胞有直接毒性作用；另一代谢产物甲酸可损害视神经盘和视神经，也干扰体内某些氧化酶的代谢，使乳酸和其他有机酸蓄积，导致代谢性酸中毒。

二、临床表现

（一）乙醇中毒

首先有明确的饮酒史，且呼气含有乙醇味。主要表现可分为三期。

1. 兴奋期　血乙醇浓度超过 500mg/L 时，表现为轻微眩晕、面色潮红、兴奋多语、饶舌，甚至有举止轻浮，行为粗鲁无理或做出攻击行动。部分人会出现沉默、孤僻或酣睡的现象。当血乙醇浓度达到 1000mg/L 时，驾车易发生车祸。

2. 共济失调期　血乙醇浓度超过 1500mg/L 时，出现明显步态不稳、动作笨拙、言语不清，眼球震颤，甚至精神错乱。当血乙醇浓度达到 2000mg/L 时，出现恶心、呕吐。

3. 昏迷期　血乙醇浓度超过 2500mg/L 时，患者出现昏睡，呼吸缓慢且伴有鼾声、脸色苍白、皮肤湿冷、口唇发绀、瞳孔散大。血乙醇浓度超过 4000mg/L 时，可出现昏迷、抽搐、大小便失禁，呼吸、循环麻痹而危及生命。

重症患者可发生并发症，如电解质、酸碱紊乱，急性胰腺炎、肺炎及急性肌病、颅脑外伤等。酒醉者醒后可有头痛、头晕、无力、恶心、震颤等症状。

（二）甲醇中毒

甲醇其局部刺激较强，对血管有麻痹作用，其氧化产物甲醛对视网膜神经节细胞具有特殊的毒性作用，抑制 ATP 合成，导致视神经萎缩，甚至失明；严重者导致昏迷死亡。

三、实验室检查

血清或呼气乙醇浓度测定对诊断有重要价值。还可查血生化、血气分析、肝功能等，警惕并发症的发生。

四、诊断与鉴别诊断

（一）诊断

根据大量饮酒史，结合呼气有明显酒味及典型临床表现，一般容易诊断，但需警惕混合中毒，必要时测定血清或呼气乙醇浓度。

（二）鉴别诊断

主要与引起昏迷的疾病相鉴别，如颅脑外伤、脑血管意外、镇静催眠药中毒、一氧化碳中毒等。

五、急诊处理

（一）现场急救

停止饮酒，患者症状较轻时一般不需要治疗，若表现兴奋，有共济失调时，可以适当给予保护性约束，防止发生外伤；患者症状较重时，可刺激咽部催吐或及时就医。

（二）急诊治疗

急诊进行洗胃、导泻。若患者昏迷，应维持心、脑、肝、肾、肺等重要脏器的功能。主要措施有：保持呼吸道通畅，必要时气管插管、机械通气，保持充足氧气；监测血压、心率，必要时静脉输注 5% 葡萄糖盐水、维生素 B_1 和 B_6，加快乙醇代谢和维持正常血压、心率；躁动不安时，给予地西泮镇静；同时注意保暖，维持水、电解质、酸碱平衡，必要时应用纳洛酮促醒保护脑功能；当严重急性中毒（血乙醇含量＞5000mg/L）或伴严重酸中毒或肝、肾功能不全或同时服用甲醇时，应立即进行血液或腹膜透析。

六、快速诊断处理流程及转诊要求

1. 快速诊断处理流程　见图6－6。

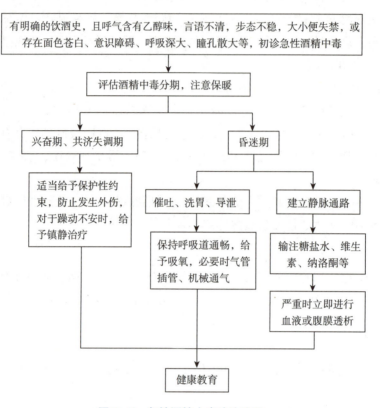

图6－6　急性酒精中毒诊治流程

2. 转诊要求　经催吐、洗胃、导泻、吸氧、输注糖盐水、维生素、纳洛酮等药物无法缓解症状时，应及时转入上级医院行血液或腹膜透析。

第七节　中　暑

PPT

中暑（heat illness）是指人体在高温环境下，由于水、电解质丢失过多，散热功能及体温调节功能出现障碍，引起的以中枢神经系统、循环系统功能障碍为主要表现的热损伤性疾病。可因中枢神经系统和循环系统功能衰竭导致永久性脑损害、肾损伤，甚至死亡，是一种威胁生命的急症。中暑多发生于炎热的夏季。

一、病因与发病机制

人体在正常情况下，会根据外界环境温度变化，通过下丘脑体温调节中枢控制产热和散热，使其保持相对平衡，来维持体温的相对恒定。①正常人体产热主要来自体内氧化代谢，静息状态下产热主要来自基础代谢，运动时肌肉产热占主要。其次在寒冷环境中，寒战也能产热；②人体主要通过以下方式散热，环境温度在35℃以下时，辐射、传导、对流是人体主要散热方式；当环境温度超过35℃时，汗液蒸发成为人体最主要的散热方式；此外，机体还可以通过排泄大小便、呼吸道进行散热；③在高温环境中，机体通过增加心排血量和出汗量（汗液钠含量较正常人少），达到对高温环境的适应。

当机体处在高气温（高于32℃）、大湿度（大于60%）、不通风的环境中长时间进行强体力劳动，又无充分防暑降温措施，且对高温环境适应能力不足（如年老、体弱、肥胖等）时极易发生中暑。此时机体内产热量超过散热量，出现体温过高。汗液蒸发导致脱水或电解质紊乱，易发生外周循环衰竭，加速中暑发生。体内高热能引起蛋白质变性，直接损伤细胞，致细胞膜稳定性丧失，线粒体功能障碍和有氧代谢途径中断，导致多器官功能障碍或衰竭。

二、临床表现

中暑分为先兆中暑、轻症中暑、重症中暑，临床表现特点如下。

（一）先兆中暑

患者在高温环境中工作、生活一定时间后，首先出现口渴、多汗、头晕、头痛、胸闷、心悸、全身疲乏、注意力不集中、动作不协调等症状，体温正常或略有升高，一般不超过38℃。

（二）轻症中暑

上述症状加重，除有先兆中暑的症状外，出现早期周围循环衰竭的表现，出现面色潮红或苍白、大量出汗、皮肤湿冷、脉搏加快、血压下降、烦躁不安等表现，体温多在38℃以上。

（三）重症中暑

重症中暑根据发病机制和表现不同可分为热痉挛、热衰竭和热射病三型，体温可达40℃以上。

1. 热痉挛　常发生于高温环境中强体力劳动或运动后。患者大量出汗，丢失过多水、盐，仅饮水而未补充足够钠盐，造成低钠、低氯血症，导致肌肉痉挛并引起疼痛。可出现阵发性、对称性四肢、腹壁肌肉，甚至胃肠道平滑肌发生痉挛和疼痛，尤以腓肠肌为著。患者意识清楚，体温一般正常。

2. 热衰竭　常发生于老年人、儿童、慢性疾病患者等不能适应高温气候环境者。此型最多见。由于高热大量出汗、外周血管扩张，导致脱水、电解质紊乱、周围循环血量不足导致外周循环衰竭。患者出现头晕、头痛、恶心、呕吐，继而出现口渴、面色苍白、大汗淋漓、皮肤湿冷、胸闷、脉搏细弱、血压下降，可有晕厥及手、足抽搐。体内常无过量热蓄积，故大多无高热。病情轻而短暂者又称为热晕厥。热衰竭是热痉挛和热射病的过渡过程，如治疗不及时，可发展为热射病。

3. 热射病　常发生于持续在高温、高湿、通风不良的环境中活动或对高温环境适应能力不足者。分为劳力性和非劳力性热射病。是一种致命急症，以高热（肛温41℃以上）、无汗和意识障碍为典型表现。患者先有头晕、头痛、乏力、恶心、出汗减少等；继而体温快速上升，出现谵妄、嗜睡或昏迷，皮肤灼热无汗，脉搏快、血压下降；严重患者出现休克、心力衰竭、肺水肿、脑水肿、肝肾损伤、弥散性血管内凝血（DIC）。

热痉挛、热衰竭和热射病的主要发病机制和临床表现虽有所不同，但在临床上可有二种或三种同时并存，不能截然区分。

三、实验室检查及辅助检查

中暑时应急查血生化和动脉血气分析。重度中暑热痉挛时，可见低钠、低氯血症；热衰竭时可见血细胞比容和血钠增高；热射病时外周血白细胞及中性粒细胞总数增高、血小板减少，凝血功能障碍，可见蛋白尿、管型尿，血肌酐、尿素氮、转氨酶、乳酸脱氢酶、肌酸激酶升高。此外还可以通过心电图、胸部X线片、颅脑CT等，发现心、脑等重要器官病变。

四、诊断与鉴别诊断

通过季节、气温和易患人群及临床表现，中暑的诊断并不困难。若遇到肌痉挛、昏迷伴有体温过高者，应首先想到中暑。诊断时应与脑炎、脑膜炎、脑血管意外、脑型疟疾、伤寒、中毒性细菌性痢疾、重症肺炎、甲状腺危象、抗胆碱能药物中毒等疾病相鉴别。

五、急诊处理

(一)现场急救

中暑患者，应迅速转移到阴凉、通风处或有冷气的室内，脱去衣物，使头偏向一侧静卧、休息，同时按摩患者四肢及躯干，给予淡盐水或含盐饮料，必要时可静脉滴注 5% 葡萄糖盐水。重度中暑患者，迅速降温是抢救关键，在上述处理外，应及时给予冷敷、冷水擦浴，有条件时用酒精擦浴，监测生命体征，及时送医。

(二)急诊治疗

紧急抢救，将患者过高的体温迅速予以降低，力争在 1 小时内将肛温降至 37.8～38.9℃。

1. 体外降温 将患者安置在通风良好的低温病室中。在头部、腋下和腹股沟等贴近动脉处放置冰袋，也可用冰水或酒精擦浴，同时按摩患者四肢皮肤，促进散热。随时观察和记录肛温，待肛温降至 38.5℃ 时，停止降温，若再次回升时继续降温。

2. 体内降温 用冰的 5% 葡萄糖盐水或生理盐水 1000ml 静脉滴注，可用冰盐水 200ml 进行胃或直肠灌洗，也可用低温透析液（10℃）进行血液透析。

3. 药物降温 常协助物理降温，用氯丙嗪 25～50mg 溶于 500ml 生理盐水中静脉滴注或用氯丙嗪及异丙嗪各 25mg 溶于 100ml5% 葡萄糖盐水中静脉滴注。氯丙嗪通过抑制体温调节中枢，扩张周围血管加速散热，松弛肌肉减少产热，降低细胞的氧耗，达到降温目的。使用过程中要密切观察血压，血压下降时应减慢滴速或停药。

4. 防治并发症 ①保持呼吸道通畅，给予吸氧，呼吸衰竭或昏迷患者行气管插管或呼吸机辅助通气；②补液，纠正水、电解质、酸碱失衡；③低血压、休克时补充血容量；④控制心衰，防治肾损伤、脑水肿，治疗 DIC，预防感染。

六、快速诊断处理流程及转诊要求

1. 快速诊断处理流程 见图 6-7。

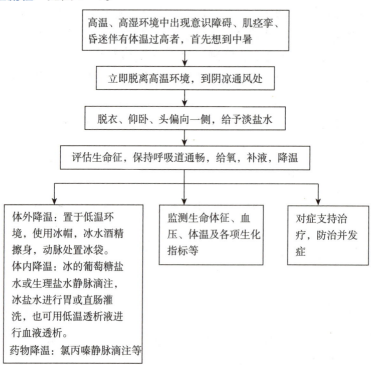

图 6-7 中暑的诊疗流程

PPT

2. 转诊要求 经降温，稳定生命体征，及对症支持治疗无法缓解症状时，应及时转入上级医院诊治。

第八节 淹 溺

淹溺（drowning）是人体淹没于液体介质中，液体介质及其杂物充塞呼吸道和肺泡或者反射性引起咽喉发生痉挛，导致机体缺氧、二氧化碳潴留，严重者可因呼吸和心搏停止而死亡。又称为溺死。若浸没后呈暂时性窒息，但尚有大动脉搏动者称为近乎淹溺。决定淹溺者能否生存的关键因素不是电解质紊乱，而是吸入大量液体后发生的呼吸功能不全或急性呼吸窘迫综合征（ARDS）所引起的低氧血症和代谢性酸中毒。在我国，淹溺是儿童、青少年伤害死亡的首要原因。常发生于夏季，约50%因游泳引起，绝大多数淹溺为意外事故所致。

一、病因

淹溺以初学游泳、不慎落水及投水自杀者居多；此外还可见于洪涝灾害、水上工程、翻船等意外；在水上运动、潜水、盆浴时若出现心脑血管事件、低血糖、肌痉挛及颈椎损伤，以及水上运动前饮酒、服用影响脑功能药物时也有发生。

二、发病机制

当人发生淹溺时，会本能地屏气，引起潜水反射（呼吸暂停、心动过缓和外周血管剧烈收缩），避免液体进入呼吸道，以保证心脏和大脑血液供应。持续无新鲜空气进入呼吸道，机体进而出现低氧血症与高碳酸血症，刺激呼吸中枢做出吸气动作，液体随着吸气进入呼吸道与肺泡，导致更严重的缺氧、高碳酸血症与代谢性酸中毒。在此过程中，面部位于水面下时称为淹没，数分钟就可出现窒息与心脏停搏。头面部位于水面以上，称为浸泡，多数情况气道是开放的。但除此之外，还要考虑液体中有害物质对机体的毒害作用。

三、临床表现

近乎淹溺患者临床表现个体差异较大，与溺水时间、吸入水量、液体内介质性质及器官损伤程度有关。患者常表现为烦躁不安、抽搐、昏睡或昏迷，颜面肿胀、皮肤发绀，球结膜充血，口鼻充满泡沫或污物，四肢冰冷，呼吸和心搏微弱或停止。意识清醒的海水淹溺者有口渴感。肺部可闻及干湿性啰音，胃内充满积水者可见上腹部膨隆。若出现神志丧失、呼吸停止、大动脉搏动消失，处于临床死亡状态。除上述表现外，可并发急性呼吸窘迫综合征，溶血性贫血，急性肾损伤或弥散性血管内凝血，低体温等，肺部感染较常见，还要注意有无颅脑、颈椎、胸腹部损伤及全身中毒。

四、实验室检查及辅助检查

1. 血和尿液检查 血液检查示白细胞轻度升高，并发感染时增高明显。淡水淹溺者，可出现低钠、低氯、低蛋白血症，有溶血时血钾升高，尿液检查可出现游离血红蛋白。海水淹溺者可有血钠、钙、镁、氯升高。

2. 动脉血气分析 几乎所有患者都有不同程度的低氧血症，约75%的患者有明显的混合性酸中毒。

3. 心电图检查 可出现窦性心动过速、ST段和T波改变、室性心律失常、心脏传导阻滞。

4. 影像学检查 淹溺后X线胸片、胸部CT显示多于两肺下叶有肺水肿所致的斑片状或棉絮状阴影，同时可有肺不张的影像。疑有颈椎损伤时，应进行颈椎 X 线、CT 检查，意识障碍者行头颅 CT 或 MRI 检查。

五、诊断与鉴别诊断

根据淹溺病史以及临床症状和体征，不难作出诊断。但需与继发于其他疾病的淹溺进行鉴别。

六、急诊处理

（一）现场急救

1. 现场急救方法 应尽一切可能迅速将溺水者从水中救出，一旦从水中救出，立即按照 A－B－C 的顺序进行基础生命支持。首先清除口、鼻内污物及分泌物，取出义齿，将舌拉出防止后缀，头偏向一侧，松解领口和腰带，保持呼吸道通畅，使溺水者尽快通气。开放气道后尽快进行人工通气和胸外按压。同时注意尽可能去除湿衣物，擦干身体，进行保温。

2. 心肺复苏 详细请见第三章第三节心肺复苏，在转送医院过程中也不能停止复苏。

（二）急诊治疗

淹溺者经过现场抢救后及时转送医院进行监护、密切观察病情变化，进行进一步治疗。

1. 维持呼吸 对于有自主呼吸的淹溺者给予有储氧气囊的非再呼吸型面罩的高流量吸氧治疗。对于意识下降、心脏停搏者早期考虑行气管内插管和正压通气。

2. 维持循环 密切监测患者血压、血气、心电图等，长时间浸泡者快速开放静脉通道，补充血容量。

3. 对症治疗 ①早期、短程、足量应用糖皮质激素，防止淹溺后的急性炎症反应，并应用有效抗生素防治肺部感染；②输注甘露醇、速尿、脑细胞代谢药物等降低颅内压，防治脑水肿；③对于低体温者，应积极复温；④对于有血红蛋白尿、少尿、无尿者，积极防治肾功能不全急性肺损伤等。

七、快速诊断处理流程及转诊要求

1. 快速诊断处理流程 见图 6－8。

2. 转诊要求 因技术设备条件限制，经稳定生命体征及对症支持治疗无法缓解症状时，应在生命体征平稳的基础上及时转至上级医院诊治。

第九节 动物咬伤

PPT

自然界中的各种动物利用其爪、牙、角、刺等攻击人类造成的组织损伤。咬伤时，不仅会造成被咬部位组织撕裂伤，由于动物的口腔和唾液中含有破伤风杆菌、狂犬病毒等多种致病细菌及病毒，还会造成各类特异性或非特异感染。多数咬伤是由人类熟悉的动物如猫、狗等造成。本节主要讲述毒蛇咬伤、狂犬病、猫抓病。

一、毒蛇咬伤

毒蛇口内的毒腺，能分泌毒液，人类在野外活动时易被毒蛇咬伤，毒液由排毒管经毒牙的基部注入人体，引起中毒。不同蛇分泌毒性成分不同，造成的损伤也不同。蛇咬伤在夏秋季节多见，多发生于四肢部位。

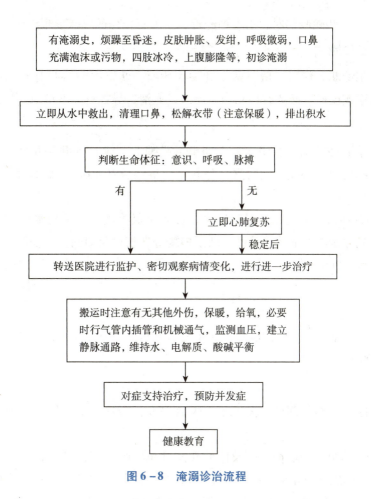

图6-8　淹溺诊治流程

（一）发病机制

各种毒蛇毒液的成分和毒性各不相同，主要成分是具有酶活性的蛋白质和多肽，包括神经毒、心脏毒、凝血毒、抗凝血毒、溶细胞毒和各种酶，神经毒作用于人体中枢、周围神经、神经与肌肉间传导，可造成肢体麻木甚至瘫痪；心脏毒损伤心血管系统，可引起心律失常、出血等；凝血毒、抗凝血毒、溶细胞毒可引起血管内凝血及出血的发生；蛇毒中的组胺、5-羟色胺、磷脂酶 A_2、蛋白水解酶等可引起组织炎症、水肿、肌肉坏死等。

（二）临床表现

患者被毒蛇咬伤后，出现的症状与毒蛇的种类、一次放毒量以及毒性有关。此外，还与患者自身的抵抗力及咬伤的部位、伤口的深浅有关。根据蛇毒的成分和毒性将临床表现分为以下几类。

1. 神经毒损伤　眼镜蛇分泌主要毒素。伤口处反应较轻，出血少，红肿不明显，易被忽略。可仅有轻微痒、疼、麻木或无知觉。在伤后1~3小时开始出现头晕、恶心、呕吐、胸闷及四肢无力、声音嘶哑、失语、吞咽困难、视力障碍。重者迅速出现呼吸及循环衰竭，导致死亡。

2. 血液毒损伤　蝰蛇、五步蛇等多种蛇分泌。咬伤部位剧痛、血流不止、迅速肿胀并伴有水疱及淋巴结肿痛，甚至局部组织坏死、溃烂。在伤后2~3小时开始出现发热、头晕、胸闷、气促、恶心、呕吐等症状，严重者发生溶血、全身广泛性出血，甚至心脏、肾脏及循环衰竭而导致死亡。

3. 肌肉毒损伤　海蛇分泌主要毒素。主要表现为肌肉疼痛、僵硬、进行性无力，出现高钾血症、心律失常、肌红蛋白尿、急性肾损伤等。

4. 混合毒素损伤　有些蛇咬伤时，出现神经毒、血液毒损伤的临床表现。难以分辨毒蛇种类。

（三）诊断与鉴别诊断

毒蛇咬伤一般不难诊断，伤口一般呈两个针尖大牙痕，伤口周围组织有疼痛或麻木感，且肿胀明显，局部有瘀斑、水疱或血疱。必要时检测伤口渗液或血清，寻找特异性抗原，协助诊断。

（四）急诊处理

1. 现场急救　患者被咬伤时保持镇定，立即坐下或躺下，马上利用身边的物品（如鞋带、衣服撕开的布条等）迅速绑扎伤口近心端，同时进行呼救。尽早转送专业医疗机构。转送医院途中应每隔30分钟松绑1~2分钟。

2. 急诊治疗　切开伤口局部皮肤，用肥皂水、过氧化氢溶液、生理盐水或高锰酸钾等溶液进行冲洗、排毒，同时用抗蛇毒血清、依地酸钙钠、胰蛋白酶等在伤口及周围皮下浸润注射进行解毒。监测病情，有全身症状时进行对症治疗。

二、狂犬病

狂犬病由狂犬病毒感染引起。我国的狂犬病主要由犬传播，目前尚缺乏有效的治疗手段，人患狂犬病后的病死率几近100%。

（一）临床表现

临床表现严重程度与咬伤的部位、犬大小、凶猛程度、撕咬力度、伤口处理情况、衣着薄厚等有关。具体表现如下。

1. 局部症状　创口多见于头、面、颈及四肢裸露部位，咬伤部位可见相应的伤口及利牙撕咬形成的牙痕和出血，伤口周围组织有水肿、疼痛、皮下血肿。若不及时处理，8~24小时后会出现伤口感染的表现，此时疼痛加剧，周围组织红肿，可有脓性分泌物及异味出现，周围淋巴结肿大。

2. 狂犬病典型表现　狂犬病潜伏期长短不一，可数天至数年，整个病程一般不超过6天，偶见超过10天者。主要表现为3个阶段：①大多数患者早期有头痛、倦怠、低热、食欲不振、恶心、周身不适等；继而出现恐惧不安，对声、光、风、痛等较敏感，并有喉咙紧缩感。②紧接着出现兴奋、恐水、怕风、发作性咽肌痉挛、呼吸困难、排尿排便困难及多汗流涎等。③最后出现进行性麻痹瘫痪，尤以肢体软瘫为多见。最终死于呼吸或循环衰竭。

（二）急诊处理

1. 伤口处理　为尽快将带毒唾液排出，要从近心端向伤口处挤压出血，不要急于止血。然后用20%的肥皂水或者其他弱碱性清洁剂刷洗伤口，伤口较深时，可进入伤口深部进行全面彻底的灌注清洗，并清除碎烂组织，再用流动清水冲洗，反复进行，至少30分钟。然后用70%乙醇或高度白酒涂搽伤口，暴露于空气中，只要未损伤大血管，尽量避免缝合、包扎；确实需要缝合，先用抗狂犬病血清或狂犬病患者免疫球蛋白作伤口周围的浸润注射，2小时后再行缝合和包扎。若伤口较深、污染严重的患者应注射破伤风抗毒素，预防使用抗生素。

2. 狂犬病的预防免疫　《狂犬病暴露预防处置工作规范（2021年版）》将狂犬病暴露分为三级，处置原则见表6-1。

表 6 - 1　狂犬病暴露分级及处置原则

分级	与宿主动物的接触方式符合以下情况之一者	暴露程度	处置原则
Ⅰ级	接触或喂养动物 完好的皮肤被舔	无	确认病史可靠则无需处置
Ⅱ级	裸露的皮肤被轻咬 无出血的轻微抓伤、擦伤	轻度	立即处理伤口并接种狂犬病疫苗；如免疫力低下患者或暴露位于头面部且致伤动物不能确定健康时按Ⅲ级暴露处置
Ⅲ级	单处或多处贯穿性皮肤咬伤或抓伤 破损皮肤被舔 开放性伤口、黏膜被污染	严重	立即处理伤口并注射狂犬病被动免疫制剂（动物源性抗血清或人源免疫球蛋白），随后注射狂犬病疫苗

首次暴露后的狂犬病疫苗接种越早越好。

接种程序：一般咬伤者于 0（注射当天）、3、7、14 和 28 天各注射狂犬病疫苗 1 个剂量（不分体重、年龄，每针次均接种 1 个剂量）。注射部位：上臂三角肌肌内注射，2 岁以下婴幼儿可在大腿前外侧肌内注射，禁止臀部注射。

三、猫抓病

猫抓病是人被猫抓、咬后引起的以皮肤原发病变和局部淋巴结肿大为特征的一种自限性疾病。由汉赛巴尔通体（一种革兰阴性杆菌）引起，存在于猫的口咽部，通过猫的抓伤、咬伤或人与猫密切接触而转移到人体，引起人体感染。

（一）临床表现

主要表现为抓伤后 10 天内出现结痂性丘疹，也可表现为水疱样丘疹或斑丘疹，感染后 3～12 周出现淋巴结肿痛，此外还有全身乏力、发热、恶心等表现。极少数患者可见脑病、慢性严重的脏器损害、关节病等。

（二）治疗

该病多为自限性，治疗以对症疗法为主。若猫携带狂犬病病毒，必须进行急救处理，首先进行清创，然后及时送医。

四、快速诊断处理流程及转诊要求

1. 快速诊断处理流程　见图 6－9。

2. 转诊要求　经阻止毒物进一步接触，稳定生命体征，清除体内毒物，解毒及对症支持治疗无法缓解症状时，应及时转入上级医院诊治。

第十节　电击伤

PPT

电击伤指一定量的电流通过人体，引起不同程度的组织损伤或器官功能障碍，甚至死亡，称为电击伤（electrical injury），俗称触电（electrical shock）。人体安全电压不高于 36V，持续接触安全电压为小于 24V，超过安全电压的生活、工业及雷电等均有可能造成电击伤。

一、病因

生活工作中用电不当或缺乏生活常识等，发生直接接触电源或漏电电器；带电作业；雷雨天气在旷

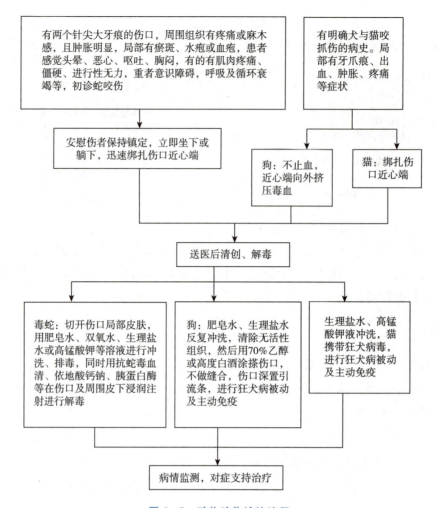

图 6 - 9 动物咬伤诊治流程

野、树下避雨或使用铁柄伞或接打电话等；以及事故中电线断裂间接接触人体等造成电击伤。电击损伤程度取决于电流种类、电流在人体内途径、电流强度、电压高低、人体电阻、通电时间等有关。

二、发病机制

电流通过人体影响细胞膜内外的离子水平，导致器官的生物电节律周期发生障碍。如电流通过脑干，可导致中枢神经麻痹、呼吸停止；电流通过心搏可以导致室颤或心搏骤停；电流通过骨骼肌大肌群可导致骨骼肌强直性收缩从而导致椎体压缩性骨折或肩关节脱位等。此外电流通过人体电阻效应转化为热能，可导致组织器官烧伤。幸存者有不同程度心脏、神经后遗症。

三、临床表现

(一) 全身表现

轻者，仅有惊慌、面色苍白、头晕、头痛、心悸、全身乏力、肌肉痛性收缩等；重者发生昏迷，呼吸、心搏骤停，休克等。还可有急性肾损伤的表现，出现肌球蛋白尿、肌红蛋白尿及血红蛋白尿。部分严重患者表现为电击当时症状不重，1 小时以后突然恶化。

(二) 局部表现

局部表现为电流进出皮肤的部位多有灼伤，呈焦化或炭化，往往进出口不止一个，且进口重于出口；电流通过径路部位组织器官可有隐匿性损伤；若有衣物燃烧可造成烧伤；严重电击伤时还可见创口深处的组织、血管、神经和骨骼坏死，肌肉组织损伤、水肿、坏死使肢体肌肉筋膜下组织压力增加，引起间隙综合征，出现血管、神经受压体征。

（三）并发症和后遗症

常于电击后 24～48 小时出现，表现有：肌肉强烈收缩可导致四肢关节骨折、脱位和脊柱压缩性骨折；大量组织损伤和溶血可引起高钾血症；低血压，水、电解质紊乱可出现急性肾损伤；此外还有失眠、耳聋、周围神经病变、脊髓病变、侧索硬化症、瘫痪等神经系统后遗症及胃肠道功能紊乱、肠穿孔、胆囊和胰腺坏死、肝损害、白内障、视物障碍等。

四、实验室检查与辅助检查

1. 血生化检查　血淀粉酶、心肌标志物、血肌酐、尿素氮、血钾升高。

2. 尿液检查　出现肌红蛋白、血红蛋白尿。

3. 血气分析　有酸中毒、低氧血症等。

4. 心电图　可见心律失常、心肌损伤等改变。

5. X 线片　可显示骨折等。

五、诊断与鉴别诊断

根据电击史、局部组织灼伤和电击创口深处组织坏死和全身临床表现可以做出诊断。对呼吸、心搏微弱或停止及意识障碍患者要认真鉴别，不可轻易放弃。

六、急诊处理

（一）现场急救

确保救助者自身安全前提下，立即切断触电现场的电源或应用绝缘物将电源与触电者分离，并将触电者搬离危险区。对于心脏停搏、呼吸停止、意识丧失者，立即施行心肺脑复苏；室颤者进行电除颤以挽救生命。

（二）院内急诊治疗

1. 补液　对低血容量休克和组织严重电灼伤者，迅速补液。通过监测周围循环情况、中心静脉压、尿量等决定输液量和速度。由于电击伤深部组织损伤大，渗出液体多，因此补液量要比同等面积烧伤者多。

2. 创伤和烧伤处理　首先积极清除创面坏死组织，防治创面感染。对于严重电击伤有筋膜下明显水肿，组织压力很高时，应立即行深筋膜切开术减压。对于广泛的组织烧伤、器官创伤、骨折则给予相应的专科处理。

3. 对症治疗　防治高钾血症、纠正电解质和酸碱平衡紊乱，防治急性肾损伤，纠正心功能不全和心律失常，防治脑水肿。

七、快速诊断处理流程及转诊要求

1. 快速诊断处理流程　见图 6-10。

2. 转诊要求　经稳定生命体征，清创及对症支持治疗无法缓解症状时，应及时转入上级医院诊治。

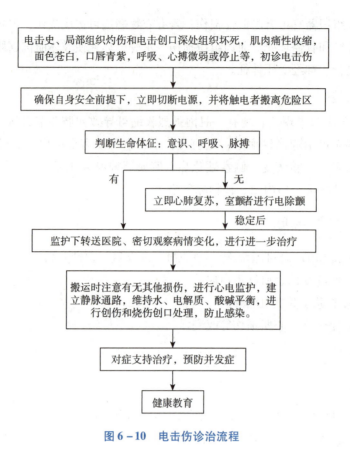

图 6-10　电击伤诊治流程

PPT

第十一节　冻　伤

冻伤（frostbite）又称冷损伤（cold injury），是指寒冷潮湿作用引起的人体局部或全身损伤。

一、病因与发病机制

当身体较长时间处于低温和潮湿环境中时，体表的血管会发生痉挛，随着环境温度下降与在寒冷环境中时间的延长，组织细胞内或细胞间冻结形成冰晶，导致细胞脱水及红细胞、血小板凝集阻塞血管，导致血流量减少，造成组织缺血缺氧，细胞受到损伤，尤其是肢体远端血液循环较差的部位，如手指、脚趾、耳朵等。此外，处于上述环境中时，机体抵抗力会下降，尤其小孩儿和老年人对寒冷刺激调节反应能力较差，更易患此病。当发生冻伤时，复温太快会造成血流再灌注损伤。

二、临床表现

主要表现为末梢循环较差的部位，皮肤冰冷、苍白，感觉疼痛或麻木，复温时出现局部斑状红肿、发痒、发热、疼痛感；真皮层受损时出现直觉迟钝，24 小时内形成水疱；皮肤全层或皮下组织冻伤时，皮肤颜色由白变蓝再变黑，局部水肿、出现血性水疱。上述冻伤预后不留瘢痕。但深部组织冻伤时可引起干性坏疽，若伴发感染，可出现湿性坏疽；预后留下瘢痕和功能障碍。再严重就会造成全身性冻伤，又称冻僵（frozen stiff），早期表现为神经兴奋，随着体温继续下降，出现意识模糊、血压下降、心动过缓，知觉与反应迟钝，严重者昏迷，最终瞳孔散大，呼吸、心搏停止。

三、急诊处理

迅速移入温暖环境，防止进一步损伤，然后快速复温，局部冻伤有红斑时，涂擦冻伤药膏，用干燥的无菌敷料包扎。冻结性冻伤，立即用棉被覆盖或使用暖水袋、电热毯等，也可以温水（37～39℃）浸泡肢体。冻僵患者除可用温水浸泡复温外，还可以用体外循环血液加温与腹膜透析加温法复温。复温至皮肤变红、组织变软，指（趾）甲床出现潮红为止，肛温达34℃，冻僵患者出现规则的心跳与呼吸时，停止加温。

复温后冻伤部皮肤保持干燥、小心清洁，抬高患肢，减轻水肿。有水疱时抽吸疱液，组织坏死时切除并植皮，创面有感染时及时引流，发生坏疽时截肢处理。适当使用改善局部微循环和血管活性药物，如低分子右旋糖酐、肝素、氨茶碱等。

四、快速诊断处理流程及转诊要求

1. 快速诊断处理流程　见图 6 - 11。

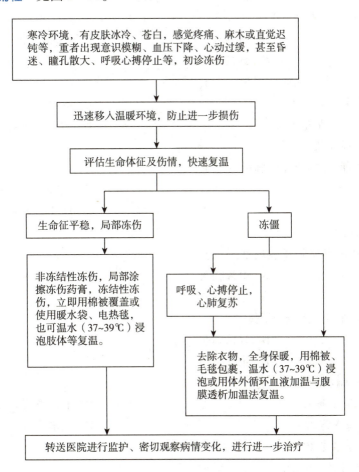

图 6 - 11　冻伤的诊治流程

2. 转诊要求　经阻止毒物进一步接触，稳定生命体征，清除体内毒物，解毒及对症支持治疗无法缓解症状时，应及时转入上级医院诊治。

答案解析

目标检测

一、选择题

[A1/A2 型题]

1. 经呼吸道吸入的急性中毒，首要的抢救措施是（　　）
   - A. 立即脱离现场并急救
   - B. 清除尚未吸收的毒物
   - C. 排出已吸收的毒物
   - D. 使用解毒剂
   - E. 对症支持治疗

2. 急性一氧化碳中毒典型表现为（　　）
   - A. 头晕、头痛
   - B. 心律失常
   - C. 瘫痪
   - D. 昏迷
   - E. 皮肤、黏膜呈樱桃红色

3. 下列哪种中毒不易洗胃（　　）
   - A. 氯化钡
   - B. 地西泮
   - C. 亚硝酸盐
   - D. 氢氧化钠
   - E. 敌敌畏

4. 急性有机磷农药中毒，确诊依据为（　　）
   - A. 呼出气有蒜味
   - B. 有机磷农药接触史
   - C. 全血胆碱酯酶活力减低
   - D. 阿托品治疗有效
   - E. 有 M 样、N 样症状

5. 急性一氧化碳中毒首要治疗措施是（　　）
   - A. 冬眠疗法
   - B. 氧疗，迅速纠正缺氧
   - C. 防治感染
   - D. 防止脑水肿
   - E. 促进脑细胞代谢

6. 急性百草枯中毒最典型临床表现是（　　）
   - A. 脑损伤
   - B. 心脏损伤
   - C. 肝脏损伤
   - D. 肺损伤
   - E. 肾脏损伤

7. 急性敌草快中毒最典型临床表现是（　　）
   - A. 脑损伤
   - B. 心脏损伤
   - C. 肝肾损伤
   - D. 肺损伤
   - E. 肾脏损伤

8. 淹溺根据发病机制可分为（　　）
   - A. 干性淹溺、湿性淹溺
   - B. 干性淹溺、海水淹溺
   - C. 淡水淹溺、海水淹溺
   - D. 淡水淹溺、湿性淹溺
   - E. 温水淹溺、冷水淹溺

9. 下列哪项不是电击伤的临床表现（　　）
   - A. 感染性休克
   - B. 头晕、乏力、心悸
   - C. 呼吸、心搏骤停
   - D. 组织灼伤
   - E. 常合并外伤

10. 下列哪项不是中暑的常见原因（　　）
   - A. 环境温度过高
   - B. 产热增加
   - C. 散热障碍
   - D. 汗腺功能障碍
   - E. 体质虚弱

11. 对冻伤患者进行温水复温时，水温应保持在（　）
    A. 25～28℃   B. 29～32℃   C. 33～37℃
    D. 37～39℃   E. 43～46℃

12. 狂犬咬伤后，下列处理错误的是（　）
    A. 立即用20%肥皂水冲洗后缝合包扎
    B. 冲洗后用75%乙醇涂擦
    C. 用0.1%苯扎溴铵彻底冲洗
    D. 注射狂犬病疫苗
    E. 免疫血清于创口及周围组织进行浸润注射

13. 男，50岁，屋内门窗紧闭，子女发现其昏迷不醒，送往医院。查体：呼气有酒味，口唇呈樱桃红色，瞳孔正常大小，脉搏110次/分，血中COHb浓度46%。头颅CT未见异常。最可能的诊断是（　）
    A. 酒精中毒   B. 脑卒中
    C. 一氧化碳中毒   D. 有机磷农药中毒
    E. 催眠药中毒

14. 男，40岁，与朋友聚餐，饮酒后步态不稳、胡言乱语、行为轻浮，有恶心、呕吐就诊。查体：呼气有酒味，神志模糊。血压100/60mmHg，脉搏135次/分，四肢可自主活动，病理征（－）。最有助于诊断的检查是（　）
    A. 血糖检测   B. 血中或呼气乙醇浓度测定
    C. 头颅CT   D. 脑脊液检查
    E. 脑电图检查

15. 患者，男，55岁，因冻伤后3小时入院。查体：双足明显肿胀，布满水疱，内有血液渗出，创面基底暗红色，痛觉迟钝。患者冻伤累计深度为（　）
    A. 表皮   B. 真皮
    C. 皮肤全层、部分皮下组织   D. 皮肤全层
    E. 皮肤全层、皮下、肌肉、骨骼

二、思考题

患者，男，45岁，农民工。患者于30分钟前电焊时，手持钢筋触电，当即被击倒，发生昏迷，抽搐片刻，呼吸、心搏停止，立即切断电源，送往我院。查体：面色青紫，昏迷，双瞳孔散大，对光反射消失，颈动脉无搏动，口鼻无呼吸气流，胸部无起伏。请问：
（1）如果你在现场会怎么做？
（2）院内抢救措施有哪些？

（梁利英）

书网融合……

本章小结　　　微课1　　　微课2　　　题库

第七章　创伤急救

PPT

◎ 学习目标

1. 通过本章的学习，重点掌握创伤的基本概念，创伤的评估流程，各种常见创伤早期急救的原则和方法；熟悉院前急救的特点和基本原则，特殊创伤的评估和处理原则，诊医疗体系的构成，以及损伤的机制。

2. 学会运用创伤急救的基本技术进行基本急救诊疗操作。

3. 具有与伤者及家属进行沟通，开展健康教育的素质；能与相关医务人员进行创伤急诊急救的专业交流；能开展农村社区创伤的预防工作，帮助和指导伤者进行创伤后的康复锻炼。

≫ 情境导入

情境描述　患者，男，49 岁，被卡车撞击后全身多处受伤。查体：T 36.8℃，P 112 次/分，R 26 次/分，BP 80/50mmHg；神志淡漠，对答切题；四肢冷；头皮下软组织肿胀、瘀血。腹部有压痛，腹腔穿刺抽出 15ml 不凝固血液；四肢活动尚可。

讨论　1. 如何对该伤者进行初步评估？
　　　　2. 目前该伤者最主要的抢救措施有哪些？

第一节　创伤院前急救

创伤急救（trauma emergency）是急诊医学的重要组成部分，反映了现代医学进步和经济发展的必然需求，同时也是改进医疗质量、提高伤员存活率、减少伤残率的首要环节。

创伤急救医疗体系由院前急救和院内急救两部分构成。院前急救是指创伤发生到伤员进入医院前这段时间现场或转运中的救治。院内急救包括急诊抢救和后续相关专科治疗。急诊抢救的主要目的是对伤员进行高级创伤生命支持，待生命体征平稳或同时由创伤专科会诊决定确定性手术治疗。

一、创伤的分类

创伤（trauma）是指各种物理、化学和生物等致伤因素作用于机体，造成组织结构完整性损害或功能障碍。其发生率高，危害大，如救治不及时，将导致严重后果。创伤的救治对挽救患者的生命、减少残疾、恢复工作与生活能力至关重要。

1. 按受伤部位、组织器官分类　按受伤部位分为颅脑伤、胸部伤、腹部伤、肢体伤等。按受伤的组织器官，分为软组织损伤、骨折、脱位、内脏破裂等。

2. 按致伤原因分类

（1）挫裂伤　是最常见的软组织创伤，为钝性暴力所致。可见局部组织充血、水肿、皮下出血点或瘀斑等。

（2）扭伤　因旋转、牵拉或肌肉猛烈收缩等间接暴力，使关节超过正常的生理活动范围。特点是关节囊、韧带、肌腱或肌肉等撕裂。可见局部青紫、肿胀、关节活动障碍等。

（3）挤压伤　四肢或躯干遭受重物较长时间、较大范围的挤压，解除挤压后出现广泛的出血、血栓形成、组织坏死以及严重的炎症反应。严重者可发生急性肾衰竭（肌红蛋白尿和高钾血症）及休克，称挤压伤综合征。如地震引起的房屋倒塌等。

（4）爆震伤　由爆炸产生的压力波造成，体表多无明显伤痕，但可引起肺、肠管、鼓膜等内脏损伤。

（5）擦伤　粗糙物致表层皮肤组织破损，创面有小出血点和少量血液渗出。

（6）刺伤　由尖锐器物刺入组织所致。伤口小而深，易伤及深部组织或内脏器官，容易并发感染。

（7）切割伤　由锐利器械切割组织所致。伤口边缘较整齐、污染轻。可伤及血管、神经、肌腱等深部组织。

（8）裂伤　因钝器打击致皮肤或皮下组织断裂，创缘多不整齐，周围组织破坏严重，污染较重。

（9）撕脱伤　由暴力卷拉或撕扯造成皮肤、皮下组织、肌肉、肌腱等组织的剥脱。损伤严重，创面大，出血多，易感染。以头皮撕脱伤较常见。

（10）坠落伤　伤者从高空坠落时加速运动，碰撞静止的物体，相互间产生牵拉剪切，造成组织器官损伤。

（11）火器伤　由弹片或枪弹造成的损伤，有入口和出口的称贯通伤，有入口无出口的称盲管伤。伤口虽小，但可导致大出血、内脏器官破裂或穿孔、异物滞留等。

3. 按伤后皮肤黏膜完整性分类　皮肤或黏膜完整者，称闭合性创伤；如挫伤、扭伤、挤压伤等。皮肤或黏膜破损者，称开放性创伤；如擦伤、刺伤、切割伤、火器伤等。

 素质提升

精湛医术，救死扶伤

　　随着现代工业、建筑业、交通运输等的迅速发展，严重创伤发生率日益增多，意外交通事故已成为社会人口前列死因，全球因各种致伤原因导致的损伤患者每年约数百万人，且为青壮年致死致残的首要原因。由于收入来源丧失、而医治创伤所需的费用高，严重影响社会生产力和社会经济发展。

　　急救人员对患者的持续性病情评估及有效处置有利于改善预后、减轻经济负担，积极开展创伤救护与预防是急救医学的重要任务。

二、创伤院前急救

创伤患者院前急救的目的是抢救生命，避免继发性损伤，防止伤口感染，减少痛苦，为转送和后续确定性治疗创造条件，以便能使伤者获得及时而妥善的治疗。

（一）创伤院前急救的原则

1. 评估现场，确保自身与伤者的安全。

2. 救命第一，预防感染，保存器官。

3. 充分利用可以支配的人力、物力协助救护。

（二）初步检查和诊断

创伤的现场救治应第一时间去除即刻性致死因素，如窒息、大出血等。初步检查时间不应超过 5 分钟。基本步骤如下。

1. 气道　清理口腔、提下颏/托下颌打开气道、放置口咽或鼻咽通气道、气管插管同时谨记颈椎保护。

2. 呼吸　通过"一看、二听、三感觉"，观察伤者呼吸情况，存在呼吸功能障碍者予以人工通气，有条件时给氧。

3. 循环　对明显失血患者要在止血的同时尽快建立两条大的静脉通路，快速补液。

4. 神经功能　可按照 AVPU 神经系统评估法（即 A 为清醒，V 为无应答，P 为疼痛刺激无反应，U 为无反应）对神经功能进行评估。

5. 显露　充分暴露，全面检查，注意保暖。

（三）进一步评估

在患者生命体征平稳或在有效的高级生命支持下进行全身的体格检查，避免一切可能的创伤误诊、漏诊。

1. 头部　观察瞳孔大小、对光反射，头皮及颅骨有无损伤，有无脑脊液漏，以及反射、肢体运动、肌张力等。

2. 颈部　有无压痛、骨折、皮下气肿、气管移位等。

3. 胸部　观察有无开放性创口，是否存在连枷胸、反常呼吸，有无压痛及皮下捻发音或握雪感。

4. 腹部　观察腹部有无伤口、皮肤瘀斑、膨隆，检查有无压痛、反跳痛、腹肌紧张，有无移动性浊音、肠鸣音活跃或消失等。

5. 四肢　观察有无肿胀、畸形或异常活动、骨擦音或骨擦感，观察皮温及肢端血管搏动情况。

（四）急救处理

1. 保持呼吸道通畅　任何时候都要遵循"通气第一"的原则。对有呼吸困难或呼吸停止的，应紧急开放气道，保证呼吸道通畅及进行呼吸支持，必要时应行气管切开。疑有张力性气胸者，应立即粗针头胸腔穿刺排气减压。对心搏骤停者进行连续心脏按压，详见第三章第三节。

2. 止血　根据出血性质、伤口部位选择止血方法。低温影响凝血功能，应注意保温。活动性出血可采用压迫止血法。四肢伤口出血，可采用止血带止血法，应注意止血带不必缚扎过紧，以能止住出血为度，且每 0.5~1 小时放松一次，放松 3~5 分钟后再收紧，防止肢体远端缺血坏死，松开时伤口应加压，以减少出血。

3. 包扎　根据伤口部位、面积等情况选择包扎方法。最好用无菌敷料，缺少敷料时应选用清洁织物。包扎的松紧要适度，以免移位、脱落或阻碍血循环。

4. 固定与搬运　肢体固定可用夹板等；躯干的固定可借助于硬担架和束带。注意搬动患者时应保证伤口朝上，勿使伤处移位、扭曲、震动等。骨折伤者没有进行临时固定者应禁止运送。运送时要力求平稳、舒适、迅速、不倾斜、少震动、搬动轻柔。

5. 抗休克治疗　休克是患者死亡的主要原因，休克出现时应积极进行抗休克治疗。如以平衡盐溶液、白蛋白或血浆等快速补液，扩充血容量。

6. 伤口的处理　伤口无明显异物者现场不做清除处理，待伤者被运送到医院后再做进一步处理。伤口表面有明显异物者，可用消毒纱布或清洁的毛巾、布类等覆盖创面，外用绷带或布条等包扎。对开放性气胸应及时进行密封包扎，以阻断气体从伤口进出而改善呼吸。对外露的骨折端、脱出的内脏等组织禁止还纳，应用消毒敷料或清洁布类进行保护性包扎，待转院后处理。

第二节　特殊创伤诊断与急救处理

一、多发伤

（一）定义

多发伤是指在同一机械致伤因素（直接、间接暴力或混合性暴力）作用下，机体同时或相继遭受两种以上解剖部位或器官的较严重的损伤，至少一处损伤危及生命或并发创伤性休克，称为多发伤。多发伤的死亡率较高，需要急救处理。凡遭受两个以上解剖部位的损伤，并符合下列伤情一条以上者可诊断为多发伤。

1. 头颅伤，如颅骨骨折伴有昏迷、半昏迷的颅内血肿、脑挫伤及颌面部骨折。

2. 颈部伤，如颈部外伤伴有大血管损伤、血肿、颈椎损伤。

3. 胸部伤，如多发肋骨骨折、血气胸、肺挫伤；纵隔、心脏、大血管及气管破裂。

4. 腹部伤，如腹腔内出血、腹腔内脏器破裂、腹膜后大血肿。

5. 泌尿生殖系统损伤，如肾破裂、膀胱破裂、子宫破裂、尿道断裂、阴道破裂。

6. 复杂性骨盆骨折（或伴休克）。

7. 脊椎骨折、脱位伴脊髓伤或多发脊椎骨折。

8. 肩胛骨、上肢长骨骨折、上肢离断。

9. 下肢长骨骨折、下肢离断。

10. 四肢广泛皮肤撕脱伤。

（二）特点

交通事故是引起多发伤的首要因素，其次见于高处坠落、工矿事故、地震等意外因素。伤情严重，可在短期内出现细胞功能的循环和氧代谢障碍，处理不当可能迅速危及伤员的生命。

1. 损伤机制复杂　同一伤者可能有不同机制所致损伤的同时存在，如交通事故伤者可由撞击和挤压等多种机制致伤；高处坠落者可同时发生多个部位的多种损伤。

2. 伤情重、变化快　伤情发展迅速、变化快，需及时准确地判断与处理。

3. 生理功能紊乱严重　伤情复杂，常累及多个重要脏器，导致组织器官及功能损害，易发生休克、低氧血症、代谢性酸中毒、脓毒症以及多器官功能障碍综合征（MODS）。

4. 易漏诊和误诊　因损伤部位多、伤情复杂、伤势重、病史收集困难，病情危重不允许进行相关辅助检查等原因，易漏诊与误诊。伤者可同时有开放性伤和闭合性伤，明显创伤和隐匿创伤。

（三）临床表现

多发伤可导致多个解剖部位的损伤，尤其以颅脑、胸、腹腔和四肢同时受损更为常见以某一部位或脏器损伤为主的多发伤临床表现具有相对特殊性。

1. 以颅脑损伤为主　①早期表现为颅高压症状：剧烈头痛、喷射性呕吐和 Cushing 反应，即脉搏慢、呼吸慢、血压高等。②意识障碍：嗜睡、昏迷甚至深昏迷，反应迟钝或消失。③瞳孔变化：早期瞳孔不等大，直接或间接对光反射减弱或消失，后期双侧瞳孔散大。④运动功能障碍：单侧肢体运动功能障碍发展到双侧或间歇性出现角弓反张。⑤体温不升或高于40℃，大汗或无汗；面色潮红或苍白。⑥后期因脑疝而呼吸、心搏骤停。

2. 以胸部损伤为主　①呼吸困难，呼吸频率增快但呼吸动度减弱。②剧烈而持续的胸痛，合并肋骨骨折更加明显。③若有多根多处肋骨骨折，可出现连枷胸或反常呼吸运动合并严重的低氧血症。④合并肺或支气管损伤可出现咯血或痰中带血。⑤合并创伤性张力性气胸时表现为极度呼吸困难，颈面部、胸部广泛皮下气肿，口唇发绀，甚至昏迷、窒息。⑥胸腔内大出血或心脏开放性损伤，血容量急剧下降导致患者迅速休克。

3. 以腹部损伤为主 ①腹部开放性损伤可见外露的腹部脏器。②腹部闭合性损伤表现为腹部压痛、反跳痛和肌紧张，肠鸣音减弱或消失。若是实质脏器破裂伤者腹痛不显著，迅速出现腹胀、肠鸣音减弱或消失、移动性浊音、腹腔穿刺抽到不凝血及失血性休克的表现。

（四）诊断与鉴别诊断

多发伤可发生在身体的任何部位，在不耽误抢救时机的前提下，要求以简便的诊断方法，在最短的时间内明确脑、胸、腹等部位是否存在致命性损伤。

1. 简要询问病史，了解伤情。

2. 监测生命体征，判断有无致命伤。

3. 按照"CRASH PLAN"顺序检查，避免漏诊。C = cardiac（心脏）、R = respiration（呼吸）、A = abdomen（腹部）、S = spine（脊柱）、H = head（头部）、P = pelvic（骨盆）、L = limb（四肢）、A = arteries（动脉）、N = nerves（神经）。

4. 进行必要的辅助检查。

（1）胸腹腔穿刺　胸腹创伤首选方法。简单、快速、经济、安全，准确率达90%。临床有时出现假阳性和假阴性。

（2）X线　为骨关节伤的首选方法。简便，无创，费用低。

（3）B超　主要用于腹部创伤。简便，对腹腔积血、实质性脏器损伤和心脏压塞准确性高，空腔脏器和腹膜后损伤准确性差。

（4）CT　实质性脏器损伤可以定性，颅脑、胸腹创伤意义较大。分辨率高。

（5）MRI　主要用于脑和脊髓伤。多角度、多层面成像，软组织分辨率极高。

（6）其他　血管造影、内镜治疗等。可以同时进行诊断和治疗。

（五）急救处理

1. 现场急救 急救现场应立即去除正在威胁生命的致伤因素，并立刻进行基础生命支持包括开放气道、心肺脑复苏、包扎止血、骨折固定及转送等。

2. 生命支持 在急诊抢救室对多发伤患者应首先进行生命支持。

（1）维持呼吸道通畅　迅速除去堵塞气道的各种因素，保持气道通畅。昏迷伤者放置口咽通气管、气管插管，紧急情况下行气管切开术。

（2）心肺复苏　心肺复苏参见第三章。

（3）抗休克治疗　抗休克治疗参见第四章。

3. 进一步处理 多发伤患者在得到初步的复苏和生命支持后，生命体征相对趋于平稳，可行进一步的检查，并根据检查结果进行相应的处理。

（1）颅脑伤的处理　多发伤中颅脑损伤的发生率很高，仅次于四肢损伤，是导致伤者死亡的首要因素。对于颅脑损伤，关键要防止因颅内高压导致脑疝。根据伤者意识变化、生命体征、瞳孔反应、眼球活动、肢体运动反应及颅脑CT检查，判断是否有颅内出血、脑挫裂伤及脑组织受压情况。如脑组织受压明显，应立即行血肿清除减压术。如同时合并胸腹部损伤，伤者能耐受可同时手术治疗。

（2）胸部伤的处理　胸部多发伤合并腹部损伤时，可先行胸腔闭式引流术，再处理腹内脏器损伤和四肢开放性损伤。根据胸腔引流血量和速度判断是否需开胸探查。置管后一次性引流血量

1000~1500ml或以上，或3小时内引流速度>200ml/h以上，应开胸探查。多发肋骨骨折有反常呼吸伴有心脏大血管损伤，应争分夺秒地手术止血。

（3）腹部伤的处理 多发伤合并腹腔内脏器损伤是导致伤者死亡的主要原因之一。尤其是闭合性腹部损伤、腹部体征不明显，容易漏诊。腹腔穿刺及床旁超声检查有助于动态观察及临床诊断，尽早明确有否剖腹探查指征，争取早期、快速手术。

（4）四肢骨盆、脊柱伤的处理 患者生命体征稳定后，应早期手术处理。对于四肢开放性损伤应及早行清创术；闭合性骨折应先行外固定后再转运；稳定的骨盆骨折无需特殊处理，需查清是否合并血管神经和盆腔内脏器损伤；脊柱骨折合并脊髓受损者需及时减压探查及行内固定术。

4. 营养支持 创伤后机体处于高代谢状态，营养支持尤为重要。消化道功能正常者，以进食为主；昏迷伤者或不能进食者，可通过鼻饲或造瘘给予胃肠内营养；不能从消化道进食者，可采用短期的肠外营养。

5. 预防感染 防治感染是降低多发伤死亡率的一个重要环节。开放性创口早期彻底清创，去除异物及坏死组织，较深的创口留置引流管。多发伤伤者留置的导管比较多，如导尿管、引流管、深静脉置管、气管插管等，应注意无菌操作，合理选用抗生素。

二、复合伤

（一）定义

复合伤（combined trauma injuries）是指两种或两种以上致伤因素同时或相继作用于人体，导致机体病理生理紊乱常较多发伤更加严重而复杂，是引起死亡的重要原因。常见的原因是工矿事故、交通事故、火药爆炸事故、严重核事故等各种意外事故。

（二）特点

创伤复合伤的基本特点是有两种致伤因素，其一种主要致伤因素在伤害的发生、发展中起着主导作用。在机体遭受两种或两种以上致伤因素的作用后，创伤不是单处伤的简单相加，而是相互影响，使伤情变得更为复杂棘手。

主要致死原因：重要部位大出血；休克（失血性休克、感染性休克、创伤性休克和烧伤引起的休克）；有害气体急性中毒或窒息；急性肺水肿或肺出血；急性心力衰竭；多器官功能障碍等。

（三）临床表现

1. 烧冲复合伤 多见于各种意外爆炸（锅炉、火药、瓦斯爆炸等）和重大交通事故。

（1）可见不同程度的体表组织烧伤，中重度伤者由于大量体液丢失。在早期即可出现低血容量性休克，表现为嗜睡、乏力、反应迟钝。合并颅脑损伤者可出现意识障碍，合并呼吸道烧伤时早期出现呼吸障碍。

（2）冲击伤引发的急性肺水肿和肺出血最为致命。伤者可有胸闷、憋气、咯血等症状，继而出现心律失常。冲击伤还可导致腹部脏器受损，伤者常出现腹胀、血尿、少尿等，以及开放性伤口、骨折、鼓膜损伤等一系列全身性改变。

2. 化学复合伤 各种创伤合并毒物中毒或伤口直接染毒者，称为化学复合伤。临床表现复杂，除各种创伤导致的出血、骨折、皮肤烧伤等一系列表现外，化学性腐蚀性毒物（如强酸强碱）可使接触部位迅速出现红斑、水疱，并形成溃疡甚至坏死；还可经皮肤、呼吸道、伤口等部位吸收，出现流涎、恶心、呕吐、腹痛、胸闷、惊厥、昏迷等。

（四）诊断与鉴别诊断

1. 烧冲复合伤 有引起烧冲复合伤的确切因素，根据临床表现不难做出诊断。当临床症状与烧伤程度不符或精神症状明显时，应考虑还有内脏冲击伤，需结合辅助检查明确诊断。病史采集时不要忽略隐蔽体征的检查，即使早期未发现内脏冲击伤表现，也应继续观察。鼓膜穿孔在全身病情危重时易漏诊，需引起重视。

2. 化学复合伤 有明确的毒物接触史，需进一步明确接触毒物的时间、地点、种类、浓度等。对不明毒物可于伤口处分泌物采样鉴定，同时根据伤口的局部情况和全身中毒情况做出临床诊断。

（五）急救处理

1. 烧伤合并冲击伤

（1）补液量要充足 由于冲击伤引起广泛的小血管和淋巴管通透性增加或破裂，造成组织间液体潴留，因此补液量要充足。

（2）保护心肺功能 补液时，要密切观察呼吸、心率、心律等的改变并做相应的处理。在补足液体量后，脉搏若在 150 次/分以上，并且伴有心律失常时，可静脉缓慢推注毛花苷 C 等强心药物。

（3）早期给氧 由于心肺功能障碍造成的缺氧，伤者常表现为难以控制的烦躁不安，镇静药物往往无效。应及早给予吸氧，必要时行气管插管或机械通气加压给氧。

（4）防治急性肾衰竭 由于损伤引起肾小球和肾小管的病理改变，易产生肾衰竭。防治的主要措施是及早纠正休克和缺氧状态，改善心肺功能，有效地控制感染。

（5）注意发现和及时处理肺水肿、脑水肿和内出血等。

2. 化学性复合伤

（1）迅速将伤者搬离现场，注意保持呼吸道通畅和正确的体位。如伤口位于四肢，应及时使用止血带以减少毒剂的吸收。

（2）及时脱去污染衣物，清洗残余毒物。

（3）如全身情况允许，应及时进行清创处理，并注意做好防护，以防止交叉感染和急救人员染毒。

（4）现场毒物注意留样保存。

三、挤压综合征

挤压综合征是指当四肢或躯干肌肉丰富的部位被外部重物长时间挤压，或长期固定体位的自压，解除压迫后出现以肢体肿胀、肌红蛋白尿、高血钾症为特点的急性肾衰竭，称为挤压综合征。多在意外事故、自然灾害及战争时发生。

（一）临床表现

1. 局部表现 伤肢表面有受压痕迹，水疱和红斑或皮肤坏死肿胀。远端肢体皮肤发绀、皮温降低、血管搏动消失，可伴骨折、运动感觉障碍，被动活动可引起剧痛。

2. 全身表现 首先以血压下降、脉率增快的休克早期征象为主。随着受压肢体内压力增高、血浆外渗和毒素吸收，血压进一步下降，脉搏细数、皮肤湿冷、意识淡漠、出现低血容量性休克。

3. 急性肾衰竭 病情较重的伤者随即可出现酱油色尿、进行性少尿甚至无尿。

（二）诊断与鉴别诊断

根据肢体压迫史，结合临床表现，辅助检查出现肌红蛋白尿、代谢性酸中毒、高钾血症、氮质血症等即可做出诊断。

需注意，多发伤又合并脑外伤、胸腹外伤时，不可忽略挤压综合征的可能。多发伤也可合并急性肾衰竭，但多无肌肉坏死、肌红蛋白尿。挤压综合征和骨筋膜室综合征较难鉴别，但后者以急性缺血为特征，早期无急性肾衰竭表现。

（三）急救处理

1. 现场急救

（1）迅速解除压迫。积极抢救伤者，尽早解除重物挤压

（2）有开放性伤口或活动性出血时应及时止血，但不宜使用止血带和加压包扎，随时检查绷带的松紧度，伤肢制动，不宜抬高也不宜按摩及热敷，以减少毒素吸收。止痛、镇静。

2. 伤肢处理

（1）伤肢应暴露在凉爽空气中或用凉水降低伤肢温度，降低组织代谢，减少毒素吸收。

（2）伤肢禁止抬高、按摩或热敷，以免加重损伤肌肉的缺氧。

（3）挤压的伤肢有开放伤口出血的，应予止血，但禁忌加压包扎，要尽快彻底清创，使用抗生素的同时，还要预防破伤风或气性坏疽等非特异性感染。

（4）肿胀明显出现缺血表现者，应在伤后 6～12 小时内及时彻底将伤肢筋膜切开减张，必要时需截肢。

3. 抗休克及急性肾衰竭治疗

（1）尽早补液及碱化尿液，避免肌红蛋白在肾小管中沉积，纠正酸中毒。对多数伤者都可服用碱性饮料，如不能进食者，可给予 5% $NaHCO_3$ 250ml 快速滴注。

（2）及时补充血容量，预防休克，维持水、电解质酸碱平衡。若尿量达到 40ml/h 说明肾功能尚好，可增加补液扩容利尿；尿量没有明显增加，可能发生急性肾衰竭，需严格控制补液量，记录 24 小时出入量，监测肾功能。

（3）对开放伤口出血者，可输注红细胞悬液和新鲜血浆，不宜输库存血。

（4）限制高钾食物和药物摄入，以避免高钾血症。防治高血钾可用 10% 葡萄糖酸钙 10ml 缓慢静脉注射以拮抗高血钾对心肌及其他组织的毒性作用。

（5）必要时应当行血液透析或血液滤过治疗。

目标检测

答案解析

一、选择题

[A1/A2 型题]

1. 治疗开放性创伤，最基本、最有效的措施是（　　）

　　A. 清创缝合　　　　　　B. 包扎　　　　　　C. 固定

　　D. 抗生素　　　　　　　E. 心肺复苏

2. 现场急救的四项技术是指（　　）

　　A. 清创、包扎、固定、搬运　　　　　　B. 无菌、清创、包扎、固定

　　C. 复苏、清创、固定、搬运　　　　　　D. 止血、包扎、固定、搬运

　　E. 止血、清创、固定、搬运

3. 急救人员到达创伤现场后，首要任务是（　　）

　　A. 安全地运送　　　　　　　　　　　　B. 除去威胁患者生命的因素

　　C. 骨折固定　　　　　　　　　　　　　D. 维持现场秩序

　　E. 详细询问病情

4. 在重伤员的抢救中，最先处理的是（ ）

    A. 内脏损伤   B. 休克   C. 开放的伤口

    D. 骨折   E. 窒息

5. 下列叙述正确的是（ ）

    A. 有脏器外露时，未经清创，不可还纳入伤口内，以免感染

    B. 外露脏器未经清创，可立即还纳，以减少暴露

    C. 如有伤口和出血，应立即输血

    D. 如有伤口和出血，应立即缝合伤口止血

    E. 以上均可

6. 固定骨折部位时，固定带的正确位置是（ ）

    A. 骨折部位   B. 骨折部位上端和下端

    C. 骨折部位，以及骨折部位的上端和下端   D. 骨折部位上端

    E. 骨折部位上端

7. 对于脊柱损伤的患者应尽量采取（ ）

    A. 俯卧位   B. 侧卧位   C. 仰卧位

    D. 半卧位   E. 自由位

8. 关于伤口包扎的注意事项，不正确的是（ ）

    A. 包扎要求动作轻、快、准、牢   B. 选择适当的包扎方法

    C. 包扎前应先对伤口做初步的处理   D. 包扎一定要牢固，越紧越好

    E. 包扎时要露出伤肢末端，以便观察

9. 以下伤口不适合进行包扎的是（ ）

    A. 切割伤   B. 撕裂伤   C. 挫伤

    D. 擦伤   E. 犬咬伤

10. 在转运患者的过程中，止血带通常间隔多长时间放松一次（ ）

    A. 2 小时   B. 4 小时   C. 3 小时

    D. 0.5 ~ 1 小时   E. 1 ~ 2 小时

二、思考题

    患者，男，26 岁，车祸致伤后右胸部、腹部持续性疼痛伴头晕乏力 5 小时。查体：P 116 次/分，BP 80/50mmHg。神志清楚，痛苦病容。头部未见伤痕，右下侧胸壁见皮下瘀斑，挤压痛。腹壁未见伤痕，腹部对称平坦；全腹压痛、反跳痛，腹肌紧张；移动性浊音阳性；肠鸣音减弱。腹腔穿刺抽出不凝固血液 10ml。请问：

    该患者可能的诊断是什么？进一步检查与治疗原则是什么？

（吴 铃）

书网融合……

本章小结   微课   题库

第八章　常用急救技术

第一节　气管插管术与气管切开术

PPT

>> 情境导入

　　情境描述　患者，女，63岁，在全麻下行甲状腺癌根治术。高血压病史20年，服用硝苯地平控释片5mg/天，血压维持在130/80mmHg左右。

　　讨论　1. 为维持术中人工通气，对该全麻手术患者需要进行什么操作？

　　　　　　2. 操作步骤有哪些？

　　　　　　3. 该操作适应证和禁忌证有哪些？

　　气管插管术是指使用插管辅助器械将人工气管导管通过口腔或鼻腔经喉部置入气管内，从而建立人工气道的技术。气管插管在全身麻醉、危重患者抢救及心肺脑复苏过程中起着维持呼吸道通畅的重要作用，也是进行人工通气的最好方法。它便于解除呼吸道梗阻，也有利于减少呼吸道解剖无效腔，保证有效通气量，为给患者供氧、气管内给药、加压人工呼吸及进行机械通气提供了条件。

　　气管切开术是一种切开颈段气管前壁并插入气管套管，使患者直接经套管呼吸的急救手术。

一、气管插管术的目的、适应证与禁忌证

（一）目的

1. 维持气道通畅。
2. 保障有效的气体交换。
3. 减少呼吸做功。
4. 防止误吸。
5. 便于进行机械通气。
6. 实施吸入麻醉。

（二）适应证

1. 气管插管术

（1）呼吸衰竭。

（2）呼吸、心搏骤停。

（3）全身麻醉需要维持人工通气。

（4）气道分泌物过多或梗阻。

（5）呼吸保护反射（咳嗽、吞咽反射）迟钝或消失。

2. 气管切开术

（1）任何原因引起的严重喉阻塞。

（2）下呼吸道分泌物阻塞，如昏迷、颅脑病变、多发神经炎、呼吸道烧伤、胸部外伤等原因致下学呼吸道分泌物不能排出。

（3）某些手术的前置手术，如颌面部、口腔、咽、喉部手术前。

（三）禁忌证

心搏、呼吸骤停急救插管时，无绝对禁忌证。下列情况不宜行气管插管术。

1. 急性喉炎、喉头水肿。

2. 咽喉部血肿、脓肿、肿瘤或异物存在。

3. 口鼻颈部严重畸形。

4. 主动脉瘤压迫气管壁。

5. 严重出血倾向。

二、气管插管术的器械及操作步骤

气管插管可分为经口明视插管法、经鼻插管法、中心静脉导丝引导插管法。临床最常用的是经口明视插管法，使用器械及操作步骤如下。

（一）使用器械

1. 喉镜 包括镜柄和镜片两部分，镜片分直、弯两种类型。其前端有可供照明用的小灯泡。一般用弯型喉镜，在暴露声门时不必挑起会厌，可减少对迷走神经的刺激。气管导管为一种透明塑料管，管径大小及长度均有不同的规格，其前端有套囊。

2. 导管管芯 通常是细金属条（一般为铜）。长度应适宜，以插入导管后其远端距离导管开口 0.5～1cm为宜。

3. 其他 牙垫、注射器、弯钳、胶布、手套、听诊器、吸痰管、吸引器及简易呼吸器等。

（二）操作步骤

1. 准备工作、摆放体位 检查患者头颈活动度是否正常、张口是否受限、牙齿是否松动及有无义齿，如有义齿需取出，清除口鼻腔异物。患者取仰卧位，肩部垫高约10cm，后仰头颈，使口、咽、气管置于一条轴线上。操作者戴手套站立于患者头侧，患者头位相当于操作者剑突水平。

2. 吸氧 给患者吸100%纯氧2～3分钟。

3. 置入喉镜、暴露声门 操作者用右手拇指、示指分开患者口唇，用力撑开下颌，保持患者头部后仰，左手持喉镜自患者口角右侧置入，然后逐渐将喉镜移向口腔正中部位，将舌体挡向左侧，缓慢将镜片沿中线向前推进，暴露会厌，将镜片前端放置于会厌和舌根连接处，向前上方挑起会厌，暴露声门（图8-1）。

4. 插入气管导管 显露声门后，右手以握笔状持导管从右侧弧形斜插口中，将导管前端对准声门后，轻柔地插入气管内，直至套囊全部进入声门，将导丝拔出，继续将导管向前送至尖端距门齿20～24cm处。带套囊导管应使套囊充气，并加压呼吸证明有无漏

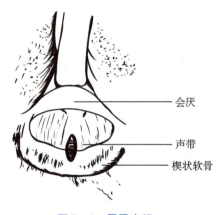

会厌

声带

楔状软骨

图8-1 暴露声门

气，同时听两侧呼吸音再次确认导管是否插入气管内。

5. 放置牙垫、固定导管　将气管导管确定插入气管后，即放置牙垫，退出喉镜，用胶布将牙垫与气管导管固定，缓慢使头部复位。

 素质提升

"百年风华，医者榜样" 裘法祖

"德不近佛者不可以为医，才不近仙者不可以为医。"这是医学大家裘法祖生前常说的一句话。

裘法祖，浙江杭州人，著名医学家、中国现代普通外科的主要开拓者、肝胆外科和器官移植外科的主要创始人和奠基人之一、中国科学院资深院士，被誉为"中国外科之父"。其刀法以精准见长，被医学界称为"裘氏刀法"。从医60余年，裘法祖本着对患者高度负责的精神，施行手术无数，却未错一刀。参加抗美援朝救援，率领医疗队直奔血吸虫病重疫区，挑条件最艰苦的偏远农村巡诊，裘法祖将医学归于大众。

裘法祖一生桃李满天下，从20世纪60年代开始，培养出三代学术带头人，他反复教育学生要做到"三会""三知"，即"手术要会做、经验要会写、上课要会讲""做人要知足，做事要知不足，做学问要不知足"。

裘法祖用他的科学态度、技术特色、道德情操和人格风范影响了外科学界的几代人，被他的学生们自豪地称为"裘氏风范"。

三、气管切开术的器械及操作步骤

（一）使用器械

1. 气管切开包。
2. 药品肾上腺素、利多卡因。
3. 无菌手套、吸痰管、球囊－活瓣－面罩、10ml 注射器、听诊器、气管切开导管。

（二）操作步骤

1. 患者仰卧位，去枕垫肩、头后仰，充分暴露颈部，自鼻尖经喉结至胸骨保持正中位。当呼吸困难严重不能仰卧时，可取半卧位进行手术。

2. 常规消毒、铺巾，用1%利多卡因（可适量加入少许肾上腺素，减少术中出血）行颈前皮下和筋膜下的浸润麻醉。

3. 有纵、横两种切口。纵切口上起环状软骨下缘，下至胸骨上切迹上方一横指，于颈前正中线切开皮肤、皮下及颈阔肌。采用横切口，则在环状软骨下约3cm处，沿颈前皮肤横纹做4~5cm切口，切开皮肤、皮下及颈阔肌，向上、下分离，充分止血。

4. 用止血钳沿正中肌白线纵行钝性分离，用拉钩将胸骨舌骨肌、胸骨甲状肌以相等力量牵向两侧，并常用示指探触气管环。分离舌骨下肌群后即能显露甲状腺峡部，钝性分离其下缘和气管。若峡部较宽，可将其切断、缝扎。

5. 向上牵拉甲状腺峡部，充分暴露气管前壁，在正中线，在第3~4气管环处切开气管。不要切开第1气管环，以防损伤环状软骨致喉部狭窄。切口也不宜低于第5气管环，以免损伤无名动、静脉，发生大出血。操作时，刀刃应向上方反挑，还应避免刀片刺入过深，损伤食管。

6. 用止血钳或气管扩张器撑开气管切口，插入带有管芯的气管套管，迅速拔出管芯。此时，如有分泌物咳出，证明套管在气管内；若无分泌物咳出，可用少许棉絮置于管口，观察是否随呼吸飘动，如无飘动，则套管不在气管内，应拔出套管，重新插入。

7. 将两侧系带缚于颈部，其松紧应适当，以能插入一横指为宜。若过松，套管易脱出。可用丝线缝合切口两侧 1~2 针，用开口纱从上向下骑夹围绕套管，覆盖颈前切口。

四、气管插管术的并发症及处置

1. 软组织损伤 气管插管操作、固定导管的过程中都有可能造成牙齿折损、脱落及呼吸道黏膜的损伤。插管后咽喉疼痛或伴声音嘶哑时有发生，主要因咽喉部黏膜上皮细胞受损、声带充血水肿引起，一般无需特殊治疗，可以自愈。

2. 急性呼吸道梗阻 缺氧、浅麻醉下插管均可诱发喉痉挛造成急性呼吸道梗阻。治疗措施主要包括：通气供氧、纠正病因、加深麻醉、采用轻度呼气末正压，必要时使用小剂量琥珀胆碱解痉等。导管扭曲、折叠、滑脱后血液、分泌物以及胃内容物等易误入气道，亦可导致急性呼吸道梗阻。应注意密切观察，并及时应用吸引器吸除。

3. 呼吸道炎症 导管摩擦可导致咽喉部或气管壁黏膜充血水肿、上皮细胞脱落，引起咽喉炎、气管炎。临床上表现为咽喉疼痛不适、咳嗽咳痰。轻症者一般能自愈，必要时也可使用抗生素治疗。

4. 应激反应 插管操作可引起机体应激反应，如高血压、心动过速、心动过缓、呛咳和颅内压增高等。插管前充分给氧、完善表面麻醉、使用麻醉性镇痛药对减弱和消除应激反应有很好的预防作用。静脉注射钙通道阻断药、扩血管药或 β 受体阻断药可明显降低插管引起的心血管反应。

5. 导管滑脱 导管插入过浅或患者体位变动易出现导管脱出，需重复操作，再次插管。

五、气管切开术的并发症及处置

1. 皮下气肿 最为常见，主要原因：①过多分离气管前软组织；②气管切口过长或皮肤切口缝合过紧；③切开气管或插入套管时患者剧烈咳嗽。轻者仅限于颈部切口附近，重者可蔓延至颌面部、胸、背、腹部等。皮下气肿一般在 24 小时内停止发展，可在 1 周左右自行吸收。严重者应拆除伤口缝线，以利于气体逸出。

2. 纵隔气肿 因剥离气管前筋膜过多所致。轻者症状不明显，X 线检查才发现；重者呼吸急促，听诊心音低而远，叩诊心浊音界不明。X 线片可见纵隔影变宽，侧位像见心与胸壁之间的组织内有条状空气影。可于胸骨上方，沿气管前下区向下分离，将纵隔气体放出。

3. 气胸 右侧胸膜顶较高，暴露气管时过于向下分离，伤及胸膜引起气胸。

4. 出血 多因损伤局部血管、甲状腺或术中止血不彻底、血管结扎线头脱落所致。术后少量出血，可在套管周围填入碘仿纱条，压迫止血。若出血多，立即打开伤口止血。

5. 感染 对症治疗，合理使用抗生素。

6. 后期并发症 气管食管瘘、气管狭窄等。

六、注意事项

1. 气管插管术

（1）插管前应达到足够的麻醉深度，因非麻醉状态下的气管插管可引起患者剧烈呛咳、支气管痉挛，严重者可出现心律失常、心搏骤停。

（2）插管前给患者吸入 100% 纯氧数分钟，防止插管期间低氧血症的发生。

（3）插管过程中动作应轻柔，注意避免损伤牙齿、声门、黏膜等。

（4）插管后务必检查导管深度，确认是否在气管内，避免误入食管。

2. 气管切开术

（1）紧急情况下的气管切开，多需先行经口插管以策安全。气管切开术本身，在一般情况下并不宜作为建立紧急人工气道的手段。

（2）使用带气囊的气管套管，术前应检查气囊有无漏气。

（3）对于有气管插管的患者，应在切开气管后、气管套管置入前拔出导管。

（4）术后应防止气管套管脱出。脱出原因多见于套管系带过松、套管偏短、颈部粗肿、气管切口过低、皮下气肿、剧烈咳嗽、挣扎等。如脱管，应立刻重新插入气管套管。

（5）因气管切开比经喉插管患者感觉更舒适，并减少了对喉部结构和功能的损伤，对于需长时间保留人工气道的患者，常将经喉气管导管更换为气管切开。但是适宜时机仍有争论。在临床实践中，通常在经喉插管 3 周后考虑行气管切开。

第二节　环甲膜穿刺术与环甲膜切开术

PPT

⟫ **情境导入**

情境描述　对Ⅳ度呼吸困难患者根据具体情况进行抢救，为解决气道通气问题，需进行环甲膜穿刺术。

讨论　1. 该操作步骤有哪些？

2. 该操作适应证和禁忌证有哪些？

环甲膜穿刺术是临床上对于有气道梗阻、严重呼吸困难的患者采用的一种急救方法，是急救过程中重要的气道开放技术之一。环甲膜位于甲状软骨和环状软骨之间，前无坚硬遮挡组织，后通气管，仅为一层薄膜，是进行急诊喉切开术的理想部位。环甲膜穿刺术简单、快捷、有效。

一、环甲膜穿刺术与环甲膜切开术的目的、适应证与禁忌证

（一）目的

1. 解除上呼吸道梗阻，使下呼吸道开放。

2. 减少呼吸道无效腔。

3. 防止鼻、咽部分泌物或呕吐物等随呼吸进入下呼吸道。

4. 气流阻力降低，大大减轻患者呼吸时的体力负担和耗氧量。

5. 减弱咳嗽力，防止正常咳嗽在吸气期因胸腔内高负压将气管、支气管内的分泌物吸入末梢支气管和肺泡内。

（二）适应证

1. 环甲膜穿刺术

（1）各种原因引起的上呼吸道完全或不完全阻塞。

（2）牙关紧闭经鼻插管失败。

（3）气管插管有禁忌或无法行气管插管术。

（4）喉头水肿及颈部或面颌部外伤所致气道阻塞需立即通气急救者。

（5）3 岁以下的小儿不宜做环甲膜切开者。

2. 环甲膜切开术　紧急环甲膜切开术用于任何情况下，无法行气管插管或气管插管失败，又来不及做气管切开术的患者，其并发症远远低于急诊气管切开术。

（三）禁忌证

1. 环甲膜穿刺术　下呼吸道严重阻塞；颈部严重畸形；重度出血倾向。

2. 环甲膜切开术　喉部或环状软骨严重损伤。

二、环甲膜穿刺术的器具及操作步骤

（一）使用器具

16 号抽血粗针头。

（二）操作步骤

1. 患者取平卧位，头部保持正中，尽量后仰。

2. 常规消毒环甲膜前皮肤（紧急时可省略）。

3. 左手示指和拇指固定环甲膜处皮肤，右手持粗针头在环甲膜处垂直刺入，通过皮肤、筋膜及环甲膜，到达喉腔后有落空感，立即挤压双侧胸部，发现有气体自针头逸出或用空针抽吸时很易抽出气体。

4. 按照穿刺目的进行其他操作或后续操作。

三、环甲膜切开术的准备及操作步骤

（一）准备

1. 检查吸引和供氧设备。

2. 开放静脉（快速输注液体用）。

3. 物品：气管切开包；药品（肾上腺素、利多卡因）；无菌手套、吸痰管、球囊 - 活瓣 - 面罩、10ml 注射器、听诊器、气管切开导管。

（二）操作步骤

1. 患者取卧位或半卧位，颈部伸展。

2. 定位环甲膜，摸清甲状软骨和环状软骨的位置，两者间隙即为环甲膜。

3. 若时间允许，常规消毒、铺巾，若患者清醒，用1% 利多卡因（可适量加入少许肾上腺素，减少术中出血）行颈前皮肤和皮下组织的浸润麻醉。

4. 用左手拇指和中指稳定喉部，将示指指尖紧抵在环甲膜上，横行切开皮肤、皮下组织和环甲膜。操作时应避免刀片刺入过深，损伤食管。

5. 用止血钳撑开切口，插入气管套管。

6. 固定套管，缝合伤口。

四、环甲膜穿刺术的并发症及处置

1. 皮下气肿　是最常见的并发症。大多数日后可自行吸收，不需要特殊处理。

2. 气胸　操作时误伤胸膜可引起。右侧较左侧多见。经胸部 X 线可确诊。轻者不需处理，严重者可行胸腔穿刺与胸腔闭式引流术。

3. 出血　少量出血时可局部压迫止血，大量出血时需注意有无损伤血管并及时处理。

4. 气管食管瘘　较少见。小瘘口多可自行闭合，大瘘口需手术修补。

五、注意事项

1. 环甲膜穿刺术

（1）环甲膜穿刺术仅仅是呼吸复苏的一种急救措施，在初期复苏成功后应改作正规气管切开或立即做消除病因的处理。

（2）穿刺时进针深浅应适度，不宜过深以免损伤喉后壁黏膜。

（3）穿刺部位出血明显时应注意止血，以免血液反流入气管内。

（4）注入药物应以等渗生理盐水配制，以减少对气管壁的刺激。

（5）拔出针头前应防止喉部上下运动，避免损伤喉部组织。

2. 环甲膜切开术

（1）情况十分紧急，来不及切开时，可用一根大口径针头，经环甲膜直接刺入喉腔，针头连接喷射呼吸机进行喷射通气，暂时缓解呼吸困难。若无喷射呼吸机，亦可与墙壁氧源相连，调至最大流量，周期性阻断氧流，以吸呼比1∶2的方式送气。注意不要刺穿气管后壁或偏离中线损伤周围大血管。

（2）钳子、笔或手边的任何物品都可用于开放气道。

（3）插管时间不宜超过48小时，一旦呼吸困难缓解，应转做常规气管切开术。

（4）并发症食管损伤、皮下气肿、出血、声门下狭窄。

PPT

第三节　吸氧术

>> **情境导入** ─────────────────────────────

情境描述　患者，女，67岁，活动后呼吸困难1周，加重不能平卧6小时入院，需要给予吸氧治疗。

讨论　1. 该操作步骤有哪些？

　　　　3. 该操作有哪些注意事项？

吸氧术是指通过给氧、提高动脉血氧分压和动脉血氧饱和度，增加动脉血氧含量，纠正各种原因造成的缺氧，促进组织新陈代谢，维持机体基本生命活动的一种治疗方法，在急救过程中应用广泛。

一、吸氧术的目的、适应证与禁忌证

（一）目的

1. 纠正急性缺氧，挽救患者生命。

2. 提高慢性缺氧患者血氧饱和度，增加动脉血氧含量，改善组织器官缺氧。

3. 促进组织新陈代谢，维持机体生命活动。

（二）适应证

吸氧术适用于各种导致急慢性缺氧的疾病，常见疾病如下。

1. 呼吸系统疾病　肺活量减少者，如哮喘、气胸、重症肺炎、肺不张、慢性阻塞性肺疾病、肺源性心脏病等。

2. 心血管系统疾病　心力衰竭、心肌梗死、心源性休克、严重心律失常等。

3. 中枢神经系统 脑血管意外、颅脑外伤、各种原因所致昏迷等。

4. 其他 严重贫血、一氧化碳中毒、麻醉药物中毒、围手术期、休克等。

（三）禁忌证

除氧中毒外，无明显禁忌证。

二、吸氧术的器具及操作方法

（一）物品准备

供氧装置（氧气筒或中央供氧装置等）、湿化瓶、氧气管道装置（鼻导管或氧气面罩等）。

（二）操作方法

首先用湿棉签清洁患者鼻腔，观察有无堵塞及异常；然后调节氧气流量、安装湿化瓶；最后根据患者年龄、病情、缺氧程度、意识情况等采用不同的吸氧方法。

1. 鼻导管吸氧法

（1）双侧鼻导管吸氧法 将双侧鼻导管的两根短管分别插入两个鼻腔，此法简单易行，适用于小儿或长期使用者（图 8 – 2）。

（2）单侧鼻导管吸氧法 将鼻导管从一侧鼻腔插入至鼻咽部，长度约鼻尖至耳垂的 2/3。此法节省氧气，但刺激鼻黏膜，临床较少使用（图 8 – 3）。

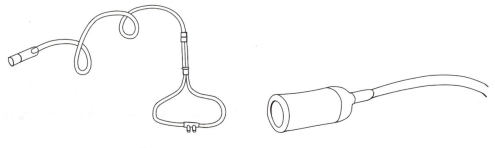

图 8 – 2 双侧鼻导管   图 8 – 3 单侧鼻导管

2. 鼻塞法 鼻塞是一种塑料制成的球状物，使用时将鼻塞塞入鼻前庭供氧。此法刺激性小，使用方便，适用于长期使用者，但张口呼吸或鼻腔堵塞者效果差。

3. 漏斗法 以漏斗代替鼻导管，将漏斗置于距患者口鼻 1~3cm 处固定供氧。此法简便无刺激，但浪费氧气较多，适用于婴幼儿或气管切开术后患者。

4. 面罩法 将吸氧面罩置于口鼻处，与患者面部紧密贴，橡皮带固定，氧气自下端供应，呼出气体从两侧小孔排出。此法用于无二氧化碳潴留、病情较重、鼻导管给氧效果差及不能配合者。

三、吸氧术的并发症及处置

1. 氧中毒 可出现胸骨后疼痛不适，有灼热感、干咳、恶心、呕吐、烦躁不安、呼吸困难等，应避免长时间高流量、高浓度吸氧。

2. 呼吸道干燥 表现为呼吸道黏膜干燥，分泌物黏稠、不易咳出，应加强氧气湿化，控制吸氧浓度，减轻对呼吸道黏膜的刺激。

3. 肺不张 可出现烦躁、心率和呼吸加快、血压升高、呼吸困难、发绀甚至昏迷，应控制吸氧浓度，及时治疗肺部炎症，鼓励咳嗽、排痰。

4. 抑制呼吸 见于Ⅱ型呼吸衰竭吸入高浓度氧气的患者，抑制呼吸中枢，甚至出现呼吸骤停。应低浓度、低流量持续给氧，使动脉血氧分压维持在 60mmHg 即可。

四、注意事项

1. 注意用氧安全，切实做好防火、防热、防油、防震工作。

2. 吸氧过程中，密切观察患者生命体征及缺氧状况，及时调整吸氧浓度。

3. 调节氧气流量前应充分分离导管或移开面罩，以防高压氧冲入呼吸道损伤肺组织。

4. 持续用氧者应经常检查鼻导管是否通畅，每日更换鼻导管2次以上，并更换鼻腔，以减少对鼻黏膜的刺激。

5. 氧气筒要有明显标志，注明"满"或"空"以便使用时鉴别，其目的是：如有缺损、漏气应及时补充及修理，以免影响急救和治疗；氧气筒内氧气不能用尽，一般需留 0.5MPa，目的是使气瓶保持正压，预防可燃气倒流入瓶，防止再充气而引起爆炸。

第四节　静脉穿刺置管术

PPT

≫ 情境导入

情境描述 患者，男，50岁，慢性肾功能衰竭患者，需进行血液透析。请为患者行中心静脉穿刺置管术。

讨论 1. 该操作步骤有哪些?

3. 该操作有哪些注意事项?

静脉穿刺置管可分为中心静脉穿刺置管术和外周静脉穿刺置管术。本节介绍中心静脉穿刺置管术。

一、中心静脉穿刺置管术的目的、适应证与禁忌证

（一）目的

1. 监测中心静脉压。

2. 提供中心静脉输液通路。

3. 经中心静脉放置心脏起搏器等操作。

（二）适应证

1. 外周静脉通路不易建立或不能满足需要。

2. 长期静脉输入刺激性药物（如化疗）的患者。

3. 胃肠外高营养治疗者。

4. 快速大量输液、输血治疗。

5. 危重患者抢救或大手术等监测中心静脉压。

6. 经中心静脉导管放置临时或永久心脏起搏器。

7. 进行血液净化如血液透析、滤过或血浆置换。

8. 空气栓塞经中心静脉至右心房抽气。

9. 其他，如心导管治疗、肺动脉导管等。

（三）禁忌证

无绝对禁忌证。下列情况不宜行中心静脉穿刺置管术。

1. 凝血功能障碍。

2. 穿刺部位局部皮肤外伤或感染。

二、中心静脉穿刺置管术的器具及操作方法

（一）物品准备

消毒物品、深静脉穿刺手术包、穿刺针、引导丝、扩张管、深静脉导管、缝合针线等，以及肝素生理盐水和局麻药品。准备好除颤器及有关的急救药品，床旁 B 超定位及引导可提高穿刺成功率，减少试穿损伤。

（二）操作方法

1. 颈内静脉穿刺、置管 颈内静脉穿刺、置管可采用前路、中路和后路。虽然进路各有不同，但操作技术基本上是一致的。现以右颈内静脉中路插管技术为例加以说明。

（1）体位 患者去枕仰卧位，头低 15°~30°（Trendelenburg 体位），右肩背部略垫高，头略转向左侧，使颈部伸展。

（2）穿刺点定位 触摸胸锁乳突肌的胸骨头和锁骨头以及与锁骨所形成的三角，在三角形的顶部触及颈总动脉搏动，在搏动的外侧旁开 0.5~1cm 为穿刺点。

（3）消毒铺单 消毒范围上至下颌角，下至乳头水平，内侧过胸骨中线，外侧至腋前线。操作者戴无菌手套，使用无菌盐水冲洗手套上的滑石粉。铺无菌孔巾。若患者在清醒状态下穿刺，则需要逐层局部浸润麻醉。

（4）试穿 使用 5ml 注射器作为试探针，针与皮肤呈 30°~45°角，针尖指向同侧乳头或锁骨中、内 1/3 交界处。在进针过程中保持注射器内轻度持续负压。回吸见有暗红色血液，提示针尖已进入静脉。确认方向、角度和进针深度，然后拔出试探针。

（5）穿刺针穿刺 按试穿针的角度、方向及深度用穿刺针进行穿刺。边进针边回抽，当血液回抽和注入十分通畅时，注意固定好穿刺针位置，使用平头压力探针测试压力，如未见波动性、鲜红血液流出，则可以确认穿刺针在静脉内。

（6）置入导丝 将导丝从注射器尾部送入血管内，之后推出穿刺针及注射器。

（7）扩皮肤切口 尖头刀片扩皮后，使用扩张器扩张皮肤及皮下组织。

（8）引入导管 将导管套在导引钢丝外面，左手拿导引钢丝尾端，右手将导管插入，待导管进入颈内静脉后，边退钢丝，边推进导管。成人置管的深度为 13~15cm。

（9）验证导管位于静脉内 回抽导管内血液通畅，并使用盐水冲洗，盖上肝素帽。皮肤入口处用缝线固定导管，覆盖贴膜。接上 CVP 测压管或输液，测压管需用肝素生理盐水冲洗一次。

（10）操作完毕后，应拍摄 X 线片确定导管位置及走向。

2. 锁骨下静脉穿刺、置管术

（1）体位 患者去枕仰卧位，肩下垫薄枕，头低 15°~30°（Trendelenburg 体位），并偏向对侧。穿刺侧上肢下垂于身体一侧并略外展，使锁骨突出并使锁骨与第一肋骨之间的间隙扩大，静脉充盈。锁骨下静脉穿刺可经锁骨下和锁骨上两种进路，常采用经锁骨下入路。

（2）消毒、铺巾 局部麻醉后于锁骨中、外 1/3 交界处，锁骨下方约 1cm 处为进针点，针尖指向胸骨上切迹上方。在穿刺过程中尽量保持穿刺针与胸壁呈水平位、贴近锁骨后缘。

（3）其他操作　同颈内静脉穿刺。

三、中心静脉穿刺置管术的并发症及处置

1. 气胸　是较常见的并发症之一，尤其是锁骨下静脉穿刺时气胸的发生率较高。出现气胸后，应及早做胸腔抽气或胸腔闭式引流。如穿刺后患者应用正压通气，则有可能引起张力性气胸，表现为低血压或低氧血症，应有所警惕。

2. 心脏压塞　与导管置入过深有关。插管时如导致上腔静脉、右心房或右心室损伤穿孔，则可引起心包积液或积血。当液体或血液在心包腔或纵隔内积聚达 300～500ml 时，就足以引起致命的心脏压塞。若留置中心静脉导管的患者突然出现发绀、面颈部静脉怒张、恶心、呼吸困难、胸骨后和上腹部疼痛，同时伴有低血压、脉压变窄、奇脉、心动过速、心音低而遥远，应考虑有心脏压塞的可能。此时应：①立即停止经中心静脉输注液体；②将输液容器的高度降至低于患者心脏水平，利用重力作用，尽量吸出心包腔或纵隔内的血液或液体，然后慢慢地拔除导管；③如症状无改善，应立即行心包穿刺减压。

3. 血胸、胸腔积液、纵隔积液　穿刺过程中若将静脉或动脉壁撕裂或穿透，同时又将胸膜刺破，则形成血胸。若中心静脉导管误入胸腔内或纵隔，液体输入后可引起胸腔积液或纵隔积液。因此，置管后应常规检查导管末端是否位于血管内。方法是：降低输液瓶高度至心脏水平以下，放开输液调节器，观察回血是否畅通。胸片有助于诊断。一旦出现肺受压的临床症状，应警惕是否出现血气胸，处理方法是立即拔出导管并做胸腔闭式引流。

4. 空气栓塞　穿刺前未使患者头低位，如患者处于低血容量状态，当穿中静脉后一旦撤掉注射器，静脉与大气相通，由于心脏的舒张而将空气吸入心脏。对后天性心脏病（无心内分流）的患者，进入少量空气不致引起严重后果，但对有心内分流的先天性心脏病患者（尤其是右向左分流的发绀患者）可能引起严重后果。穿刺时应注意避免。

5. 血肿　在穿刺过程中，如细小探针损伤动脉，应立即局部按压数分钟防止血肿形成；如果误将导管置入动脉内，特别是压迫，使止血困难的部位，例如锁骨下动脉，在拔出导管前需要外科会诊。因抗凝治疗的患者，血肿形成的机会较多，穿刺插管应特别慎重。

6. 感染　导管在体内留置时间过久可引起血栓性静脉炎。反复多次穿刺、局部组织损伤、血肿可增加局部感染的机会。导管留置期间无菌护理可预防感染的发生。当患者出现不能解释的寒战、发热、白细胞数升高、局部红肿、压痛等，应考虑拔除中心静脉导管并做细菌培养。

四、注意事项

1. 在抗凝治疗或有凝血障碍的患者中，因锁骨下出血后压迫、止血困难。因此此时行锁骨下静脉穿刺置管应视为禁忌。

2. 颅内高压或充血性心力衰竭患者不应采取 Trendelenburg 体位。

3. 颈内静脉穿刺进针深度一般为 3.5～4.5cm，以不超过锁骨为度。

4. 锁骨下静脉穿刺进针过程中应保持针尖紧贴于锁骨后缘以避免气胸。

5. 股静脉穿刺时，切不可盲目用穿刺针向腹部方向无限制地进针，以免将穿刺针穿入腹腔，引起并发症。

6. 注意判断动静脉，插管过程中需注意回血的颜色及观察穿刺针头后针柄的乳头处是否有血管搏动。如不能判定是否误入动脉，可将穿刺抽取的血液与同时抽取的动脉血标本比较血氧饱和度或颜色，

当患者吸入高浓度氧时，饱和度之间的差别通常很明显。此外，导管与压力换能器或自由流动的静脉输液袋相连后可通过压力来判定。误穿动脉则退针压迫 5～15 分钟，若系导管损伤动脉应予加压包扎。

7. J 形引导丝的弯曲方向必须和预计的导管走向一致，并保证引导丝置入过程顺畅，否则会出现引导丝打折或导管异位的情况。有时可能出现血管瘪陷使引导丝不能置入，则可选用套管针穿刺，见到回血后，先将套管顺入血管，再经套管下引导丝。

8. 置入导管时必须首先将引导丝自导管的尾端拉出，以防引导丝随导管一起被送入血管引起严重后果。

9. 颈内或锁骨下静脉导管插入困难时，可行 Valsalva 手法（将口鼻闭住，关闭声门，强行呼气，以增加胸内压，从而减少静脉回流），以增大静脉口径。

10. 置管后各导管尾部均要回抽见血以证实开口在血管内。

第五节 洗胃术

PPT

>> **情境导入**

情境描述 患者，女，49 岁，因与家人争吵后服"百草枯"被送来急诊。需立刻洗胃。

讨论 1. 该操作步骤有哪些？

3. 该操作有哪些注意事项？

洗胃术是指将一定成分的液体灌入胃腔内，混合胃内容物后再抽出，如此反复多次直至抽出澄清液体的方法。对于急性中毒如短时间内口服有机磷、生物碱、巴比妥类药物等，洗胃是清除毒物、防止毒物吸收的重要抢救措施之一。洗胃应尽早进行，一般在服毒后六小时内洗胃最佳，但由于部分毒物即使超过六小时，仍可滞留胃内，多数仍有洗胃的必要。

一、洗胃术的目的、适应证与禁忌证

（一）目的

1. 解毒 清除胃内毒物或刺激物，避免毒物吸收，还可利用不同的灌洗液进行中和解毒。

2. 减轻胃黏膜水肿 幽门梗阻患者饭后常有滞留现象，刺激胃黏膜水肿与炎症，洗胃可减轻。

3. 胃部手术、检查前准备 如胃部、食管下端、十二指肠手术前。

（二）适应证

1. 清除胃内各种毒物。

2. 治疗完全性或不全性幽门梗阻。

3. 治疗急、慢性胃扩张。

4. 为某些手术或检查做准备。

（三）禁忌证

1. 腐蚀性食管炎，吞服强腐蚀剂（如强酸、强碱等）禁忌洗胃。

2. 食管或贲门狭窄或梗阻、食管静脉曲张、上消化道出血。

3. 主动脉瘤、严重心肺疾患。

4. 中毒诱发惊厥未控制者。

二、洗胃术的操作方法

洗胃的原理是先利用正压将一定量的洗胃液经胃管注入胃内，再利用负压吸出胃内容物，如此循环灌洗。洗胃方法包括口服催吐、漏斗洗胃、自动洗胃机洗胃和注射器抽吸洗胃等。根据患者情况及急救场所与设备条件采用不同的洗胃方法。

1. 口服催吐　法适用于神志清醒且能合作的患者，本法操作简单，方便易行，但洗胃常不彻底，不能有效防止毒物进入肠道。方法：①嘱患者尽快口服灌洗液，每次 300～500ml；②有饱胀感时嘱患者用手指刺激咽部引起呕吐，也可用压舌板或筷子刺激咽部或舌根催吐；③如此反复，直至排出的洗胃液清洁无味为止。

2. 胃管洗胃法　适用于不能合作、神志不清的患者。清醒患者取坐位，昏迷患者取头低左侧卧位，头转向一侧，以免液体误入气管内。胃管前端使用液状石蜡润滑，经口腔插管，插入食管 45～50cm 即至胃内，如不能肯定，可由胃管注入适量空气，同时在胃区听到咕噜声，则证实胃管已入胃内，将胃管固定，可采用下列任一方法洗胃。①漏斗洗胃法：先用注射器将胃内容物尽量抽尽，留作分析用，将胃管漏斗部抬高，由漏斗部灌入洗胃液 300～500ml，立即放低漏斗，利用虹吸原理将胃内液体引出，反复清洗，直至洗净。②自动洗胃机洗胃法：将胃管与洗胃机输液管相连接，有电控和手控两种，按工作程序操作，先用负压将胃内容物吸尽，留送标本。以后每次用正压灌注 300～500ml 洗胃液，然后将胃内容物以负压吸出，反复灌洗，直至洗出的液体透亮无味。③注射器抽吸洗胃法：适用于极度衰竭或重症休克者。用注射器经胃管注入洗胃液 300～500ml，再用注射器抽出，如此反复，直至洗出的液体透亮无味为止。洗胃完毕可从胃管内注入解毒剂、活性炭等，拔出胃管。

三、注意事项

1. 洗胃术多用于急性中毒，需争分夺秒，动作迅速，越早越好。

2. 严格把握洗胃指征，随时清除呕吐物及分泌物，保持呼吸道通畅。

3. 置入胃管动作应轻柔熟练，确认导管进入胃内后开始灌洗，切勿误入呼吸道。

4. 洗胃时每次灌注量不宜过多，每次以 300～500ml 为宜，密切关注，避免灌注量过大引起急性胃扩张甚至胃出血、穿孔。

5. 洗胃过程中随时观察洗出液颜色、气味、性状和数量。

6. 凡有呼吸、心搏骤停者，应先进行心肺脑复苏，维持生命体征平稳后再行洗胃术，且洗胃过程中严密观察患者生命体征。

7. 根据毒物种类不同，适用洗胃液也有所区别，温开水是最常用且安全有效的洗胃液，其他常用洗胃液的类别、适用范围见表 8-1。

表 8-1　常用洗胃液的类别及适用范围

洗胃液	适用范围
生理盐水	砷、硝酸银等
牛奶、蛋清、植物油	腐蚀性毒物
液状石蜡	甲醇、汽油、煤油等
米汤、面糊	碘
3%～5%乙酸、食醋	氢氧化钠、氢氧化钾
10%活性炭悬液	河豚、生物碱及其他多种毒物

续表

洗胃液	适用范围
0.3%过氧化氢溶液	氰化物、高锰酸钾、阿片类等
石灰水上清液	氟化钠、氟乙酰胺等
2%碳酸氢钠溶液	有机磷杀虫药（敌百虫禁用）、汞、苯等
1：5000 高锰酸钾	氰化物、镇静催眠药、有机磷杀虫药（对硫磷禁用）等
5%~10%硫代硫酸钠	氰化物、汞、砷等
10%氢氧化镁悬液	盐酸、硫酸、硝酸等
2%~4%鞣酸溶液	生物碱、某些金属中毒（砷、汞除外）
1%葡萄糖酸钙及氯化钙溶液	氰化物、草酸盐

PPT

第六节　电除颤术

>> 情境导入

情境描述　患者，男，55 岁，出现肢体抽动、意识丧失心音及脉搏消失，查心电图提示心室颤动。请立即行电除颤。

讨论　1. 该操作步骤有哪些？

　　　3. 该操作有哪些并发症？该如何处置？

电除颤术是以一定量的电流冲击心脏从而使心室颤动终止的方法，原理是在短时间内将一定强度的电流通过心脏，使全部心肌在瞬间同时除极而处于不应期，抑制异位兴奋灶，为心脏自律性最高的起搏点（通常是窦房结）重新主导心脏节律、恢复正常心律和有效心搏创造条件。在心室颤动时，心脏电活动无规律心动周期，可以在任意时间放电除颤，因此又称为非同步电除颤。除颤越早，存活率越高。

一、电除颤术的适应证及禁忌证

（一）适应证

1. 心室颤动、心室扑动是最主要的适应证。
2. 无脉性室性心动过速。

（二）禁忌证

对心室颤动、心室扑动等进行紧急抢救时，无绝对禁忌证。

二、电除颤术的使用器材及操作步骤

（一）使用器材

除颤仪、纱布、导电胶等。

（二）操作步骤

1. 术前准备　使患者平卧于硬板床，充分暴露胸壁，身体不接触任何金属制品，连接除颤仪上心电监护仪，观察心电图形。在准备除颤同时进行胸外按压。

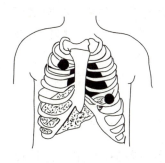

图 8 – 4 电极板放置位置

2. 能量选择 将除颤仪选择"非同步"，选择除颤能量，对于心室颤动，单相波除颤仪选用360J，双向波选用150J或200J；对于无脉性室性心动过速，单相波除颤仪选用200J，双向波选用150J。

3. 放置电极板 均匀涂抹导电胶，将电极板分别放置于胸骨右缘第二肋间和左锁骨中线第五肋间（或与左乳头齐平的左胸下外侧部）（图 8 – 4），与皮肤接触紧密，压力适中。

4. 充电及放电 充电结束后，嘱所有人员离开，双手拇指同时按压放电按钮进行电击除颤。

5. 胸外按压 一次除颤结束后，立即进行心脏按压，5个循环后根据心电监护判断是否需再次电除颤。

三、电除颤术的并发症及处置

1. 心律失常

（1）期前收缩 大多在除颤后数分钟内好转，可不予特殊处理。

（2）室性心动过速、心室颤动 立即进行再次除颤，可给予静脉注射利多卡因、胺碘酮等，积极纠正酸中毒。

（3）缓慢型心律失常 窦性心动过缓、窦性停搏、房室传导阻滞多见。一般短时间内可自行消失，症状重或持续时间长者，可静脉注射阿托品或静脉滴注异丙肾上腺素，必要时可行临时心脏起搏。

2. 低血压 较少发生，可能为电击后短时降低或与心肌损伤有关。血压轻度降低，先可密切观察；如血压持续下降，需静脉注射升压药物及查找病因以便纠正。

3. 心肌损伤 表现为心肌酶谱增高，心电图提示缺血性改变，多数患者可逐渐恢复正常。

4. 皮肤烧灼 可出现皮肤局部红肿，加强护理，一般不需处理。

四、注意事项

1. 决定除颤成功与否的关键在于发生心室颤动到进行除颤的时间，每延迟1分钟，除颤成功率下降7%。

2. 电击除颤时，电极板要与皮肤紧密接触，勿留缝隙，以免发生皮肤烧灼。

3. 放电时要确保所有人不与患者、病床等接触，避免误伤。

4. 无论除颤是否成功，均应立即进行胸外心脏按压。

5. 除颤过程中及除颤后应密切监护患者心电活动、生命体征和意识情况。

PPT

第七节　心肺复苏术

》 情境导入

情境描述 患者，男，76岁，晨练时突然倒地，呼之不应，口唇发绀，颈动脉搏动消失。需立即行心肺复苏。

讨论 1. 该操作步骤有哪些？

　　　 3. 该操作有哪些注意事项？

心搏骤停常见的心搏机制为心室颤动或无脉性室性心动过速，其次是心室静止及无脉电活动。心搏骤停后即出现意识丧失脉搏消失及呼吸停止，经及时有效的心肺复苏部分患者可获存活。心肺复苏（CPR）是指抢救生命最基本的医疗技术和方法，包括胸外按压、开放气道、人工通气、电除颤以及药物治疗等，目的是使患者恢复自主循环和自主呼吸。

一、心肺复苏术的目的、适应证及禁忌证

（一）目的

早期识别心搏骤停并迅速启动紧急医疗服务体系，尽快实施心肺复苏术以及电除颤，重建自主循环及呼吸功能，最终实现拯救生命的目的。

（二）适应证

心搏骤停是指突然意识丧失，同时无正常呼吸或完全无呼吸，并伴有大动脉搏动消失的患者。

（三）禁忌证

无绝对禁忌证，在下列情况下可不实施心肺复苏。

1. 周围环境可能对施救者产生严重或致命的损害，且被抢救者无法移动。

2. 被抢救者已经出现不可逆死亡的明显临床体征（如尸僵、尸斑、断头、横断损伤或尸体腐烂等）。

3. 被抢救者有有效的"不进行心肺复苏"的生前预嘱。

二、心肺复苏术的操作步骤

1. 识别

（1）判断意识　双手拍患者双侧肩部并呼唤患者，看患者是否有反应。

（2）判断呼吸　看患者是否有呼吸动作，无正常呼吸等同于呼吸停止。判断时间不超过 10 秒。

（3）检查脉搏　大动脉搏动 5~10 秒，一般触摸颈动脉搏动。施救者用一手的示指及中指指尖触甲状软骨，并向近抢救者一侧滑动 2cm 左右，在肌间沟处触及颈动脉（在甲状软骨水平、胸锁乳头肌内侧），感受其搏动。如无搏动或无法判断，应立即启动胸外心脏按压。对非医务人员来说，判断动脉搏动易出错，会延误复苏，可不必判断大动脉搏动。

2. 胸外按压　尽快开始有效的胸外按压是心搏骤停复苏成功的基础。

（1）体位　将患者摆放为平卧位，置于硬板床或地上，撤出头及身下的一切物品，以保证按压有效，但不要为了找木板而延误抢救时间。

（2）抢救者体位　抢救者应紧靠患者胸部一侧，一般为其右侧，为保证按压时力量垂直作用于胸骨，抢救者可根据患者所处位置的高低采用跪式或用脚凳等不同体位。

（3）按压部位　胸骨下半段。定位：标准体型者为胸部正中两乳头之间。

（4）按压方法　一手掌根部放于按压处，另一手掌重叠于手背，两手交叉互扣，指尖抬起，避免接触胸壁，双臂伸直，身体前倾，使肩肘腕关节连线与地面垂直，双肩在胸骨正上方，用上半身重量及肩臂肌力量向下用力均匀按压。

（5）按压频率　按压快速，有力，100~120 次/分。按压与放松时间大致相等。

（6）按压深度　使胸骨下陷 5~6cm。

3. 开放气道　在完成 30 个胸外心脏按压后，应评估患者的气道开放情况，并给予 2 次人工呼吸支持。保持呼吸道通畅。检查并保持患者呼吸道通畅，清除口鼻分泌物及异物。

（1）仰头举颏法　急救者位于患者一侧，一手的掌根部置于患者的前额，手掌向后方施加压力，

另一手的示指和中指托住下颌的骨性部分，举起下颌，使患者下颌尖、耳垂连线与地面垂直。

（2）推举下颌法　怀疑患者颈椎损伤时采用此方法。急救者位于患者头侧，两手拇指置于患者口角旁，余四指托住患者下颌部位，保证头部和颈部固定，用力将患者下颌角向上抬起。

4. 人工通气

（1）口对口人工通气　①在开放气道的情况下，用按前额手的拇指与示指捏紧患者鼻孔；②施救者自然吸气后，将患者的口完全包被在抢救者的口中，将气吹入患者肺内，使患者胸廓抬举；③吹气完毕后，离开被抢救者口部，并松开捏紧鼻孔的手指，可见患者胸部向下回弹，继续第二次通气；④每次吹气时间不少于 1 秒。

（2）球囊面罩通气　球囊面罩又称"简易呼吸器"或"复苏球"。由球体、进气阀、出气阀和储气囊四部分组成。①连接球囊相应部件，并将氧气源连好，将氧气流量调至 12～15L/min；②单人操作时用一只手持球体，另一只手持面罩；③将面罩贴紧扣在患者的口鼻处，尖端朝向患者头部，宽端向患者的脚侧；④在保持气道开放的条件下，以"E－C 手法"固定面罩，使之不漏气；⑤挤压球体，使气体送入患者肺内；⑥挤压时间不少于 1 秒，挤压强度以看到患者胸廓有起伏动作为宜。

5. 胸外按压与人工呼吸交替进行　按压/呼吸为 30∶2。

6. 判断复苏效果　观察颈动脉搏动、瞳孔对光反射、意识、自主呼吸、皮肤颜色。

7. 除颤　任何时刻除颤器到达现场，即刻进行心律检查，如果是可除颤心律，应当立即除颤。除颤后立即开始"心脏按压为起点的新一个循环的复苏"。

三、心肺复苏术的并发症及处置

心肺复苏的并发症包括：胸骨、肋骨骨折；气胸；血胸；腹腔脏器破裂等。

四、注意事项

1. 将患者置于硬板床上。
2. 解开衣领，抽去枕头。
3. 清除呼吸道分泌物。
4. 按压过程中，手掌不应离开胸壁，而手指不能触及胸壁。

PPT

第八节　导尿术

>> **情境导入** ───────────────────────

情境描述　患者，男，72 岁，排尿困难 1 年，夜间小便 5～6 次，症状逐渐加重。近 5 小时下腹胀痛，尿意强但排不出尿，到急诊诊治。请为其行导尿术。

讨论　1. 该操作步骤有哪些？
　　　　3. 该操作有哪些适应证？

───────────────────────

导尿术是指在无菌条件下，用导尿管经尿道口插入膀胱引流出尿液的方法。

一、导尿术的适应证

1. 各种下尿路梗阻所致尿潴留。
2. 进行尿道或膀胱造影，留取未污染尿标本做细菌培养，协助临床诊断。

3. 膀胱内注入药物（如抗癌药）或膀胱冲洗。

4. 某些手术的术前准备工作。

二、导尿术的使用物品及操作步骤

（一）物品准备

无菌导尿包、无菌手套、碘伏等。

（二）操作步骤

1. 患者准备　患者取仰卧位，屈髋屈膝，暴露会阴。

2. 常规消毒　初步消毒外阴后打开导尿包，使用液状石蜡润滑导尿管前端。

3. 分开尿道口　对于男性患者，使用左手控制阴茎头部将其向上向脐方向拉起，使阴茎和腹壁成60°角，中指和无名指夹持阴茎海绵体，拇指控制龟头并把尿道口分开（图 8 - 5）；对于女性患者则用左手指将大小阴唇分开，露出前庭和尿道口（图 8 - 6）。

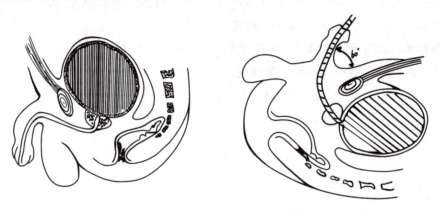

图 8 - 5　男性导尿管插入法

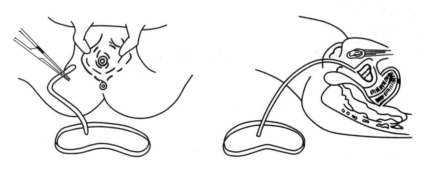

图 8 - 6　女性导尿管插入法

4. 插入导尿管　右手再次将尿道口及其周围消毒 3 遍，然后将导尿管自尿道口慢慢插入，至有尿液流出后再深入 3cm。

5. 固定导尿管　使用双腔 Foley 导管时，在气囊内注入 5～10ml 生理盐水，向外拉动直至受阻，确定其无脱出后即可固定。

三、注意事项

1. 应严格无菌操作，手法应轻柔，忌强力推进。给男性导尿应将阴茎向上向脐方向拉起使尿道呈"C"形，不能将阴茎向下牵引使尿道成"S"形，这样会使阻力增大，导尿失败。

2. 导尿管在球部受阻时，可用手在球部按摩或向上推压以帮助导尿管顶端滑入膜部和进入后尿道。导尿管仍难导入且肯定无明显尿道狭窄，可在 F16 号导尿管内插入铜丝芯作支架，将其顶端弯曲如尿道探子样，插入后将芯拔除，也可用顶端开口的金属导尿管，导入后拔除导尿管芯，自管腔插入 F12 号导尿管或先插入 F5 号导尿管，退出金属导尿管，再把剪掉顶端的橡（硅）胶导尿管套在导尿管上慢慢插入膀胱后再拔掉导尿管。

3. 导尿管插过膀胱颈部（有尿出来）后再深入 3cm，即位于输尿管间嵴水平较为适宜，过长刺激膀胱壁，且导尿管嵌入膀胱黏膜或折曲必然引流不畅。过短则刺激膀胱最敏感的三角区或膀胱颈部或后尿道，也引起严重不适感和尿液引流不畅。

4. 尿道外口应每日清洗护理 1～2 次。为防止感染，可用 1∶5000 氯己定液湿润无菌纱布围绕在尿道口处的导尿管上。

5. 准确记录尿量及性状，膀胱充盈过大时，放尿不宜太快，突然快速减压可能导致休克或引起膀胱黏膜破裂出血。

6. 一次性贮尿袋至少隔日更换一次；若采用集尿瓶，则应每日更换一次，并应保持尿液引流管在尿液平面之上。任何时候，贮尿袋或集尿瓶的位置不得高于患者的膀胱水平。

7. 留置导管应每两周更换一次。

8. 为防止长时间引流造成膀胱挛缩，可采用间断引流法，即将引流管夹闭，每 3～4 小时开放排尿一次。

第九节　灌肠术

PPT

》》 情境导入

情境描述　患者，男，56 岁，肠梗阻患者。请为其行灌肠术。

讨论　1. 该操作步骤有哪些？

　　　　3. 该操作有哪些适应证？

　　灌肠术是指将一定量的溶液由肛门经直肠灌入结肠，以帮助患者清洁肠道、排便、排气，或由肠道供给药物或营养，达到确定诊断和进行治疗目的的技术。灌肠术目前已广泛应用于临床。

　　灌肠术一般分为保留灌肠术和不保留灌肠术。不保留灌肠术根据灌入液量不同可分为大量不保留灌肠术和小量不保留灌肠术，为达到清洁肠道的目的，反复使用大量不保留灌肠术，则为清洁灌肠术。

一、灌肠术的目的、适应证和禁忌证

（一）不保留灌肠术的目的和适应证

1. 目的

（1）排便排气　软化和清除粪便，解除便秘和肠胀气。

（2）清洁肠道　清洁肠道，为手术、检查或分娩做准备。

（3）减轻中毒　稀释，清除肠道内有毒物质，减少肠道吸收。

（4）高热降温　为高热患者降温。

2. 适应证

（1）各种原因所致的便秘及肠积气。

（2）高热患者。

（3）某些手术、检查及分娩前准备。

（二）保留灌肠术的目的和适应证

1. 目的

（1）用于镇静、催眠。

（2）治疗肠道感染。

2. 适应证

（1）肠道感染性疾病，如阿米巴痢疾、慢性细菌性痢疾、结肠炎等。

（2）不能口服补钾的低钾患者。

（3）破伤风、抽搐、惊厥等患者的镇静。

（三）灌肠术的禁忌证

1. 严重的心血管系统疾病。

2. 各种急腹症和消化道出血。

3. 早期妊娠。

4. 肠道手术不足半年。

5. 其他，如精神疾患不能配合、严重贫血、严重痔疮、肝硬化（严禁肥皂水）等。

二、灌肠术的物品准备及操作步骤

（一）物品准备

1. 器械 灌肠筒 1 套、肛管、弯盘、卫生纸、水温计、手套、消毒剂等，也可使用一次性灌肠包。

2. 灌肠溶液

（1）大保留灌肠术 常用 0.9% 氯化钠溶液（生理盐水）、0.1% ~ 0.2% 肥皂液。成人每次用量为 500 ~ 1000ml，小儿每次用量为 200 ~ 500ml。常用温度一般为 39 ~ 41℃；降温时用 28 ~ 32℃；中暑时用 4℃ 的 0.9% 氯化钠溶液。

（2）小保留灌肠术 常用"1、2、3 溶液"（50% 硫酸镁 30ml，甘油 60ml、温开水 90ml）；甘油 50ml 加等量温开水；各种植物油 120 ~ 180ml。溶液温度为 38℃。

（3）保留灌肠术 镇静催眠选用 10% 水合氯醛；肠道炎症用 2% 小檗碱或 0.5% ~ 1% 新霉素或其他抗生素溶液。量不超过 200ml，温度 38℃。

（二）操作步骤

1. 大量不保留灌肠术 ①患者取左侧卧位，双膝屈曲，暴露臀部；②挂灌肠筒于输液架，液面距离肛门 40 ~ 60cm，润滑肛管，排气，夹管；③将肛管轻轻插入直肠（成人 7 ~ 10cm，小儿 4 ~ 7cm），固定，打开夹子使溶液缓慢灌入；④观察液体灌入情况及患者反应，灌完后夹管；⑤用卫生纸包住肛管拔出，擦净肛门，嘱患者平卧，保留 5 ~ 10 分钟后再排便。

2. 小量不保留灌肠术 适用于老年、虚弱患者，孕妇便秘。方法：①患者取左侧卧位，双膝屈曲，暴露臀部。②润滑肛管，连接注洗器，排气，夹管。③将肛管轻轻插入直肠（成人 7 ~ 10cm，小儿 4 ~ 7cm），固定，打开夹子使溶液全部灌入；注毕再注入温水 5 ~ 10ml。④用卫生纸包住肛管拔出，擦净肛门，嘱患者平卧，保留 10 ~ 20 分钟后再排便。

3. 清洁灌肠术 清洁灌肠术是反复多次进行大量不保留灌肠的方法，老年、体弱患者慎用。

4. 保留灌肠术 保留灌肠术是将药液灌入到直肠或结肠内，通过肠黏膜吸收以达到治疗疾病目的的技术。方法：①根据病情选用不同卧位，暴露臀部，抬高约10cm；②嘱患者深慢呼吸，润滑肛管，将肛管轻轻插入直肠15～20cm，液面距离肛门不超过30cm，固定；③缓慢灌入药液，全部注入后再注入温水5～10ml，并抬高肛管末端；④用卫生纸包住肛管轻轻拔出，擦净肛门，嘱患者取舒适卧位，尽量忍耐，保持药液1小时后再排便。

三、注意事项

1. 准确掌握灌肠液的种类、温度、浓度、流速和量。

2. 肝硬化患者禁用肥皂水灌肠以免诱发肝性脑病；伤寒患者溶液量不得超过500ml，压力要低（液面不超过肛门30cm）；充血性心力衰竭或水钠潴留患者禁用0.9%氯化钠灌肠。

3. 肛门、直肠、结肠等手术后及排便失禁的患者不宜做保留灌肠。

4. 肠道感染的患者以在夜间睡眠前灌入为宜。慢性细菌性痢疾取左侧卧位；阿米巴痢疾取右侧卧位。

5. 灌肠过程中密切观察患者病情变化，如有脉速、面色苍白、出冷汗、剧烈腹痛、心慌等应立即停止，对症处理。

目标检测

答案解析

一、选择题

[A1/A2 型题]

1. 心室颤动时采用的工作模式为（　）

    A. 同步

    B. 先同步后非同步

    C. 先非同步后同步

    D. 非同步

    E. 都可以

2. 胸外电除颤时，两电极板应分别置于（　）

    A. 胸骨右缘锁骨下方，胸骨左缘第二肋间

    B. 胸骨右缘第二肋间，胸骨左缘第三肋间

    C. 胸骨右缘第二肋间，左锁骨中线第五肋间

    D. 胸骨右缘第三肋间，心尖区

    E. 胸骨右缘第五肋间，左锁骨中线第二肋间

3. 对于心室颤动患者，双向波电击能量应为（　）

    A. 220J   B. 200J   C. 360J

    D. 370J   E. 350J

4. 气管导管尖端距门齿距离成人为（　）

    A. 21～23cm   B. 20～24cm   C. 18～20cm

    D. 20～22cm   E. 22～24cm

5. 洗胃时每次入胃的液体量为（　）

    A. 100～200ml   B. 200～300ml   C. 300～500ml

    D. 500～700ml   E. 800～1000ml

6. 下列哪种药物中毒禁忌洗胃（ ）

    A. 敌百虫   B. 硝酸   C. 巴比妥钠

    D. 氰化物   E. 巴比妥中毒

7. 为防止长时间引流造成膀胱挛缩，可采用间断引流法，即将引流管夹闭，长时间开放排尿一次（ ）

    A. 每 1 ~ 2 小时   B. 每 2 ~ 3 小时

    C. 每 3 ~ 4 小时   D. 每 4 ~ 6 小时

    E. 每 6 ~ 8 小时

8. 心肺复苏时胸外按压的频率应为（ ）

    A. 40 ~ 60 次/分   B. 60 ~ 80 次/分

    C. 80 ~ 100 次/分   D. 100 ~ 120 次/分

    E. 大于 120 次/分

9. 心肺复苏时胸外按压的深度应为（ ）

    A. 2 ~ 3cm   B. 2 ~ 4cm   C. 3 ~ 5cm

    D. 5 ~ 6cm   E. 大于 6cm

10. 心肺复苏时胸外按压与人工通气的比例应为（ ）

    A. 15：2   B. 30：2   C. 15：1

    D. 30：1   E. 30：4

二、思考题

患者，女，28 岁，4 小时前与其丈夫争吵后自服地西泮（安定）100 片，出现呼吸急促，心慌，手足抽搐，神志不清，呼之不应，由家属送来急诊。查体：昏迷，体温 35℃，心率 65 次/分，呼吸 12 次/分，血压 96/54mmHg，血氧饱和度 94%，呼吸浅慢。入院诊断：急性药物过量。请问：

（1）应该先给该患者进行何种急救操作？

（2）具体步骤有哪些？

（刘 雯）

书网融合……

本章小结   微课 1   微课 2   微课 3   微课 4

微课 5   微课 6   微课 7   题库

第九章　重症监护病房与监测技术

PPT

情境导入

情境描述　成年男性，"饮酒后上腹胀痛不适1天"就诊。既往有"胃溃疡、高血压、高血脂"病史。查体：血压90/62mmHg，呼吸30次/分，心率120次/分，表情淡漠，呻吟不止。心肺听诊无明显异常。腹膨隆，中上腹压痛明显，无反跳痛。肝区有叩痛，肠鸣音微弱，1~2次/分，叩诊鼓音。

讨论　1. 考虑该患者诊断何种疾病？
　　　　2. 应收住什么科室治疗，为什么？

重症监护病房是以重症医学理论与实践为基础，以"抢救生命、稳定生命体征、支持器官功能"为核心的专门集中救治来自各科中重症患者和大手术后高危风险患者的临床医疗单元。习惯上称为ICU，ICU注重疾病的病理生理演变过程和治疗的整体性，应用先进的诊断和监测技术，对病情进行连续、动态和定量观察，对重症患者进行及时有效的干预和治疗。重症监护是现代医学的显著标志之一，重症病房集中了一系列最先进的设备、最优秀的医疗护理人员、最先进的生命支持技术，它直接反映了医院的综合救治能力和综合医疗实力。

第一节　重症监护病房

重症监护病房利用先进的诊断、监护、治疗设备和支持技术，对重症患者提供高质量的、持续的、系统的监护和救治。2006年中华医学会重症医学分会发布了《中国重症加强治疗病房建设与管理指南》，国家标准化管理委员会于2008年7月4日正式将重症医学确立为临床二级学科。2009年2月，卫生部发布了《重症医学科建设与管理指南（试行）》，为重症医学的良好发展进一步奠定了基础。

一、基本要求

1. 我国三级医院和二级医院均应设立重症医学科，三甲医院应设独立的急诊危重症监护室（EICU），重症医学科是等同于内科、外科等传统科室的独立临床二级学科，直属医院职能部门直接领导。

2. 重症医学科必须配置必要的监测和治疗设备，以保证医院危重症患者的救治需求。床位数为医院床位总数的2%~8%，床位使用率以75%为宜，每天至少保留一张病床应急使用。

3. 重症医学科必须配备足够数量、受过专门训练、掌握重症医学的基本理念、基本知识和基本操作技术、具备独立工作能力的医务人员。医师人数与床位数之比为 0.8∶1 以上，护士人数与床位数之比为 3∶1 以上，可配备适当的医疗辅助人员（呼吸治疗师、临床药师等）以及设备技术与维修人员。

4. 重症医学科每床单元使用面积不少于 15m^2，床间距大于 1m，每个重症医学科至少配备一个单间病房，面积为 15~18m^2，用于收治隔离患者。

5. 重症医学科至少配备一名副高以上专业技术职务的医师担任主任，负责全面医疗工作；护士长应有 3 年以上重症监护的工作经验、具有中级以上专业技术职称。

6. 病房最好设置于方便患者转运、检查、治疗且相对安静的区域，并应接近手术室、影像科、化验室和输血科等。

二、收治范围

1. 急性、可逆、危及生命的脏器功能不全，经过严密监测和治疗短期内能康复的患者。

2. 慢性疾病的基础上，出现急性加重且危及生命，经过严密监测和治疗能康复的患者。

3. 具有高危因素，有潜在生命危险或脏器损伤，经过严密监测和治疗能减少死亡风险的患者。

4. 其他适合在重症医学监护和治疗的患者。慢性消耗性疾病及肿瘤的终末状态、不可逆疾病及临终关怀的患者，一般不是重症病房的收治范围。

三、转出条件

1. 急性器官或系统功能衰竭基本纠正，需要专科治疗。

2. 病情转入慢性康复状态。

四、管理制度

1. 加强质量控制和管理　在健全各项医院临床医疗制度基础上，应制订符合重症病房的基本制度、各级医护人员职责制度、医护人员培训与准入制度、重症患者抢救制度、沟通制度、危重患者分级管理制度、不良医疗事件防范与报告制度、特殊药品管理规范等。

2. 医院感染管理　重症病房要加强医院感染管理，严格执行卫生规范及特殊患者的隔离制度，对呼吸机相关性肺炎、血管内导管及尿管所致的感染实行监控。

3. 对重症病房患者的管理　重症病房的患者由重症医学专业医师负责日常管理，患者的相关专科情况应由重症医学医师与专科医师协商处理。

五、病房设计

1. 整体布局　包括医疗区、医疗辅助用房区域、污物处置区、医务人员生活辅助区。总的来说，重症病房的医疗用房与辅助用房间比例约为 1∶1.5。

2. 要有合理的人员流动和物流通道　有单独的病员通道、医务人员通道、探视通道、污物通道。建筑设计要满足医务人员便利观察患者和必要时尽快接触患者的通道。

3. 病床与医护工作站　应靠近床单元与医护工作站联系方式有环绕式、两面式、单面式、U 形式等。

4. 重症病床按"生命岛"设计　床头不靠墙，电线、气路接口均在功能架上或设备带上。设备和治疗要干湿分离。

六、基本设备

1. 每床配备完善的功能设备带或功能架，提供氧气、压缩空气、负压吸引、电源。每张病床装配电源插座 12 个以上，氧气接口 2 个以上，压缩空气接口 2 个，负压吸引 2 个以上。每床电源是独立的反馈电路供电。每个电路插座都应在主面板上有独立的电路短路器。

2. 每床配备床旁监护系统进行血压、心电、氧饱和度、有创压力监测等基本生命体征的监护，每个监护病房最少配一台便携式监护仪。

3. 每个床单元配备一台呼吸机（二级医院可根据实际情况选配），每床均配简易呼吸器。每个监护病房应该有一台便携式转运呼吸机。

4. 每床均应配备输液泵和微量注射泵，每床应配备 4 台以上微量泵。每个监护病房另需配一定数量的肠内营养泵。

5. 应配备适合的病床，配备防压疮床垫。

6. 其他必配设备，如心电图机、除颤仪、血气分析仪、心肺脑复苏抢救车（喉镜、气管导管、急救药品及其他抢救用物）以及纤维支气管镜等，有条件还须配置血液净化装置、血流动力学监测设备。

7. 选配设备，如床旁电视探视系统、脑电双频指数监护仪、床旁脑电图和颅内压监测设备、床旁彩超、床旁 X 光机、主动脉球囊反搏（IABP）、体外膜肺氧合（ECMO）、振荡排痰仪、床旁快速生化仪（血气分析、PCT、肌钙蛋白、乳酸等检测）、输液加温设备、防止深静脉栓塞的空气波治疗仪等。

七、医师的技能要求

1. 经过严格的专业理论和技术培训并考核合格。

2. 掌握重要脏器和系统疾病的相关病理生理知识，对异常信息有足够的快速处理能力：液体复苏，心肺脑复苏，休克，呼吸衰竭，心力衰竭，严重心律失常，中枢神经系统功能障碍，消化道大出血，急性肾功能不全，严重肝损伤，严重内分泌与代谢障碍，水、电解质、酸碱平衡紊乱，严重感染，镇静镇痛，多器官功能衰竭，急性凝血功能异常，免疫功能缺陷和异常以及疾病危重程度评估等。掌握相关的支持理论与技能。

3. 熟练掌握临床诊疗技术，独立完成一系列监测与支持技术：人工气道、心肺脑复苏、机械通气、动静脉置管、纤维支气管镜、床旁重症超声、血液净化、有创血流动力学监测等。

八、护理的技能要求

1. 经过严格的专业规范化培训，熟练掌握重症护理基本理论和技能并考核合格。

2. 除掌握临床科室常用护理技术外，还应掌握氧疗、输液泵的临床运用和护理、呼吸机监护技术及气道管理、各类导管的护理、血流动力学监测、心电监测和除颤、血液净化技术、重症营养支持技术、重症抢救配合技术、重症患者的镇静镇痛管理、重症患者的医院感染的预防与控制等。

 素质提升

携手共进，为重症医学更上一层

重症医学的思想就是将各类病情危重的患者集中在一个区域，由具备专业技能的医疗和护理人员给予监护、治疗，作为一门新兴的医学学科，20 世纪 70 年代美国重症医学会的成立，奠定了重症医学独立学科的地位。

我国的重症医学起步于 20 世纪 80 年代，1982 年北京协和医院建立了国内首个重症加强治疗病房（ICU），2005 年，中华医学会重症医学分会成立，2008 年，重症医学成为临床二级学科，2009 年，颁布了《重症医学科建设与管理指南（试行）》，重症医学在我国医学体系中的作用日益显现。

短短 40 年，重症医学在我国的迅猛发展离不开几代重症人默默地奋斗、积淀和付出。但重症医学仍面临着更多的挑战，各地发展的不平衡、重症理论急需突破性发展、重症理念需要更多的社会认同等等，作为未来医学的新生力量，重症医学期待着我们一起携手奋进、再创辉煌。

第二节　重症监测技术

常规监护包括体温、呼吸、脉搏、血压与脉压差、心电活动、血氧饱和度以及神志情况。系统监测包括以下内容。

一、呼吸功能的监测

重症患者常常需要氧疗。氧疗的目标是增加动脉血氧含量，以增加氧输送，改善低氧血症，严密观察患者神志、心率、呼吸状况、口唇面色，以及脉搏血氧仪（测量 SpO_2）、动脉血气分析了解 PaO_2、$PaCO_2$ 或 SaO_2 等来监测氧疗的效果最准确。

（一）呼吸频率

成人呼吸频率为 16～20 次/分，大于 24 次/分为呼吸增快，常见于心肺疾病、呼吸衰竭、精神因素等；频率小于 12 次/分为呼吸减慢，常见于呼吸抑制、吸毒、严重酸中毒、镇静药或麻醉药过量等。重症患者特别要注意保持呼吸道的通畅，如果出现吸气性呼吸困难、有痰鸣等要注意有无痰液或异物堵塞。如出现发绀、烦躁不安等，提示缺氧明显，需紧急处理。

（二）肺功能监测（呼吸力学）

肺功能监测包括肺容量、通气功能和换气功能。肺容量的监测指标：潮气量（VT）、肺活量（VC）、残气量（RV）、肺总量（TCL）等。肺通气功能代表肺通气的动态变化，反映通气功能的监测指标：每分钟肺泡通气量（V_A）、最大通气量（MVV）、第一秒最大呼出率（$FEV_1\%$）等；肺换气功能监测指标：通气/血流比（V/Q）、氧合指数（PaO_2/FiO_2）等。

1. 潮气量　平静呼吸时，每次吸入或呼出的气体总量。个体差异大，正常成人潮气量为 400－500ml。

2. 肺活量　平静吸气至不能吸后再呼气至不能呼出时所能呼出的所有气体总量，主要是判断肺和胸廓的膨胀度，限制性胸、肺疾病时，肺活量明显下降。正常值为 65～75ml/kg。

3. 分钟肺泡通气量　每分钟气体交换的有效气量。V_A =（潮气量－生理死腔量）× 呼吸频率，正常值为 4～6L/min，V_A 降低是低氧血症、高碳酸血症的主要原因。

4. 肺总量（TLC）　最大吸气后存留于肺的全部气体量。正常男性约为 5.0L，女性约为 3.5L。肺总量减少见于肺纤维化、肺水肿、肺叶切除后等限制性肺病。

5. 第一秒最大呼出率　最大深吸气后做最大呼气，第一秒呼出的气量为一秒用力呼气容积（FEV_1），（FEV_1）/用力肺活量的比值为 $FEV_1\%$，该值小于 70% 是确定存在持续气流受限的界限，可以判定通气功能障碍的类型为限制性还是混合性。

6. 通气/血流比　正常值为 0.8，比值增大时，表明无效腔增大，肺灌注不足；比值减小表明肺通气不足。

7. 氧合指数（PaO₂/FiO₂）　该指数是诊断低氧血症最简单、最主要的指标。轻度：200mmHg < PaO_2/FiO_2 < 300mmHg；中度：100mmHg < PaO_2/FiO_2 < 200mmHg；重度：PaO_2/FiO_2 < 100mmHg。

（三）血气分析

血气分析是各种危重症患者监护的重要内容。血气分析能发现重症患者氧合障碍、氧利用障碍、通气障碍、换气障碍、酸碱平衡并指导治疗及判断预后。主要指标如下。

1. 动脉血酸碱度（pH）　pH 为血浆中 H^+ 的负对数，受 $PaCO_2$ 和 HCO_3^- 的影响。正常值为 7.35 ~ 7.45，平均值为 7.4，pH > 7.45 为碱中毒，pH < 7.35 为酸中毒。pH 正常提示无酸碱失衡或酸碱中毒完全代偿.

2. 动脉血氧分压（PaO₂）　动脉血中物理溶解的氧分子压力，与吸入氧浓度相关。正常值为 95 - 100mmHg。降低常见于通气功能障碍、弥散功能障碍，升高见于过度通气。

3. 动脉血二氧化碳分压（PaCO₂）　反映呼吸性因素。动脉血中物理溶解的二氧化碳分子所产生的压力，与二氧化碳的产量和肺泡通气相关，反映肺泡通气功能。正常值为 35 ~ 45mmHg，平均值为 40mmHg。升高提示肺泡通气功能不足，有二氧化碳潴留，可能是呼吸性酸中毒或代谢性碱中毒的呼吸代偿；降低提示通气功能过度，可能是呼吸性碱中毒或代谢性酸中毒的呼吸代偿。呼吸衰竭根据有无 $PaCO_2$ 升高分为 Ⅰ 型和 Ⅱ 型，Ⅰ 型呼吸衰竭 $PaCO_2$ < 50mmHg，Ⅱ 型呼吸衰竭 > 50mmHg。

4. 标准碳酸氢盐（SB）和实际碳酸氢盐（AB）　标准碳酸氢盐是标准条件下测得的血浆 HCO_3^- 含量，反映体内 HCO_3^-，不受呼吸影响。正常值 22 ~ 26mmol/L，平均值为 24mmol/L。该值反应体内代谢性因素，升高为代谢性碱中毒，降低为代谢性酸中毒。AB 是直接测得的血浆中的 HCO_3^- 含量，受代谢和呼吸影响。正常值为 22 ~ 26mmol/L，平均值为 24mmol/L。正常人 AB = SB，呼吸性酸中毒时，受肾脏调节的影响 HCO_3^- 增加，AB > SB；呼吸性碱中毒时 AB < SB。相反，代谢性酸中毒时 HCO_3^- 减少，AB = SB，但低于正常值，代谢性碱中毒时 AB = SB，但高于正常值。

5. 阴离子间隙（AG）　血浆中阳离子总数（Na^+、K^+）和阴离子总数（Cl^-、HCO_3^-）的差。$AG = (Na^+ + K^+) - (Cl^- + HCO_3^-)$，反映血浆中未测定的阴离子浓度，正常值 8 ~ 16mmol/L，AG 用于混合性酸碱失衡诊断，升高提示有代谢性酸中毒，若大于 20 肯定有代谢性酸中毒存在。

（四）呼气末二氧化碳分压

呼气末二氧化碳分压（ETCO₂）反映肺通气、肺血流。在无明显心肺疾患且 V/Q 比值正常时，ETCO₂ 可反映 $PaCO_2$，ETCO₂ 正常值为 35 ~ 45mmHg；超过 45mmHg 可能为通气不足或 CO_2 产生过多；低于 30mmHg，可能存在通气过度。人工气道时，呼气末二氧化碳分压突然降至零或低水平要考虑气管导管误入食管、气道梗阻或导管脱出；如果持续低水平且平台消失，考虑肺换气不彻底，考虑支气管痉挛或分泌物增多阻塞小气道。

（五）血氧饱和度（SpO₂）

临床最常用的监测氧合功能的指标。优点是简单、方便、无创。但其值受诸多因素影响，在临床上不能单独用它来判断患者氧合。

（六）呼吸力学监测

呼吸机的波形监测可判断呼吸功能，指导呼吸参数的调节，指导脱机等，包括压力波形、容量波形、时间曲线、流量波形等。

（七）纤维支气管镜检查及治疗

纤维支气管镜对重症可用于困难气管插管，用于检查肺内组织情况，还可以取材行病理检查，并且可以用于支气管灌洗、取气道异物、吸痰等治疗。

（八）影像学检查

随着床旁技术的发展，目前影像检查大多能在床旁开展：床旁胸片、床旁 CT、床旁超声等。不仅能完成普通检查，还可以指导有些有创的操作和检查，提高成功率。如超声引导下深静脉置管、胸腔穿刺等技术的应用为广大患者带来了福音。

二、循环系统的监测

循环系统的监测在重症病房非常重要，既包括有创、无创监测，还包括超声心动图、心肌酶学、肌钙蛋白等的监测。无创监测大多是基本指标，用于一般重症患者的监测，如血压、心率、心电等。当患者循环衰竭时，心排血量降低明显，普通监测已不适用，此时需要用一些特殊的设备和技术及时了解患者的循环功能，这种监测大多是有创的，如有创动脉血压监测、Swan - Ganz 导管监测等。

1. 动脉血压监测　足够的动脉血压是维持组织器官灌注的基本条件，与有效循环血容量、外周血管阻力、心脏泵血功能相关。平均动脉压能间接反映灌注压，平均动脉压 =（收缩压 + 舒张压×2）÷3。正常值为 75～105mmHg，如果低于 65mmHg，大多不能保证肾灌注。目前的心电监护仪都能提供无创的血压监测，可测量记录患者的收缩压、舒张压、平均动脉压、脉率等重要参数。但危重患者循环功能不稳定，无创血压监测常常无法完成监测需求，这时可以采用外周动脉置管的方法直接测量血压，即有创性血压监测，是最准确的血压监测方法。优点是及时、准确，且能持续监测每一个心动周期血压的变化，根据其压力升高速率能判断心脏功能，且能多次进行动脉采血。缺点是有创伤，并发症是形成血栓、出血、感染等。最常用的穿刺点依次是桡动脉、足背动脉、股动脉等。相同部位的有创动脉血压比无创动脉血压高 2～8mmHg，危重患者可达 10～30mmHg。

2. 心率与心电监测　心率是反映心血管功能的敏感指标。①排除体温升高、药物影响、情绪激动、运动等因素外，心率加快提示心功能有代偿，如果持续增快超过 150 次/分，要考虑心功能不全或有效循环血容量不足；心率持续减慢可能是心搏骤停的先兆。②判断有无低血容量休克。休克指数 = 心率/收缩压。正常为 0.5，休克指数持续大于 1，提示有低血容量性休克，血容量丢失约 1000ml，若大于 2，提示血容量丢失约 2000ml。

临床上主要依靠心电监护仪、心电图、动态心电图监测心率。心电监护仪具有直观、连续、无创的优点。可以及时识别各种心律失常，及时指导抢救，如除颤、电复律、药物治疗等。

3. 有创血流动力学监测　临床上主要有肺动脉漂浮导管（Swan - Ganz 导管）监测、热稀释法（Picco 导管）监测，缺点是有创伤，常见并发症包括心律失常、肺梗死、感染等。主要适用于血流动力学不稳定或有相关危险的危重患者。通过监测可以获得以下几个指标。

（1）中心静脉压（CVP）　CVP 是血液流经胸腔段上下腔静脉和右心房的压力，反映右心室功能、血容量等。CVP 正常值为 5～12cmH_2O，与血压结合可以分析患者血容量及心功能的关系详见表 9 – 1。

表 9 – 1　中心静脉压与血压之间的关系

中心静脉压（CVP）	血压（BP）	意义
降低	降低	有效循环血容量不足
升高	降低	心功能不全
升高	正常	容量负荷过重
正常	降低	血容量不足或心功能不全，补液试验

注：补液试验，5～10 分钟之内快速输入生理盐水 250ml，如 BP 升高，CVP 正常，提示血容量不足，继续补液。如 BP 不变而 CVP 升高，提示可能心功能不全，补液应慎重。

（2）肺动脉楔压（PAWP）　　PAWP是通过漂浮导管所测得的肺小动脉压，反映肺循环的压力或充盈状态，代表左心房压力，间接评价左心室功能。正常范围5~15mmHg。PAWP<9mmHg，提示可能有血容量不足；>18mmHg，提示肺淤血；>25mmHg，提示重度肺淤血；>30mmHg，提示肺水肿。

（3）心排血量（CO）　　心排血量与每搏输出量和心率呈正相关，而每搏输出量又同时受心脏前负荷、心肌收缩力等的影响，能直接反映心脏功能。CO对于低血压、休克等病理生理状态的病因判断具有重要意义。

（4）肺动脉压（PAP）　　PAP指右心室收缩期的压力，反映肺循环压力。PAP升高见于左心衰竭、肺动脉高压、肺血流量增加等；PAP下降见于肺动脉狭窄等。

随着超声技术的发展和对重症超声的认识，最近几年，重症超声对血流动力学、心功能的监测越来越多地开始用于临床工作中，大有取代漂浮导管之趋势。

4. 体温监测　　体温监测有体表温度监测和中心温度监测。中心温度高于体表温度2~3℃，体表温度易监测但受环境因素影响大，中心温度能准确反映机体深部体温。

监测方法很多：水银温度仪、热敏电阻温度仪、热电偶温度仪、液晶温度仪等。可监测皮肤、直肠、鼓膜、鼻咽部、食管以及中心血流的温度。常用有水银温度计监测体表腋窝温度，适用于神志清醒患者，但腋窝温度受静脉输液以及血压计袖带等的影响，测得的温度加0.5℃相当于直肠温度。中心温度监测适用于麻醉监测、体外循环、低温疗法等的患者。

皮肤的温度和色泽能反映末梢循环灌注情况。患者皮肤温暖、干燥、口唇、甲床红润表明器官灌注良好；反之，皮肤苍白、四肢冰凉则表明组织灌注差。

5. 尿量监测　　尿量在临床工作中常用于评估心功能、心排血量及肾脏灌注状况。24小时尿量<400ml为少尿，<100ml为无尿，提示心功能不全、血容量不足、肾功能受损等。

三、神经系统的监测

1. 意识状态　　意识一般分为：清醒、嗜睡、昏睡、昏迷。昏迷可分为浅昏迷、中度昏迷、深度昏迷和脑死亡四个阶段。除此，还有特殊的意识障碍：谵妄和醒状昏迷。醒状昏迷又包括去皮质综合征、无动性缄默和持续植物状态。临床常用Glasgow评分表评估患者意识程度（表9-2）。

表9-2　Glasgow昏迷评分表

睁眼反应	评分	言语反应	评分	运动反应	评分
自动睁眼	4	对答切题	5	遵嘱动作	6
呼唤睁眼	3	回答不切题	4	刺痛定位	5
刺痛睁眼	2	吐词含混	3	刺痛躲避	4
无反应	1	唯有呻吟	2	刺痛肢体屈曲	3
		无反应	1	刺痛肢体过伸	2
				无反应	1

注：睁眼+言语+运动共15分。得分13~14分为轻度障碍；9~12分为中度障碍；8分以下为重度障碍，大多昏迷。分值越低，死亡风险越大。

2. 瞳孔　　正常瞳孔双侧等大等圆，直径为3~5mm。观察瞳孔应注意瞳孔大小、形状、双侧是否等大等圆、对光及调节反射等。

（1）瞳孔大小　　双侧瞳孔缩小常见于脑桥受损、有机磷农药及阿片类药物中毒等；一侧瞳孔缩小常是虹膜炎，也可是天幕裂孔疝；双侧瞳孔散大见于深昏迷、阿托品类药物中毒或死亡；一侧或双侧瞳孔突然散大、光反射迟钝或消失提示脑疝。

（2）对光反射　　一侧视神经受损，直接对光反射消失，间接对光反射存在。一侧动眼神经受损，直接、间接对光反射都消失。瞳孔对光反射迟钝或消失见于昏迷患者，如果 72 小时对光反射仍不恢复，则预后很差或有严重的残疾。

（3）眼球运动　眼球运动受动眼、滑车、外展神经支配，神经受损时，出现相应的运动障碍或复视，全部受损出现眼外肌瘫痪，眼球固定不动。

3. 颅内压监测　颅内压是颅腔内容物对颅腔壁产生的压力，正常值为 70～180mmH$_2$O。颅内压持续升高可使脑血流量下降，缺氧加重，脑细胞水肿加重，出现脑组织移位，直至发展为脑疝。颅内压的监测是观察病情变化指导临床治疗的重要方法。

4. 脑血流监测、脑电图监测　脑血流监测可以了解脑血管供血状况和血流量。脑电图监测可以用于了解脑部的病变与功能，判断脑功能的恢复和预后，协助诊断脑死亡等。

5. 影像检查　包括 CT、MRI、脑血管造影、放射性核素显像等。

四、泌尿系统的监测

尿量、尿常规、尿渗透压、肾功能、尿生化（尿酸碱度、尿蛋白、尿糖、尿酮体等）、尿沉渣镜检、泌尿系的造影、超声等。

五、血液系统的监测

血常规、出凝血时间、凝血酶原时间、纤维蛋白原、INR、3P 试验、骨髓检查等。

六、消化系统的监测

胃黏膜 pH 测定、胃内容物隐血试验、肝功能监测、内镜、超声、CT、MRI、ERCP 等。

答案解析

目标检测

一、选择题

1. 一般综合性 ICU 的床位应是医院床位数的（　　）
   A. 1%～2%　　　　　　B. 2%～4%　　　　　　C. 5%
   D. 4%～6%　　　　　　E. 2%～8%

2. 一张监护床标准占地面积为（　　）
   A. 5m^2　　　　　　　B. 5～10m^2　　　　　　C. 10～15m^2
   D. 15～20m^2　　　　　E. ＞20m^2

3. 下列哪种疾病不属于 ICU 收治对象（　　）
   A. 急性心肌梗死　　　　　　　　　　B. 大面积烧伤
   C. 心脏手术后　　　　　　　　　　　D. 肿瘤晚期
   E. 多脏器衰竭

4. 重症患者 ICU 内循环功能监测的指标不包含（　　）
   A. 心电监测　　　　　　　　　　　　B. 有创动脉压监测
   C. 心排血量监测　　　　　　　　　　D. 中心静脉压监测
   E. 呼气末二氧化碳分压监测

5. 重症患者 ICU 内呼吸功能监测的指标不包含（　　）

　　A. 血气分析　　　　　　　　　　　　　　　B. 呼吸力学监测

　　C. 床旁胸片检查　　　　　　　　　　　　　D. 中心静脉压监测

　　E. 呼气末二氧化碳分压监测

6. 漂浮导管应用中常见并发症，除外（　　）

　　A. 心律失常　　　　　　　　　　　　　　　B. 血栓

　　C. 感染　　　　　　　　　　　　　　　　　D. 肢体肿胀

　　E. 气囊破裂

7. 动脉血中 pH、PaO_2、$PaCO_2$ 正常值是（　　）

　　A. 7.15 ~ 7.25、80 ~ 85mmHg、25 ~ 35mmHg

　　B. 7.25 ~ 7.35、85 ~ 90mmHg、35 ~ 45mmHg

　　C. 7.25 ~ 7.35、90 ~ 100mmHg、35 ~ 45mmHg

　　D. 7.35 ~ 7.45、95 ~ 100mmHg、35 ~ 45mmHg

　　E. 7.35 ~ 7.45、100 ~ 120mmHg、45 ~ 55mmHg

8. 休克指数正常值是（　　）

　　A. 0.5　　　　　　　　B. 1　　　　　　　　C. 1.5

　　D. 2　　　　　　　　　E. 2.5

（尹江宁）

书网融合……

本章小结　　　　　微课　　　　　题库

第十章　突发事件应急医疗救援

PPT

情境导入

情境描述　某制药厂三楼车间有20余人正在上班，车间内酒精突然泄漏起火，火焰瞬间蔓延，有3人跳楼，15人被火焰灼伤从楼梯逃离现场。目击者立即拨打电话"119""120"求救。"119"消防人员到现场灭火后发现车间内尚有5人，但均无生命迹象。

讨论　1. 你作为医生和护士随"120"救护车到达现场，首先应该做什么？如何做？

2. 现场急救措施是哪些？

第一节　概　述

一、突发事件定义

突发事件，是指突然发生，造成或者可能造成严重社会危害，需要采取应急处置措施予以应对的自然灾害、事故灾难、公共卫生事件和社会安全事件。

二、突发事件基本特征

（一）突发性

突发事件的发生往往带有很强的随机性，何时、何地、以何种方式发生及爆发程度等都具有极强的不确定性，容易引发连锁反应。突然发生，既有事件发生的不可确定性，又有可监测预警的特点。突发性是公共危机事件最突出的特征。

（二）破坏性

突发事件的发生对生命财产、社会秩序、公共安全构成危害，以人员伤亡、财产损失和环境破坏等为标志，包括直接损害和间接损害，还体现在对社会心理和个人心理造成的破坏性冲击，渗透到社会生活的各个层面。破坏性是公共危机事件的本质特征。

（三）复杂性

突发事件的发生大多是自然、社会、环境等因素共同作用的结果，往往呈现出一果多因、相互关联、环环相扣的复杂状态。如果处置不当可加大损失，危机就会迅速扩大和升级，范围扩大，造成更大的危害，甚至转为政治事件。

（四）公共性

突发事件的危害针对的不是特定的人，在事件发生区域内或影响范围内的所有人，都有可能受到威胁或损害。可给社会造成严重威胁，给公众的正常生活造成严重影响，其影响既有地方化特点，又可能引起全球传播。这种公共性表现在事件本身引起公众的高度关注。

三、突发事件分类与分级

（一）分类

根据突发事件的发生过程、性质和机理，突发事件主要分为自然灾害、事故灾难、公共卫生事件和社会安全事件四类，其中的自然灾害、事故灾难和社会安全事件可统称为突发公共事件。

1. 自然灾害 主要包括水灾、水库堤坝险情，旱灾、暴雨、冰雹、雪、雷电等气象灾害，破坏性地震，山体崩塌、滑坡、泥石流、地面塌陷等地质灾害，森林、草原火灾和重大生物灾害等。

2. 事故灾难 主要包括公路、铁路、民用航空器、水运和工矿企业、建设工程、公共场所以及相关企事业单位发生的重大伤亡事故；重大火灾、建筑物倒塌事故；重大电力、通讯和大中城市供水、供气设施事故；主要河流、湖泊、水库以及城镇水源地发生重大水污染事故，危险化学品中毒、泄漏，放射性物质丢失、泄漏，辐射事故等环境污染和生态破坏事故等。

3. 公共卫生事件 突发公共卫生事件是指突然发生、造成或可能造成社会公众健康严重损害的重大传染病疫情、群体性不明原因疾病、重大食物和职业中毒以及其他影响公众健康的事件。主要包括突然发生的传染病疫情、群体不明原因疾病、食品安全和职业危害、动物疫情，以及其他严重影响公共健康和生命安全的事件。

4. 社会安全事件 主要包括重大群体性事件、重大刑事案件、涉外突发事件和恐怖袭击事件等。

（二）分级

按照其性质、社会危害程度、影响范围等因素，一般分为特别重大事件（Ⅰ级）、重大事件（Ⅱ级）、较大事件（Ⅲ级）和一般事件（Ⅳ级）四级，依次用红色、橙色、黄色、蓝色进行预警。法律、行政法规或者国务院另有规定的，从其规定。

四、突发事件应急处置与救援

突发事件发生后，履行统一领导职责或者组织处置突发事件的人民政府应当针对其性质、特点和危害程度，立即组织有关部门，调动应急救援队伍和社会力量，依照有关法律、法规、规章的规定采取应急处置措施。各类突发事件往往是相互交织和关联的，某类突发事件可能和其他类别的事件同时发生，或引发次生、衍生事件，应该具体分析，统筹应对。

（一）自然灾害、事故灾难或公共卫生事件应急处置与救援

自然灾害、事故灾难或者公共卫生事件发生后，履行统一领导职责的人民政府可以采取下列一项或者多项应急处置措施。

1. 组织营救和救治受害人员 疏散、撤离并妥善安置受到威胁的人员以及采取其他救助措施。

2. 迅速控制危险源 标明危险区域，封锁危险场所，划定警戒区，实行交通管制以及其他控制措施。

3. 立即抢修公共设施 抢修被损坏的交通、通信、供水、排水、供电、供气、供热等公共设施。

4. 禁止或者限制使用有关设备、设施 关闭或者限制使用有关场所，中止人员密集的活动或者可

能导致危害扩大的生产经营活动以及采取其他保护措施。

5. 保障措施到位 向受到危害的人员提供避难场所和生活必需品，保障食品、饮用水、燃料等基本生活必需品的供应，实施医疗救护和卫生防疫以及其他保障措施。启用本级人民政府设置的财政预备费和储备的应急救援物资，必要时调用其他急需物资、设备、设施、工具。

6. 组织公民参加应急救援和处置工作 要求具有特定专长的人员提供服务。

7. 维护市场秩序 依法从严惩处囤积居奇、哄抬物价、制假售假等扰乱市场秩序的行为，稳定市场价格。

8. 维护社会治安 依法从严惩处哄抢财物、干扰破坏应急处置工作等扰乱社会秩序的行为。

9. 防止事件扩大或加重 采取防止发生次生、衍生事件的必要措施。

（二）社会安全事件应急处置与救援

社会安全事件发生后，组织处置工作的人民政府应当立即组织有关部门并由公安机关针对事件的性质和特点，依照有关法律、行政法规和国家其他有关规定，采取下列一项或者多项应急处置措施。

1. 控制事态发展 强制隔离使用器械相互对抗或者以暴力行为参与冲突的当事人，妥善解决现场纠纷和争端。

2. 特定区域内的控制 对区域内的建筑物、交通工具、设备、设施以及燃料、燃气、电力、水的供应进行控制。

3. 限制有关公共场所内的活动 封锁有关场所、道路，查验现场人员的身份证件。

4. 加强对易受冲击的核心机关和单位的警卫 在国家机关、军事机关、国家通讯社、广播电台、电视台、外国驻华使领馆等单位附近设置临时警戒线。

5. 法律、行政法规和国务院规定的其他必要措施 严重危害社会治安秩序的事件发生时，公安机关应当立即依法出动警力，根据现场情况依法采取相应的强制性措施，尽快使社会秩序恢复正常。

五、突发事件应急医疗救援

发生导致人员伤亡的突发事件，医疗卫生部门或机构均有责任及时进行应急医疗救援以挽救生命，降低伤残率。

（一）卫生应急的概念

卫生应急主要是指在突发公共卫生事件发生前或出现后，采取相应的监测预警、队伍建设、物资储备等日常应急准备，以及现场处置等措施，及时对可能引起突发公共卫生事件的因素进行预防和对已出现的突发公共卫生事件进行控制；同时，对其他突发公共事件实施紧急的医疗卫生救援，以减少其对社会政治、经济、人民群众生命安全的危害。根据《国家突发事件医疗卫生救援应急预案》的总体要求，各项医疗卫生救援工作要迅速、依法、科学地进行，最大限度地预防和减少其对人民群众身体健康和生命安全造成的危害，维护经济发展和社会稳定。

（二）医疗卫生救援工作原则

按照"政府领导、分级负责，属地管理、落实职责，依靠科学、依法规范，反应及时、措施果断，整合资源、信息共享，平战结合、常备不懈，加强协作、公众参与"的原则开展医疗卫生救援工作。在突发事件医疗卫生紧急救援中要实现医疗卫生救援社会化、急救网络化、援救现场化，最大限度地减少和控制突发事件导致的危害，提高治愈率，减少病死率、感染率和致残率。

（三）现场应急医疗救援

现场应急医疗救援主要有以下三方面。

1. 及时报告信息　医疗卫生机构在迅速开展医疗卫生救援工作的同时，应立即将事件名称、发生地点、发生时间、人员伤亡、现场抢救、卫生救援需求等基本情况向当地卫生健康行政部门报告。应急处置过程中，要及时续报有关情况。

2. 现场检伤分类　通常采用"简明检伤分类法"和"五步检伤法"。按国家卫生健康委的规定，可将伤病员分成四类，用红、黄、绿、黑四种颜色对危重症、重症、轻症伤病员和死亡人员做出标记，标明在伤病员或死亡人员的手腕或脚踝等显要部位，以便后续救治辨认或采取相应的措施。标红色的危重症患者应优先处置、转运；标黄色的重症患者，次优先处置、转运；标绿色的轻症患者，可延期处置、转运；标黑色的濒死或死亡者，可暂不做处置。

（1）危重症患者由于呼吸心搏骤停、意识障碍、严重呼吸困难、窒息、严重中毒、严重外伤、大出血、休克等，医务人员判断伤病员生命垂危或者死亡风险极高。

（2）重症患者病情轻于危重，及时救治一般不危及生命。

（3）轻症患者症状较轻，意识清晰，呼吸、脉搏等基本生命体征正常，无须特殊治疗，一般对症处理即可，如挫伤、擦伤等。

（4）濒死或死亡者遭受致命性损伤，濒临死亡或呼吸、心跳已停止。

3. 现场医疗急救　按照"先救命、后救伤，先救重、后救轻"的原则对伤病员进行现场急救，熟练运用止血、包扎、固定、搬运和心肺复苏术等现场急救基本技术，及时对呼吸心搏骤停、窒息、活动性大出血、严重中毒、休克等危急重症患者进行就地抢救和治疗，维持患者基本生命体征。

 素质提升

《中华人民共和国突发事件应对法》彰显的法治力量

世界卫生组织（WHO）对灾难的定义是"任何能引起设施破坏、经济严重损失、人员伤亡、健康状况及卫生服务条件恶化的事件，如其规模已超出事件发生地区的承受能力而不得不向该地区外部寻求援助时，就可称其为灾难"。若突发事件的性质、社会危害程度严重，则属于灾难。我国高度重视应对灾难，防微杜渐地将应对突发事件纳入国法。为了提高社会各方面依法应对突发事件的能力，制定出台《中华人民共和国突发事件应对法》，于2007年8月30日公布，自2007年11月1日起施行。《中华人民共和国突发事件应对法》确立的主要制度有预防和应急准备制度、监测制度、预警制度、应急处置制度和事后恢复与重建制度等，在无数次应对突发事件的检验中，彰显了法治的强大力量，及时有效控制、减轻和消除突发事件引起的严重社会危害，保护人民生命财产安全，维护国家安全、公共安全、环境安全和社会秩序。

第二节　地　震

地震又称地动、地震动，是地壳快速释放能量过程中造成的震动，期间会产生地震波的一种自然现象。地球上板块与板块之间相互挤压碰撞造成板块边沿及板块内部产生错动和破裂是引起地震的主要原因，地震常造成严重的人员伤亡，并可以引起火灾、水灾、有毒气体泄漏、细菌及放射性物质扩散，还可能导致海啸、山体滑坡、崩塌、地裂缝等次生灾害的发生。

地震灾害是指由于地震而造成人员伤亡、财产损失、环境和社会功能破坏，其具有突发性、不可预测性，以及频度较高、伤亡惨重，次生灾害严重，并对社会造成很大影响等特征。目前乃至未来相当长的一段时间内无法预测地震的到来，但是地震灾害是可以防范的，做好综合防御工作可以最大限度地减轻危害。

一、地震灾害

地震灾害发生突然，不可预见，危害极大，特别是破坏性强烈的地震可以在瞬间对人类生命和财产安全造成严重的威胁。

（一）灾害破坏

大地震动是地震最直观、最普遍的表现，同样大小的地震，对地面的破坏程度依震源深度而变化。震源越浅，破坏性越大，但波及的范围也会越小，反之亦然。

1. 直接灾害破坏 地震直接灾害是地震的原生现象，如地震断层错动，以及地震波引起的地面震动，最主要特征是明显的晃动，可以破坏房屋和其他建筑，使人畜砸伤、掩埋，造成极大的伤亡和经济损失。

2. 次生灾害 主要是直接灾害发生后，破坏自然或社会原有的平衡状态，从而导致火灾、水灾、海啸、滑坡、崩塌、毒气泄漏等一系列灾害，其中火灾最为常见，亦最为严重。此外，还有一些新的继发性灾害，如通信事故、计算机事故等。

（二）灾害特点

我国的地震频发，主要分布在五个地区：台湾省及其附近海域；西南地区，包括西藏、四川中西部和云南中西部；西部地区，主要包括甘肃河西走廊、青海、宁夏以及新疆天山南北麓；华北地区，主要在太行山两侧、汾渭河谷、阴山—燕山一带、山东中部和渤海湾；东南沿海地区，广东、福建等地。地震灾害特点如下。

1. 瞬时发生，防御难度大 地震在瞬间发生，作用时间很短，最短十几秒，最长两三分钟就可造成山崩地裂、房屋倒塌，不可预测，使人猝不及防、措手不及。此外，房屋等建筑抗震性能差、人们防范意识缺乏也是造成地震防御难度大的原因。

2. 破坏力强，社会影响大 地震灾害频度较高，发生时造成建筑物毁坏、大量人员伤亡，此外，还可引起火灾、水灾、山崩、滑坡、海啸等次生灾害，给人们的生理、心理及社会带来巨大的损害。

3. 伤情复杂，伤亡惨重 ①骨折伤最多，地震灾害中骨折伤病员达50%以上，骨折伤中以四肢骨折占多数，下肢伤多于上肢伤，闭合性骨折占90%以上；②挤压综合征多，若挖掘解救不及时，四肢软组织长时间受压，挤压综合征明显增高；③闭合伤和多发性损伤多，及时诊断比较困难，易造成漏诊和延误治疗，死亡率增高。

二、现场医疗救援

地震救援工作具有紧迫性、复杂性、不确定性等特征，因此地震救援人员也需要具备较高的技能素质。地震救援应迅速搜索与营救因地震造成建筑物破坏坍塌而被压埋的人员，并及时进行医疗救援，地震后的黄金救援时间是72小时内，且越早越好。作为医护人员，需要服从指挥部统一安排，积极、快速、有序、合理地进行医疗救援。

（一）合理分组

医疗救援队需要合理划分小组，保证救治工作能够顺利高效地进行。

1. 现场抢救小组 搜救人员将伤员救出后，抢救小组立即进行初步的诊断和救治，若面对大批量伤员则先进行检伤分类后再合理救治。如进行心肺脑复苏、维持呼吸道通畅、吸氧、输液抗休克，以及受伤部位的止血、包扎、固定等，维持基本生命体征，以确保将伤员安全地运送到救治医院。这一环节至关重要。

2. 转送小组 由医护人员和运送单位组成，医护人员负责完成伤员转送途中的监护和救治。

3. 救治医院 因地震灾情突发，伤员多且病情复杂，震灾地区及其附近能够开展救治的医院都应全力组织医务人员积极参加救治工作，做好伤员的接诊、分类、登记和救治，供应足量、充分的药品和医疗器具。

（二）救治原则

1. 抢救顺序 首先迅速使伤员脱离险境，先救命后治伤，先抢救危重伤员后治疗轻伤，先易后难，先救活人后处置遗体。

2. 处理及时 力争早抢救，快转移，对大出血、严重创伤、窒息、严重脱水者在现场进行必要的急救处置，熟练应用现场急救五大技术和其他急救技术，以维持生命体征保证后续医疗。

3. 转运陪同 在转运伤员途中要有医务人员随同，以便密切观察生命体征和伤情变化，及时进行急救处置。

4. 紧密联系 救治环节紧扣，妥善衔接，规范填写简要医疗文书，以保证后续抢救的连续性和准确性。

（三）伤员分流

1. 伤情危重者 如急性呼吸循环衰竭、严重的内外伤出血、严重的脏器损伤、严重颅脑损伤、严重烧伤、休克等，经现场急救病情得到一定缓解后，应立即转送至医院进行进一步的专科治疗。

2. 伤情较重，暂不危及生命者 如单纯肢体骨折、轻度脏器损伤、一般外伤等，应在现场急救后，有计划地转送到医院进行进一步治疗。

3. 轻微伤者 可进行基本处理后观察。

（四）伤员转运

1. 转运顺序 依据先重后轻的原则，分批快速安全地运送伤员到医院。

2. 转运前再次检伤分类 再次判断病情，对有生命危险的伤员，一般应先就地抢救待伤情稳定后再转送。

3. 正确搬运 采取正确的搬运方法，避免造成二次损伤。

4. 转运途中严密观察 地震伤员伤情复杂多变，转运途中要加强监护，密切观察伤情变化，及时进行必要救治。

5. 书写医疗文书 认真书写现场急救的医疗护理记录，并交给接诊的医疗机构，做好伤员的交接工作。

（五）卫生防护

1. 自救互救 学习应对地震灾难的救护知识，能正确进行自救互救，避免出现二次伤害。

2. 个人防护 熟悉个人防护的分级原则，做好自身防护，避免防护不足或防护过度现象的发生。

3. 预防疾病 熟知地震发生后可能导致的环境性污染，注意饮水卫生和食品安全，特别是灾难后易引起的传染病疫情，要从传播途径、杀灭病原体、防护措施等方面进行预防。

4. 心理干预 开展应对灾难的心理干预知识培训，避免过度恐慌或焦虑，维护身心健康。

第三节 火 灾

火灾是指在时间上或空间上失去控制的灾害性燃烧现象，是最经常、最普遍的危害公众安全和社会发展的主要灾害之一。火灾还是一种终极型灾害，任何其他灾害最后都可能导致火灾。随着社会的不断发展，在社会财富日益增多的同时，导致发生火灾的危险性也在增多，火灾的危害性也越来越大。据统计，目前全世界平均每天发生火灾20000多起，平均每天有近千人在火灾中丧生，我国因火灾造成的直接财产损失达到年均十几亿元，年均死亡2000多人。火灾还污染大气，破坏生态环境，在一定程度上影响社会经济的发展和人们的正常生活。

一、火灾危害

（一）灾情特点

1. 发生频率高，突发性强，火势蔓延迅速　由于可燃物质种类多，数量巨大，引火源极其复杂，诱发因素多，稍有不慎即可导致火灾发生。在各种灾害中，火灾发生频率最高。火灾的发生往往难以预料、来势凶猛，且发展过程瞬息万变，影响区域广泛。火灾发生后，在热传导、热对流和热辐射作用下，火势极易蔓延扩大，生成大量的高温热烟。由于烟雾、水气的综合作用，人的视线也受到很大程度的影响，给人的逃生和灭火救助带来极大的困难。

2. 灾害复杂，破坏性大　由于火源、物质、建筑的多样性，人员的复杂性，使得灾害发生发展过程极为复杂。火灾发生后人员心理紧张、判断失准、行为错乱，易出现盲目聚集、重返甚至跳楼等行为，且逃生过程中因物品堆积杂乱，引起人为阻碍，降低了救人灭火的效率。火灾不仅残害生命，严重时会导致基础设施破坏、生产系统紊乱、社会经济秩序混乱、生态环境破坏等。

3. 易形成灾害链，灾后处理任务艰巨　火灾可引发爆炸，爆炸又可引起火灾，形成灾害链，且事后处理、恢复重建的工作困难重重。

（二）损伤机制

火灾可通过直接伤害和次生伤害造成人体损伤。

1. 直接伤害

（1）火焰烧伤　烧伤主要是因为人体与火焰直接接触或者热辐射引起。如果皮肤接触火焰的温度在65℃以上，仅持续1秒钟就可以造成烧伤，而火灾中火焰表面温度可达800℃以上。

（2）热烟灼伤　火灾中，物体燃烧后产生的烟雾通常是致死的主要原因，烟雾中的微粒携带高温热值，通过热对流传播给流动的物质，当人吸入高温的烟气时，就会灼伤呼吸道，导致组织水肿、分泌物增多，阻塞呼吸道，造成窒息、死亡。

2. 次生伤害

（1）浓烟窒息　火灾时燃烧会生成大量的烟气，烟气的浓度由单位烟气中所含固体微粒和液滴的数量决定。烟气的温度根据火源的距离而变化，距火源越近，温度越高，烟气浓度越大。人体吸入高浓度烟气后，大量的烟尘微粒有附着作用，使气管和支气管严重阻塞，损伤肺泡壁，导致呼吸、循环衰竭，造成严重缺氧窒息。

（2）毒气中毒　火场中的有毒气体对人体呼吸器官或感觉器官产生刺激，使人窒息或昏迷。现代建筑火灾的燃烧物质多为合成材料，火灾中产生的烟雾均含有毒气体，如 CO_2、CO、NO、SO_2、H_2S 等。现代建筑和装修材料中的一些高分子化合物在火灾高温燃烧条件下可以热解出剧毒悬浮微粒烟气，如氰化氢（HCN）、二氧化氮（NO_2）等，上述有毒物质的麻醉作用能迅速致人昏迷，并强烈地刺激人的呼吸中枢和影响肺部功能，引起中毒性死亡。资料统计表明，火灾中死亡人数的80%是由于吸入有毒气体而致死。

（3）砸伤、埋压　火灾区域的温度根据不同的燃烧物质而有所变化，通常在1000℃左右。在这样高的温度下，建筑结构材料在超过耐火极限时就会造成坍塌，导致砸伤、摔伤、挤压、填埋等损伤。这种损伤主要表现为体外伤或内脏创伤引起失血性休克。

（4）刺伤、割伤　火灾后许多物质经各种理化性质的爆裂都会形成各种形式的利刃物，随时可能刺伤皮肤、肌肉，甚至直接刺（割）破血管和内脏，使人体因脏器损伤或失血过多而死亡。

二、现场医疗救援

火灾现场条件恶劣，存在各种危险和不可控因素，且存在大批伤员病情严重、复杂，需要急救人员有高度的责任心、扎实的医学知识、熟练的抢救技能和良好的心理素质。

1. 现场急救原则　烧伤是火灾中常见的创伤之一，严重者能引起一系列的全身病理生理紊乱，如休克、呼吸衰竭等。烧伤严重程度主要取决于烧伤面积和烧伤深度，而烧伤面积和深度又取决于致伤因素和作用于体表的面积和持续时间，作用范围广则烧伤面积大，持续时间长、局部压力大则烧伤深。因此，现场急救的基本原则是迅速脱离致伤源，并进行紧急救治，以减少烧伤面积和减轻烧伤深度，防止休克和感染。

2. 现场急救措施

（1）脱离致伤源　脱去燃烧的衣服，就地滚翻，用水喷洒着火衣物。切勿奔跑，以防风助火势，越烧越旺。不宜用手扑打以防手部烧伤。不得呼叫，防止吸入高热气流或烟雾造成吸入性损伤。如一时难以脱离，可用湿毛巾护住口鼻，防止有毒气体吸入。

（2）保持呼吸道通畅　要检查呼吸道是否通畅，清除口鼻异物，开放气道，吸入氧气。

（3）冷疗　热力烧伤后立即用冷水湿敷、冲淋或浸泡伤区，可以减轻烧伤创面损伤程度，并有止痛作用。对Ⅰ度至Ⅱ度的中小面积烧伤可用冷清水局部冲淋肢体、浸泡伤处，头面部等特殊部位用冰水或冷水湿敷，以降低皮肤表面温度；现场对Ⅲ度烧伤和大面积烧伤则不宜在现场做冷疗，应尽快送到医院救治。寒冷季节进行冷疗时，需注意防止冻伤。

（4）保护创面　伤处的衣裤如需脱下，应剪开或撕破，不应剥脱，以免再受损伤。对Ⅱ度烧伤，表皮水疱不要刺破，不要在创面上涂药物，以免影响后续治疗的清创和对创面深度的判断。对暴露的烧伤创面可用三角巾、消毒敷料或清洁的被单、毛巾等覆盖并进行简单包扎，以减少创面的污染和再损伤。

（5）止血、固定　对伴有外伤大出血者应予止血，对骨折者应做临时固定。

（6）镇静、止痛　烧伤患者多有不同程度疼痛和躁动，要安慰和鼓励伤者，使其情绪稳定，可酌情使用地西泮或哌替啶肌内注射，或口服止痛药物。

（7）补液　轻度烧伤患者可口服烧伤饮料或含盐饮料，对中重度烧伤患者应尽快建立静脉通道，快速有效地补液，预防和纠正休克。

（8）中毒急救　火灾时产生大量有毒气体，可引起吸入者中毒，严重者可导致死亡，应迅速将伤者移至空气新鲜处，给予吸氧。

（9）坠落伤急救　可伤及多个系统和器官，严重者会当场死亡，应按创伤急救原则进行救治。

3. 伤员转送原则　以就近为原则，还应依据伤员人数、有关医疗单位的技术力量和承受能力转送，如轻伤可由基层医疗单位收治，中度伤可由条件较好的医院外科治疗，重伤应由设有烧伤专科医院救治，特重伤应到条件更好的烧伤中心或研究所抢救。

4. 心理治疗　烧伤患者除肉体疼痛外，心理上也承受巨大的创伤。早期可有恐惧、紧张、焦虑，表现为烦躁不安、精神恍惚、对疼痛敏感等；中后期创面愈合阶段，常会出现瘢痕挛缩、关节畸形，尤其是头面部烧伤患者，精神压力极大，需及时给予心理干预治疗。

5. 卫生防护　酷热季节重大火灾后可引发疟疾、斑疹伤寒、菌痢等疫病流行，应做好有效的卫生防护措施。

目标检测

一、选择题

[A1/A2 型题]

1. 关于突发事件的分类，以下哪一项是错误的（ ）
   A. 自然灾害   B. 事故灾难   C. 公共事件
   D. 公共卫生事件   E. 社会安全事件

2. 按国家卫生健康委的规定，现场检伤分类描述正确的是（ ）
   A. 红、黄、绿、黑四种颜色对危重症、重症、轻症伤病员和死亡人员做出标记
   B. 红、黄、蓝、黑四种颜色对危重症、重症、轻症伤病员和死亡人员做出标记
   C. 红、黄、绿、黑四种颜色对重度、中度、轻度伤病员和死亡人员做出标记
   D. 红、黄、蓝、黑四种颜色对重度、中度、轻度伤病员和死亡人员做出标记
   E. 以上都不对

3. 震后的黄金救援时间是（ ）
   A. 12 小时内   B. 24 小时内   C. 48 小时内
   D. 72 小时内   E. 96 小时内

4. 地震时引发的哪种次生灾害最严重（ ）
   A. 火灾   B. 疾病   C. 饥荒
   D. 粉尘   E. 海啸

5. 地震时最常见的伤情是（ ）
   A. 颅脑外伤   B. 骨折   C. 气胸
   D. 窒息   E. 挤压综合征

6. 据统计，火灾中死亡的人有 80% 以上属于（ ）
   A. 被火烧死   B. 烟气窒息致死
   C. 跳楼或惊吓致死   D. 外伤致死
   E. 吸入有毒气体致死

二、思考题

1. 突发事件现场应急医疗救援主要有哪些？
2. 简述地震的现场救治原则。
3. 简述火灾的现场急救措施。

（普丽芬）

书网融合……

本章小结

微课

题库

参考文献

［1］何有力．余耀平．急诊医学［M］．武汉：华中科技大学出版社，2020.

［2］韩扣兰．急诊医学［M］．北京：人民卫生出版社，2018.

［3］中华医学会心血管病分会，中国生物医学工程学会心律分会．心律失常紧急处理专家共识［J］．中华心血管病杂志，2013，41：363.

［4］黄煜，何庆，2020 AHA 心肺复苏指南解读——成人基础和高级生命支持［J］．心血管病进展，2020，41：12.

［5］中华医学会心电生理和起搏分会，中国医师协会心律学专业委员会．2020 室性心律失常中国专家共识［J］．中国心脏起搏与心电生理杂志，2020，34：3.

［6］沈洪，刘中民．急诊与灾难医学［M］．3 版．北京：人民卫生出版社，2021.

［7］韩扣兰，王建国．急诊医学［M］．北京：中国医药科技出版社，2018.

［8］王正国．急诊与灾难医学［M］．2 版．北京：人民卫生出版社，2018.

［9］支气管扩张症专家共识撰写协作组，中华医学会呼吸病学分会感染学组．中国成人支气管扩张症诊断与治疗专家共识［J］．中华结核和呼吸杂志，2021，44（4）：311－321.

［10］中华医学会，中华医学会杂志社，中华医学会全科医学分会等．肺结核基层诊疗指南（2018 年）［J］．中华全科医师杂志，2019，18（8）：709－717.

［11］中华医学会肿瘤学分会，中华医学会杂志社．中华医学会肺癌临床诊疗指南（2022 版）［J］．中华医学杂志，2022，102（23）：1706－1740.